はじめての
Autodesk Revit & Revit LT

2017対応

実践！BIM入門ガイド

本書をご購入・ご利用になる前に
必ずお読みください

- 本書の内容は、執筆時点（2016年10月）の情報に基づいて制作されています。これ以降に製品、サービス、その他の情報の内容が変更されている可能性があります。また、ソフトウェアに関する記述も執筆時点の最新バージョンを基にしています。これ以降にソフトウェアがバージョンアップされ、本書の内容と異なる場合があります。

- 本書は、Autodesk Revit 2017またはAutodesk Revit LT 2017の解説書です。本書の利用に当たっては、Autodesk Revit 2017またはAutodesk Revit LT 2017がパソコンにインストールされている必要があります。

- Autodesk Revit 2017またはAutodesk Revit LT 2017の体験版はオートデスクのWebサイトからダウンロードしてください。当社ならびに著作権者、データの提供者（開発元・販売元）は、製品、体験版についてのご質問は一切受け付けておりません。

- 本書はWindows 7/8.1/10がインストールされたパソコンで、Autodesk Revit 2017を使用して解説を行っています。そのため、ご使用のOSやアプリケーションのバージョンによって、画面や操作方法が本書と異なる場合がございます。

- 本書は、パソコンやWindows、AutoCADの基本操作ができる方を対象としています。

- 本書の利用に当たっては、インターネットから教材データをダウンロードする必要があります（P.7参照）。そのためインターネット接続環境が必須となります。

- 教材データを使用するには、Autodesk Revit 2017またはAutodesk Revit LT 2017が動作する環境が必要です。Autodesk Revit 2017またはAutodesk Revit LT 2017より古いバージョンでは使用できません。

- 本書に記載された内容をはじめ、インターネットからダウンロードした教材データ、プログラムなどを利用したことによるいかなる損害に対しても、データ提供者（開発元・販売元等）、著作権者、ならびに株式会社エクスナレッジでは、一切の責任を負いかねます。個人の責任においてご使用ください。

- 本書に直接関係のない「このようなことがしたい」「このようなときはどうすればよいか」など特定の操作方法や問題解決方法、パソコンやWindowsの基本的な使い方、ご使用の環境固有の設定や特定の機器向けの設定などのお問合せは受け付けておりません。本書の説明内容に関するご質問に限り、P.319のFAX質問シートにて受け付けております。

以上の注意事項をご承諾いただいたうえで、本書をご利用ください。ご承諾いただけずお問合せをいただいても、株式会社エクスナレッジおよび著作権者はご対応いたしかねます。予めご了承ください。

- Autodesk、Autodeskロゴ、Revit、Revit LT、AutoCAD、AutoCAD LTは、米国Autodesk,Incの米国およびその他の国における商標または登録商標です。
- 本書中に登場する会社名や商品名は一般に各社の商標または登録商標です。本書では®およびTMマークは省略させていただいております。

カバーデザイン────坂内正景
編集協力────株式会社トップスタジオ
印刷────株式会社ルナテック

はじめに

本書は、オートデスク社のAutodesk RevitとRevit LT（以下、Revit）を使用して、BIM (Building Information Modeling)の設計手法を実践するための入門書です。

BIM元年といわれる2009年から約7年が過ぎ、BIMという言葉も建設業界に広く知られるようになりました。その間、BIMの活用についてはさまざまな取り組みが行われてきました。

BIMとは、簡単に説明すれば、建物の企画から基本設計、実施設計、施工、維持管理までを3Dモデルを中心として行う取り組みです。BIMを設計業務に取り入れると、特に、プロジェクトの可視化と図面の整合性において非常に大きな効果が期待できます。設計の早い段階から建物を立体的に可視化できるため、計画段階から施主に対して説明がしやすくなり、施工前に施主や関係者との意思疎通を気軽に図ることができます。また、1つの3Dモデルを切り出して図面化するので、図面の整合性が大きく向上します。平面図を直せば自動的に立面図や断面図にも反映されるため、作図効率の向上にもつながります。

本書の中心になるのはRevitです。Chapter 2では、Autodesk AutoCAD LT（以下、AutoCAD LT）の説明も簡単に記載していますが、これは、実際にBIMに取り組んでいる企業や個人事務所のほとんどが、BIMの初期段階では、AutoCAD LTなどの2D CADの下絵を利用しているためです。本書では、現状業務の延長で始められる手軽さと、BIM導入初期のメリットに的を絞って解説を進めています。

本書では、Revitの基本操作を説明しながら、現状業務の初期段階の流れを追っていきます。必要な設定を含んだテンプレートが用意されているので、実際に操作しながら、BIMのプロセスを体感していただければと思います。このテンプレートは実業務でもお使いいただけます。

本書の内容は、RevitをはじめとするBIMソフトを使っていくうえでの第一歩です。これをきっかけに、今後さらに奥深いBIMの世界に興味を持っていただければと思います。

2016年10月

小林美砂子、内田公平

目次

はじめに		3
目次		4
教材データのダウンロードについて		7
Revitを使ったBIMワークフロー		8
本書について		11
Revitについて		14

Chapter 1　Revitの画面と基本操作　15

- **1-1**　ユーザーインターフェース　16
- **1-2**　画面操作　19
  - 1-2-1　マウスのホイールボタンを使った画面操作　19
  - 1-2-2　ビューキューブを使った画面操作　20
  - 1-2-3　ナビゲーションホイールを使った画面操作　21
- **1-3**　保存　22

Chapter 2　基本設計　23

- **2-1**　Revitでモデリングするための準備　24
  - 2-1-1　敷地と通芯の作成　24
  - 2-1-2　外壁と界壁の作成　27
  - 2-1-3　基本プラン（左端住戸）の間仕切壁の作成　27
  - 2-1-4　建具の配置（左端住戸）　28
- **2-2**　Revitでのモデリング　31
  - 2-2-1　プロジェクトの開始　31
  - 2-2-2　レベルの作成　33
  - 2-2-3　2Dデータの挿入　39
  - 2-2-4　通芯の作成　42
  - 2-2-5　外壁と界壁の作成　46
  - 2-2-6　作業用3Dビューの作成　50
  - 2-2-7　床の作成　54
  - 2-2-8　間仕切壁の作成　64
  - 2-2-9　建具の配置　69
  - 2-2-10　天井の作成　79
  - 2-2-11　間取りのグループ化　81
  - 2-2-12　基本間取りのコピー　83
  - 2-2-13　X4－X5間の間取りの編集　88
  - 2-2-14　部屋の設定　98
  - 2-2-15　専有／共有面積の確認　105
  - 2-2-16　外廊下の作成　108
  - 2-2-17　バルコニーの作成　110
  - 2-2-18　上階の作成　118

	2-2-19	エントランスなどの壁の作成	124
	2-2-20	風除室の作成	132
	2-2-21	エレベータの配置と階段の作成	138
	2-2-22	階段周辺の床と壁の修正	146
	2-2-23	パラペットと屋根の作成	156

Chapter 3　プレゼンテーション　161

- 3-1　マテリアルの設定　162
  - 3-1-1　[マテリアルブラウザ]ダイアログの表示　162
  - 3-1-2　マテリアルの追加　164
  - 3-1-3　マテリアルの適用と削除　164
  - 3-1-4　[マテリアルエディタ]ダイアログの構成　166
  - 3-1-5　マテリアルの作成　169
  - 3-1-6　新規ライブラリの作成　170
- 3-2　方角、場所、太陽の設定　172
  - 3-2-1　北向きの設定　172
  - 3-2-2　場所と太陽の設定　175
- 3-3　パースビューの作成　177
  - 3-3-1　カメラの設定　177
  - 3-3-2　グラフィックス表示オプションの設定　180
  - 3-3-3　ビューの書き出し　184
- 3-4　クラウドレンダリング　185
  - 3-4-1　Autodeskアカウントの作成　185
  - 3-4-2　クラウドレンダリングの実行　186
- 3-5　家具を配置したショットパースの作成　190
  - 3-5-1　家具の配置　190
  - 3-5-2　カメラの設定　191
  - 3-5-3　レンダリング　192
- 3-6　3Dビューを利用した外観パースの作成　194

Chapter 4　図面作成　197

- 4-1　1階平面図の作成　198
  - 4-1-1　印刷用の平面図ビューの設定　198
  - 4-1-2　部品の挿入　200
  - 4-1-3　平面図の作成　207
- 4-2　住戸平面図の作成　220
  - 4-2-1　住戸平面図の作成　220
  - 4-2-2　壁の詳細の書き込み　227
  - 4-2-3　詳細線分と寸法・文字記入　237
  - 4-2-4　2Dシンボルの配置と集計表　245
- 4-3　専有・共有面積図の作成　253
  - 4-3-1　専有・共有設定の仕上げ　253
  - 4-3-2　壁仕上げの修正　259
  - 4-3-3　専有・共有面積図の作成　262

4-4	断面図の作成	265
	4-4-1　断面線の作図	265
	4-4-2　断面図の作成	268

Chapter 5　シート設定と図面の書き出し／読み込み　269

5-1	DWG形式への書き出しとリンク読み込み	270
	5-1-1　DWG形式への書き出し	270
	5-1-2　図面のリンク読み込み	271

Chapter 6　ファミリの作成　275

6-1	テンプレートの準備	276
6-2	本体の作成	278
	6-2-1　参照面の作成	278
	6-2-2　本体の作成	278
6-3	パラメータの設定	280
	6-3-1　EQの設定	280
	6-3-2　パラメータの設定（幅・奥行き）	281
	6-3-3　パラメータの動作確認	284
	6-3-4　パラメータの設定（高さ）	285
6-4	参照面の設定	289
	6-4-1　名前を付ける	289
	6-4-2　基準点の定義	289
	6-4-3　参照の定義	290
6-5	ボイドの作成	291
6-6	棚板の作成	295
6-7	ファイルの保存	300
6-8	プロジェクトへのロード	301
	6-8-1　プロジェクトファイルの新規作成	301
	6-8-2　壁の作成	302
	6-8-3　ファミリのロード	302
	6-8-4　パラメータの確認	303
	6-8-5　インスタンスパラメータとタイプパラメータの違い	305
6-9	マテリアルの設定	307
	6-9-1　マテリアルの作成	307
	6-9-2　マテリアルの設定	308
	6-9-3　マテリアルパラメータの設定	310
	6-9-4　プロジェクトへの再ロード	312
6-10	完成	314

索引	315
FAX質問シート	319

教材データのダウンロードについて

本書を使用するにあたって、まず解説で使用する教材データをインターネットからダウンロードする必要があります。

教材データのダウンロード方法

- Webブラウザ（Microsoft Edge、Internet Explorer、Google Chrome、FireFox）を起動し、以下のURLのWebページにアクセスしてください。

  http://xknowledge-books.jp/support/9784767822273

- 図のような本書の「サポート&ダウンロード」ページが表示されたら、記載されている注意事項を必ずお読みになり、ご了承いただいたうえで、教材データをダウンロードしてください。
- 教材データはZIP形式で圧縮されています。ダウンロード後は解凍して、デスクトップなどわかりやすい場所に移動してご使用ください。
- 教材データを使用するには、Autodesk Revit 2017またはAutodesk Revit LT 2017が動作する環境が必要です。Autodesk Revit 2017またはAutodesk Revit LT 2017より古いバージョンでは使用できません。
- 教材データに含まれるファイルやプログラムなどを利用したことによるいかなる損害に対しても、データ提供者（開発元・販売元等）、著作権者、ならびに株式会社エクスナレッジでは、一切の責任を負いかねます。
- 動作条件を満たしていても、ご使用のコンピュータの環境によっては動作しない場合や、インストールできない場合があります。予めご了承ください。

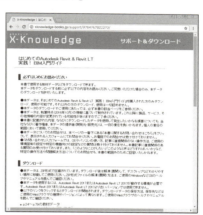

教材データの収録内容

各章で使用する教材データが、複数のZIPファイルに分かれて収録されています。詳細はダウンロードページを参照してください。

本書では、**Chapter 2**で新規作成するRevitのプロジェクトファイルに対して積み上げ式で作業を行っていきますが、途中の章、節、または項からでも作業を開始できるように、途中段階のデータも用意してあります。途中段階のデータを使用できる場合は、該当部分の見出しに 📄 2-2-4.rvt のように明示しています。

Revitを使ったBIMワークフロー

本書では、4階建て集合住宅を例にとり、建物の企画、基本設計からプレゼンテーション、実施設計という設計業務のワークフローに沿って、Revitを活用する方法を解説していきます。ワークフローの各段階でRevitがどのように役立つかと、本書での解説ページを簡単にまとめておきます。

企画
- 使い慣れたAutoCAD LTなどの2D CADで、間取りのスケッチを作成する。

Chapter 2-1（P.24）

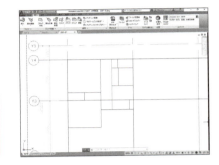

基本設計
- Revitで、間取りスケッチを基に3Dモデリングを実施する。
- 壁、床、天井を作成し、建具を配置する。

Chapter 2-2（P.31）

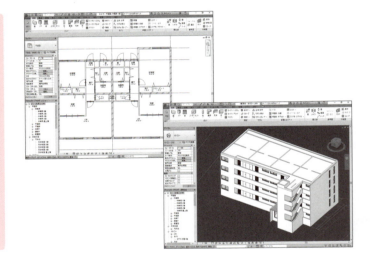

プレゼンテーション
- プレゼンテーション用に、建材の質感を表すマテリアルを適用し、カメラを設定する。
- クラウドレンダリングでパースを作成する。

Chapter 3（P.161）

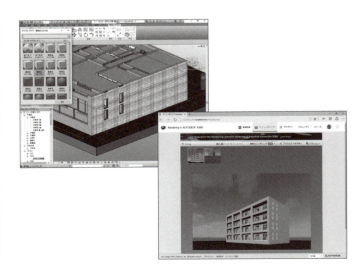

実施設計／図面作成

- キッチン、浴室などのパーツを挿入し、3Dモデルから平面図や断面図を作成する。
- シンボルや記号を配置し、詳細を書き込んだ図面を作成する。

Chapter 4（P.197）

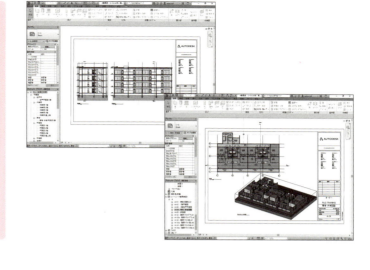

情報の活用

- モデルからデータを拾い出して集計する。
- 集計データをMicrosoft Excelで加工できるデータに書き出し、見積もり等の作成に活用する。

Chapter 4（P.197）

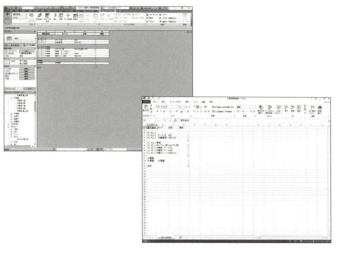

図面管理

- Revitの3DモデルからDWG形式の2Dデータを書き出し、AutoCAD LTなどの2D CADで編集する。
- 編集した2Dデータを3Dモデルとリンクし、図面管理を行う。

Chapter 5（P.269）

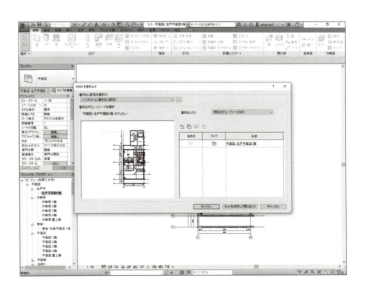

部品(ファミリ)の作成

- 建具や家具などの部品(ファミリ)を1から作成する。
- 作成した部品(ファミリ)をプロジェクトに読み込んで使用する。

Chapter 6 (P.275)

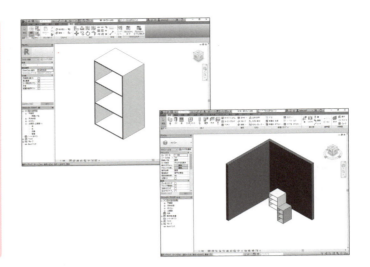

本書について

本書の対象読者

本書は、Autodesk Revitを利用したBIM（Building Information Modeling）を初めて学ぶ人のための入門書です。本書を読むうえでRevitやBIMの知識は特に必要ありませんが、本書の解説は、Autodesk AutoCAD LTの操作をひととおり理解していることを前提としたものになっています。AutoCAD LTの操作の詳細については、別の参考書またはAutoCAD LTのヘルプをご利用ください。

本書の作業環境

本書の内容は、右の環境において執筆・検証したものです。本文に掲載する手順および画面はRevit 2017／AutoCAD LT 2017のものですが、Revit LT 2017／AutoCAD 2017でも動作確認済みです（操作方法および画面は一部異なる場合があります）。

- Windows 7 ／8.1／10（64ビット版）
- Revit 2017
- AutoCAD LT 2017
- Microsoft Excel 2010
- 画面解像度　1280×1024ピクセル
- RAM　4GB

本書の作例

本書では、次のような4階建て集合住宅を例として、企画から基本設計、プレゼンテーション、実施設計までのワークフローを追っていきます。

敷地面積	1561.16㎡
構造	RC造
階数	4階
建築面積	393.42㎡
延床面積	1547.57㎡
建蔽率	25.20%
容積率	99.13%

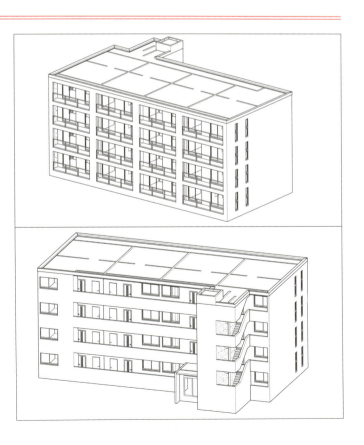

本書のページ構成

本書の各章は、作業の区切りごとにいくつかの節と項に分かれています。
各節は基本的に次のような構成になっており、操作手順の解説と対応する画面が左右に並んで配置されています。

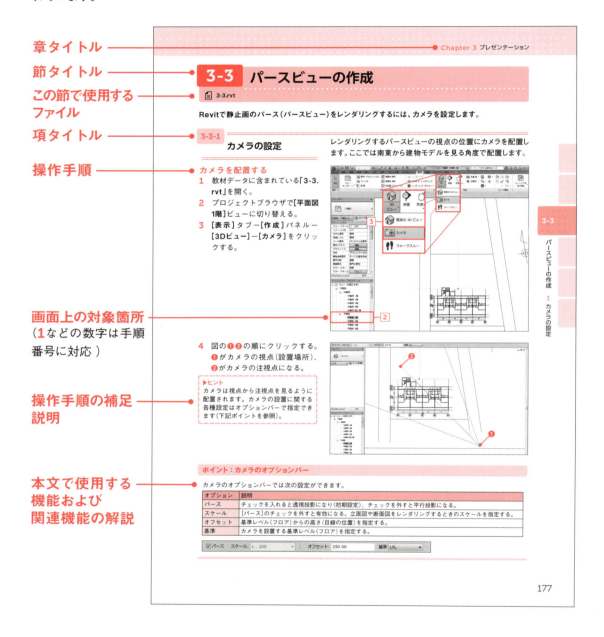

本書で使用する表記

本書では、Revitの操作手順を簡潔にわかりやすく説明するために、次のような表記ルールを使用しています。本文を読む前にご確認ください。
なお、本書では特に断りがない限り、RevitおよびRevit LTを総称して「**Revit**」と表記しています。

画面各部の名称

画面に表示されるリボン、タブ、パネル、ボタン、コマンド、ダイアログなどの名称はすべて[ ]で囲んで表記します(例1)。

(例1) [新しい凡例ビュー] ダイアログの [OK] をクリック

リボン内のコマンドを指示するときは、そのコマンドが配置されているタブやパネルの名称を線(－)でつないで表記します(例2)。

(例2) [注釈] タブ－ [寸法] パネル－ [傾斜寸法] をクリック

キーボード操作

キーボードから入力する数値や文字は、「 」で囲んで表記します。数値は原則的に半角文字で入力します(例3)。
キーボードのキーを指示するときは、キーの名称を▭で囲んで表記します(例：▭Ctrl▭キー)。

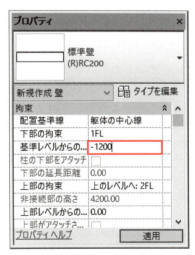

(例3) [基準レベルからのオフセット] に「-1200」と入力

マウス操作

本書では主にマウスを使用して作業を行います。マウス操作については右の表に示す表記を使用します。

操作	説明
クリック	マウスの左ボタンをカチッと1回押してすぐに放す
ダブルクリック	マウスの左ボタンをカチカチッと2回続けてクリックする
右クリック	マウスの右ボタンをカチッと1回押してすぐに放す
ドラッグ	マウスのボタンを押し下げたままマウスを移動し、移動先でボタンを放す

Revitについて

Revitは、米オートデスク社が提供している設計および設計図書作成のためのBIMツールです。オートデスク社のオンラインストアまたはオートデスク認定販売パートナーから購入できます。

Revit 2017／Revit LT 2017動作環境

Revit 2017／Revit LT 2017をインストールして実行するには、次のような環境が必要です。

OS	Microsoft Windows 10 Enterprise、Pro 64ビット 日本語版 Microsoft Windows 8.1 およびWindows 8.1 Enterprise、Pro 64ビット 日本語版 Microsoft Windows 7 Ultimate、Enterprise、Professional、Home Premium SP1 64ビット 日本語版
CPU	シングル、またはマルチコアIntel Pentium、Xeonまたはiシリーズのプロセッサ または、SSE2テクノロジ搭載のAMDの同等プロセッサ（クロックスピードの高いCPUを推奨）
RAM	4GB以上
ディスク空き容量	5GB以上（インストール時）
グラフィックス	基本的なグラフィックス：24 bit color対応ディスプレイアダプタ 高度なグラフィックス：DirectX 11対応グラフィックスカード（Shader Model 3搭載）（推奨）
ディスプレイ	1280×1024（True Color）

Revit製品体験版について

オートデスク社のWebページから、インストール後30日間無料で試用できる製品体験版をダウンロード可能です。試用期間中は、製品版と同等の機能を利用できます。なお、製品体験版はオートデスク社のサポートの対象外です。

※Revit 2017製品体験版の動作環境は、上記製品の動作環境に準じます。
※当社ならびに著作権者、データの提供者（開発元・販売元）は、製品体験版に関するご質問については一切受け付けておりません。あらかじめご了承ください。

Revit 2017製品体験版のダウンロード

オートデスク社のWebサイトのトップページ（http://www.autodesk.co.jp/）のメニューから［製品体験版（無償）］ー［Revit製品］と進み、Autodeskアカウントでサインインしてダウンロードします（2016年10月現在のアクセス方法）。なお、Autodeskアカウントの作成については、P.185を参照してください。

Chapter 1
Revitの画面と基本操作

Revitのインターフェースの各部名称と使用方法、画面操作、ファイルの開き方と保存方法を確認しましょう。

1-1　ユーザーインターフェース
1-2　画面操作
1-3　保存

1-1 ユーザーインターフェース

📄 教材データなし

Revitの画面各部の名称と使用方法を理解しましょう。詳しい内容や細かい操作方法は、本文の手順解説の中で説明していきます。図はRevit 2017の画面です。

※Revit LT 2017では[設備]タブがありません。また、マス作成、編集操作はできませんので、[マス&外構]タブは[外構]タブとなっています。その他、Revit LT 2017とRevit 2017の機能比較は下記サイトをご確認ください。
http://www.autodesk.co.jp/products/revit-family/compare/compare-revit-products

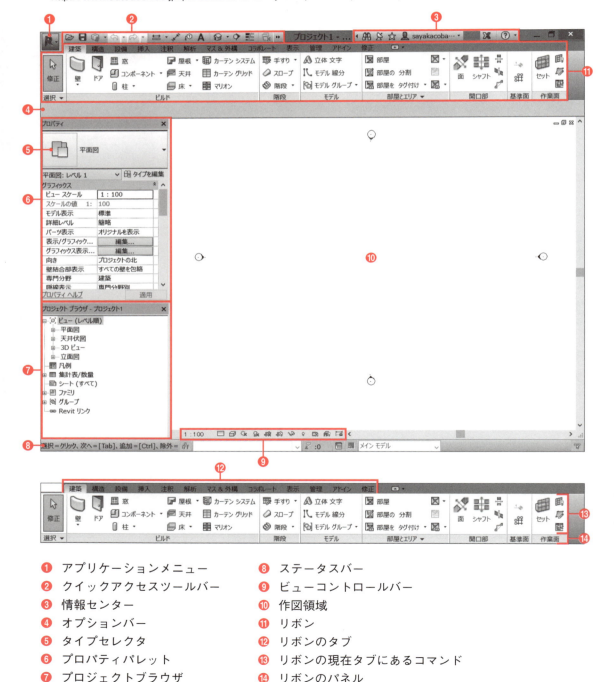

❶ アプリケーションメニュー
❷ クイックアクセスツールバー
❸ 情報センター
❹ オプションバー
❺ タイプセレクタ
❻ プロパティパレット
❼ プロジェクトブラウザ
❽ ステータスバー
❾ ビューコントロールバー
❿ 作図領域
⓫ リボン
⓬ リボンのタブ
⓭ リボンの現在タブにあるコマンド
⓮ リボンのパネル

❶ アプリケーションメニュー

クリックすると、アプリケーションメニューが開く。[**新規作成**]、[**開く**]、[**保存**]、[**名前を付けて保存**]、[**出力**]という基本のファイル操作コマンドを実行できる。また、[**書き出し**]や[**パブリッシュ**]などのコマンドで交換用ファイルを作成したり、管理したりできる。

❷ クイックアクセスツールバー

よく使用するコマンドをこのツールバーのボタンから実行できる。リボンタブを切り替える必要がないので、よく使うコマンドをここに登録しておくとよい。ボタンを右クリックすることで、コマンドの追加や削除ができる。

❸ 情報センター

語句を入力してオンラインヘルプを検索できるほか、[**コミュニケーションセンター**]、[**Autodesk A360**]などのボタンから、オートデスク社のさまざまな製品関連情報にアクセスできる。

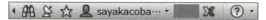

❹ オプションバー

コマンド実行のための細かいオプションを指定できる。表示されるオプションの内容は、実行しているコマンドによって変化する。

[壁]コマンド実行時

[窓]コマンド実行時

❺ タイプセレクタ

プロパティパレット上部に表示されるドロップダウン。現在選択中の要素など、認識されているプロパティのファミリタイプ名が表示される。ここから別のファミリタイプを選択できる。(ファミリについてはP.69を参照)

❻ プロパティパレット

作図領域で何もオブジェクトが選択されていないときは、現在表示されているビューのプロパティが表示される。オブジェクトが選択されているときは、そのオブジェクトのプロパティが表示され、タイプやパラメータを設定できる。

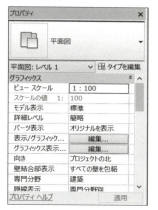

❼ プロジェクトブラウザ

現在のプロジェクトのすべてのビュー、集計表、シート、ファミリ(P.69を参照)、グループ、リンクされたその他のプロジェクトなどが階層表示される。現在作図領域に表示されているビューは太字で表示され、ダブルクリックで表示ビューを変更できる。

❽ ステータスバー

画面の一番下に表示される領域。コマンド実行時に、操作についてのヒントなどが表示される。また、要素上にカーソルを合わせてハイライト表示させると、その要素のファミリ名とタイプ名が表示される。

❾ ビューコントロールバー

ビューの表示をコントロールするコマンドが用意されており、スケールや詳細レベルを変更できるほか、表示スタイル、影のオン／オフ、ビューのトリミングなどを設定できる。

❿ 作図領域

現在のプロジェクトのビューが表示される。ここで図面を書いていく。シート、集計表などもここに表示される。

コマンドが実行されていないとき

選択＝クリック、次へ＝[Tab]、追加＝[Ctrl]、除外＝

[壁]コマンド実行時

壁の始端を入力するには、クリックしてください。

壁をハイライト表示している場合

壁：標準壁：標準-150mm

⓫ リボン／⓬ リボンのタブ／⓭ リボンの現在タブにあるコマンド／⓮ リボンのパネル

プロジェクトやファミリを作成するためのすべてのコマンドが表示される。コマンドの作業内容ごとにタブが分けられており、クリックすることでコマンドの構成が変わる。コマンドを実行、または要素を選択したときに、「**コンテキストタブ**」と呼ばれる追加タブが表示される場合もある。

各タブでは、コマンドが作業内容別のパネルに分けられている。パネルは同じタブ内でドラッグして位置を変更できる。また、作図領域にドラッグして独立したパネルにすることもできる。

例）[建築]タブのリボン構成

例）[注釈]タブのリボン構成

例）コンテキストタブ（[壁]コマンド実行時）

タブ内のパネルはドラッグして位置変更できる

ドラッグ

1-2 画面操作

教材データなし

Revitでの作業を効率的に行うために、基本的な画面操作の方法を覚えておきましょう。マウスのホイールボタンや、Revit独特のビューキューブやホイールといった機能を使って画面を操作できます。

1-2-1

マウスのホイールボタン（左右ボタンの間にある回転可能なボタン）を使用して、さまざまな画面操作ができます。

❶ 画面移動

ホイールボタンを押しながらドラッグする。

❷ ビューの拡大／縮小

ホイールボタンを前に回転させると拡大、後ろに回転させると縮小。

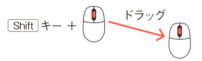

❸ ビューの回転

Shiftキーとホイールボタンを押し下げた状態でドラッグする。

❹ 全体表示

ホイールボタンをダブルクリックする。

> ▶ヒント
> お手持ちのマウスにホイールボタンがない場合は、後述のビューキューブやナビゲーションホイールを使うとスムーズに画面操作ができます。

1-2-2 ビューキューブを使った画面操作

3Dビューではビューキューブをクリックまたはドラッグしてビューの切り替えや回転ができます。

ビューキューブの機能

3Dビューの右上には、立方体とコンパスからなるビューキューブが表示される。ビューキューブの面、エッジ、コーナーなどをクリックすると、それぞれの方向から見た視点に変更され、コンパスをドラッグすると画面が回転する。

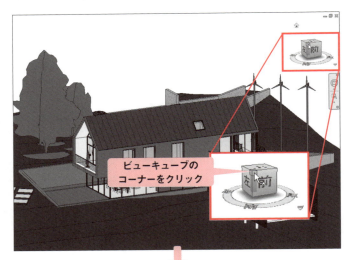

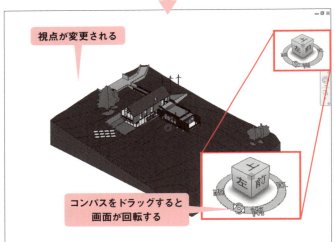

ホームビューの設定

ビューキューブの左上にある「ホームビュー」（家のマーク）をクリックすると、基本設定では視点が南東等角図方向になる。

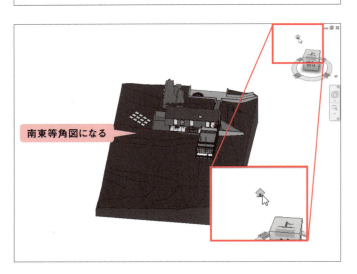

Chapter 1 Revitの画面と基本操作

ビューキューブ上で右クリックし、[**現在のビューをホームビューに設定**]を選択することで、任意のビューを「**ホームビュー**」に設定できる。

1-2-3 ナビゲーションホイールを使った画面操作

画面操作用のナビゲーションホイールを呼び出して使うこともできる。3Dビュー用と2Dビュー用のホイールがあります。

作図領域の右端のツールバーでナビゲーションホイールのアイコンをクリックするか、F8キーを押すと、ナビゲーションホイールが表示される。ホイールはカーソルに合わせて動き、ホイール上の[**ズーム**]、[**画面移動**]などの領域をドラッグすることで、その機能を使用できる。

▶ヒント
2Dビュー用のホイールは図のような表示になります。

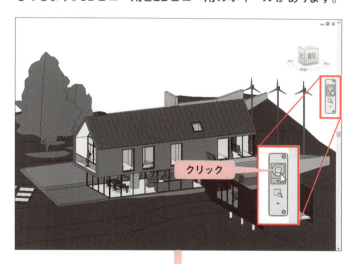

1-3 保存

📄 教材データなし

Revitで作成したデータは、プロジェクト、ファミリ、テンプレートとして保存できます。名前を付けて保存する方法を確認しておきましょう。

名前を付けて保存

1. アプリケーションメニューから[**名前を付けて保存**]－[**プロジェクト**]をクリックする。

> ▶ヒント
> ファミリを保存する場合は[**ファミリ**]、テンプレートを保存する場合は[**テンプレート**]を選択します。

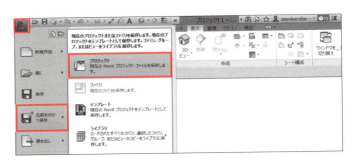

2. [**名前を付けて保存**]ダイアログボックスで保存先のフォルダとファイル名を指定する。[**ファイルの種類**]が[**プロジェクトファイル(*.rvt)**]になっていることを確認し、[**保存**]をクリックする。

> ▶ヒント
> ファミリを保存する場合は[**ファイルの種類**]が[**ファミリファイル(*.rfa)**]となり、テンプレートを保存する場合は[**テンプレートファイル(*.rte)**]となります。

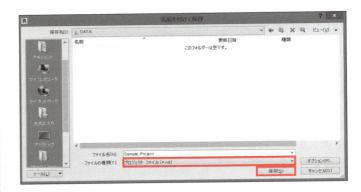

ポイント：ファイルを閉じる

保存後にプロジェクトを閉じる際、作図領域右上の[**×**]（❶）をクリックすると、ビューごとに閉じることになります。複数のビューを開いている場合は、[**×**]を何回かクリックしないとプロジェクトを閉じることができません。1回の操作でプロジェクトを閉じるには、アプリケーションメニューの[**閉じる**]（❷）をクリックします。
作業時に[**表示**]タブ－[**ウィンドウ**]パネル－[**非表示のウィンドウを閉じる**]（❸）をクリックすると、現在アクティブなビューのみを残して、他のビューを閉じることができます。

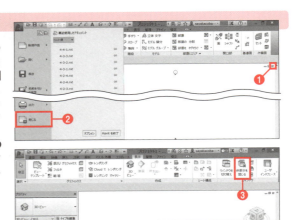

Chapter 2
基本設計

AutoCAD LTでプランを作成し、Revitで基本設計モデルを作成します。
AutoCAD LTの操作方法をひととおり理解している方向けの解説になっているので、
AutoCAD LTの操作に不慣れな場合は、別の解説書などで操作を習得してください。

2-1 **Revitでモデリングするための準備**
敷地と通芯の作成／外壁と界壁の作成／基本プラン（左端住戸）の間仕切壁の作成／建具の配置（左端住戸）

2-2 **Revitでのモデリング**
プロジェクトの開始／レベルの作成／2Dデータの挿入／通芯の作成／外壁と界壁の作成／作業用3Dビューの作成／床の作成／間仕切壁の作成／建具の配置／天井の作成／間取りのグループ化／基本間取りのコピー／X4－X5間の間取りの編集／部屋の設定／占有/共有面積の確認／外廊下の作成／バルコニーの作成／上階の作成／エントランスなどの壁の作成／風除室の作成／エレベータの配置と階段の作成／階段周辺の床と壁の修正／パラペットと屋根の作成

2-1 Revitでモデリングするための準備

📄 敷地.dxf

Revitで1からモデリングすることもできます。しかし、慣れないソフトを使うことによって、ストレスを感じるのは本末転倒です。そこで、まずは使い慣れたCADで基本プランを作成し、Revitでモデリングするための下書きを準備しましょう。本書では、AutoCAD LT 2017を使用します。

2-1-1 敷地と通芯の作成

測量図のDXFデータ（「敷地.dxf」ファイル）から敷地形状を流用し、そこに今回のプランの通芯を描き加えます。

敷地図データを開く

1 デスクトップのショートカットをダブルクリックしてAutoCAD LT 2017を起動する。

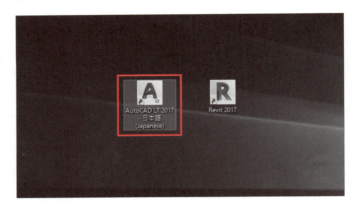

2 アプリケーションメニューから［開く］－［図面］をクリックする。

3 ［ファイルを選択］ダイアログで［ファイルの種類］から［DXF (*.dxf)］を選択し、［敷地(.dxf)］を選択して［開く］をクリックする。

4 「**敷地.dxf**」ファイルが開く。

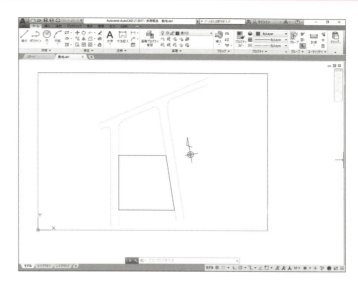

通芯を作成する

敷地西側から右方向に4000の位置にX1通芯、敷地南側から上方向に5000の位置にY1通芯を作成します。

1 現在レイヤを「**通り芯**」レイヤに設定する。
2 [**オフセット**]コマンドで、X1とY1の通芯を作成する（[**現在の画層**]画層オプションを使用）。
3 [**ストレッチ**]コマンドかグリップを使用して、通芯の長さを調整する。

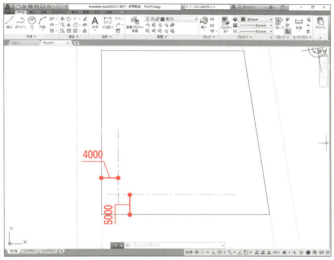

4 手順**1**〜**3**と同様にして、図のようにすべての通芯を作成する。

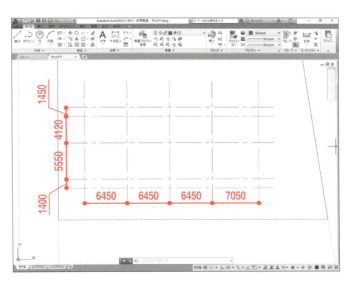

通芯符号を作成します。

5 [**ブロック挿入**]コマンドで、X1の通芯符号となる「**X1**」ブロックを挿入する。

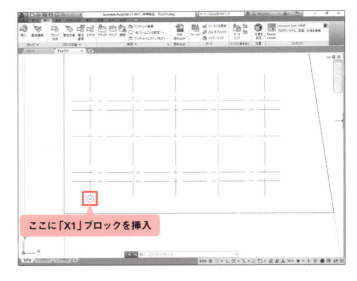

6 [**複写**]コマンドで、X1の通芯符号をそれぞれの通芯にコピーする。
7 符号番号をダブルクリックし、[**拡張属性編集**]ダイアログで番号を修正する。

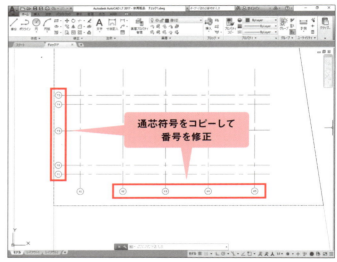

寸法線を作成します。

8 現在レイヤを「**寸法**」レイヤに設定する。
9 [**長さ寸法記入**]および[**直列寸法記入**]コマンドで、通芯間に図のように寸法を記入する。

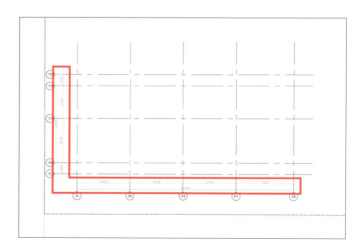

2-1-2 外壁と界壁の作成

Revitの壁の基準となる外壁と界壁を作成します(エントランス部分を除く)。ここでは、壁の位置がわかればよいので、複線で作図する必要はありません。

外壁を作成します。

1. 現在レイヤを「**外壁**」レイヤに設定する。
2. [**線分**]コマンドで、図の位置に外壁を作成する。

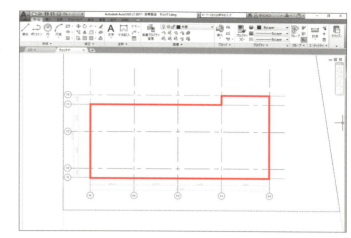

界壁を作成します。

3. 現在レイヤを「**界壁**」レイヤに設定する。
4. [**線分**]コマンドで、図の位置に界壁を作成する。

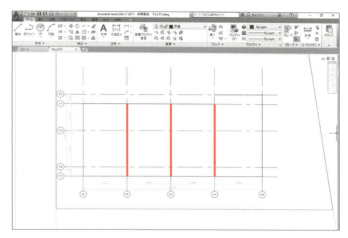

2-1-3 基本プラン(左端住戸)の間仕切壁の作成

左端住戸を基本プランとし、間仕切壁を作成します。その他の住戸はRevitで作成するので、ここで描く必要はありません。

外壁と同じ壁厚の部分を作成します。

1. 現在レイヤを「**外壁**」レイヤに設定する。
2. [**線分**]コマンドで、図の位置に壁を作成する。

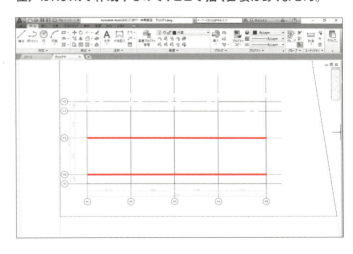

X1－X2間の間仕切壁を作成します。

3 現在レイヤを「**間仕切壁**」レイヤに設定する。
4 [**線分**]コマンドで、図の寸法を参考にして壁を作成する。

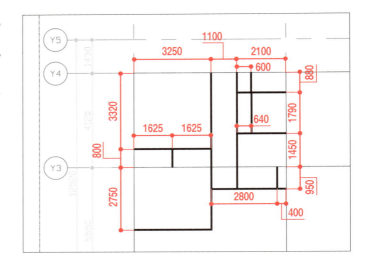

2-1-4 建具の配置（左端住戸）

左端住戸に建具を配置します。実際の建具パーツはRevitで配置するので、ここでは位置や種類がわかる程度にします。

引違い窓を配置する

1 [**ブロック挿入**]コマンドを実行し、[**ブロック挿入**]ダイアログで[**参照**]をクリックする。

2 [**図面ファイルを選択**]ダイアログが表示される。教材データの[**建具パーツ**]フォルダを選択する。
3 [**引違い窓　w2000(.dwg)**]を選択し、[**開く**]をクリックする。

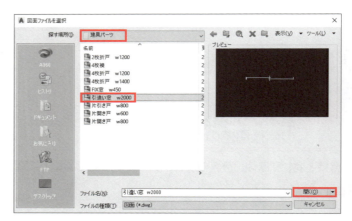

4 [ブロック挿入]ダイアログで[挿入位置]の[画面上で指定]にチェックを入れ、[OK]をクリックする。

5 [引違い窓　w2000]ブロックを図の位置に配置する(窓中心がX1から右に1150の位置にくる)。

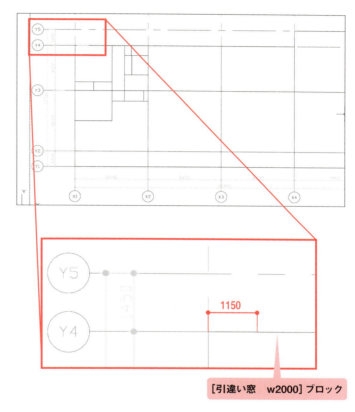

[引違い窓　w2000]ブロック

残りの建具を配置する

1 同様にして、残りの建具を図の位置に配置する。

- ❶ 引違い窓 w2000
- ❷ 片開き戸 w800
- ❸ 4枚折戸 w1200
- ❹ 2枚折戸 w1200
- ❺ 片開き戸 w800
- ❻ 4枚折戸 w1400
- ❼ FIX窓 w450
- ❽ 4枚襖
- ❾ 片引き戸 w800
- ❿ 片開き戸 w600
- ⓫ 片開き戸 w800
- ⓬ 引違い窓 w2000

2 「2Dデータ(.dwg)」という名前でファイルを保存する。

> ▶ヒント
> AutoCAD以外の2D CADで作業したときは、保存形式を*.dxf、*.dwg、*.dgn、*.skpのいずれかにしましょう。

これで、Revitでモデリングするための準備は完了です。エントランス、階段、エレベータ、廊下は、2D CADの下書きデータを使わずに、Revitで直接描くことにします（詳しくは**2-2**以降で説明します）。まずは先に進みましょう。

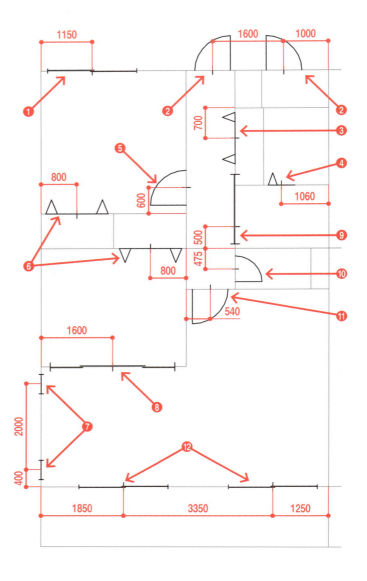

2-2 Revitでのモデリング

📄 テンプレート.rte、2Dデータ.dwg、2-2-3.rvt～2-2-23.rvt

2-1で作成したデータを下書きにして、Revit 2017でモデリングしましょう。まずは左端住戸の基本的な間取りを完成させます。モデリングや図面作成に必要な設定を済ませたテンプレートを用意してあるので、すぐにモデリングを開始できます。

※本書の教材データを使用するには、Revit 2017またはRevit LT 2017が動作する環境が必要です。Revit 2017またはRevit LT 2017より古いバージョンでは使用できません。

2-2-1 プロジェクトの開始

教材データに含まれるテンプレートを選択してプロジェクトを開始します。

1. Revitを起動する。
2. [プロジェクト]の[新規作成]をクリックする。

3. [プロジェクトの新規作成]ダイアログで[参照]をクリックする。

4. [テンプレートを選択]ダイアログで、教材データに含まれる「テンプレート(.rte)」ファイルを選択し、[開く]をクリックする。

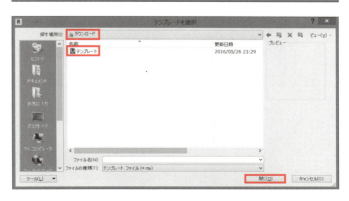

5 **[プロジェクトの新規作成]**ダイアログで、手順**4**で指定したテンプレートが選択されていることを確認して**[OK]**をクリックする。

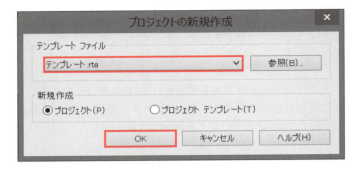

選択したテンプレートに基づいて新しいプロジェクトが作成されます。

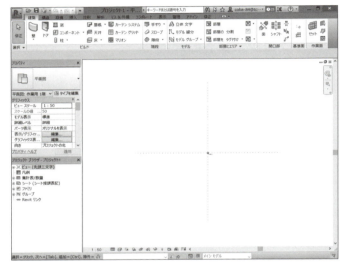

ポイント：プロジェクトとファミリの新規作成

Revitを起動したときに最初に表示される画面には、**[プロジェクト]**と**[ファミリ]**という2つのセクションがあります。
建物モデルや図面を作成する場合は、**[プロジェクト]**セクションの**[新規作成]**を選択します。
建物モデルに挿入するドアや窓などのパーツ（部品）を作成する場合は、**[ファミリ]**セクションの**[新規作成]**を選択します。パーツそれぞれのファミリテンプレートが用意されています。

2-2-2 レベルの作成

テンプレートには、9階までのレベルが事前に設定されています。今回の建物は4階建なので、不要な階を削除し、階高を修正しましょう。

ビューを立面図に切り替える
レベルと高さを確認するために、ビューを立面図に切り替えます。

1. プロジェクトブラウザのツリーリストで[**ビュー**]-[**立面図**]-[**立面図**]と階層を下り、[**立面図 北**]をダブルクリックする。

> ▶ヒント
> 平面図、立面図、3D表示など、図面のビューを切り替えたいときは、プロジェクトブラウザで表示したいビューの名前をダブルクリックします。

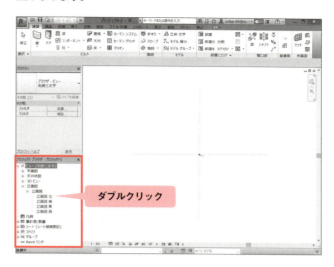

2. [**立面図 北**]ビューが表示され、9階までのレベルラインが表示される。

> ▶ヒント
> 立面図ビューで外構の土部分が表示されています。作業上で必要ない場合や、深さ表現を変更したい場合は、[**マス&外構**]タブ-[**外構を作成**]パネル名の右にある小さい矢印をクリックします。
>
>
>
> [**外構の設定**]ダイアログで[**断面グラフィックス**]の[**高さ=0からの深さ**]を変更します。今回は「0」にしています。

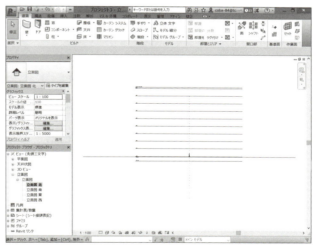

不要な階を削除する
5FL～9FLとピットを削除します。

1. 図のように右から左にドラッグして、5FLから9FLのラインを破線の枠で囲んで選択する。

> ▶ヒント
> 右から左にドラッグすると「**交差選択**」(枠内に一部でも含まれるものを選択)、左から右にドラッグすると「**窓選択**」(枠内に完全に含まれるものを選択)となります。

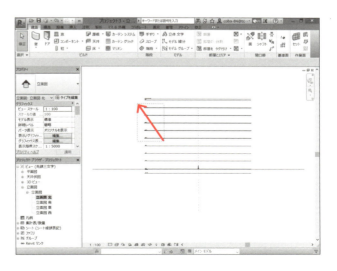

2 Ctrlキーを押しながら、一番下にあるピットのラインをクリックする。5FL～9FLとピットのラインが選択される。

▶ヒント
複数の図形を選択するには、Ctrlキーを押しながらクリックします。

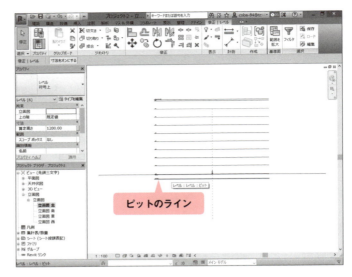

3 Deleteキーを押す。

4 警告ダイアログが表示されるので[OK]をクリックする。5FL～9FLとピットのラインが削除される。

▶ヒント
レベルラインと平面図、天井伏図のビューは連動しています。レベルラインを削除すると、プロジェクトブラウザの平面図、天井伏図のビューも削除されます。同様に、レベルラインを描くと、これらのビューが追加されます。

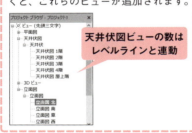

天井伏図ビューの数はレベルラインと連動

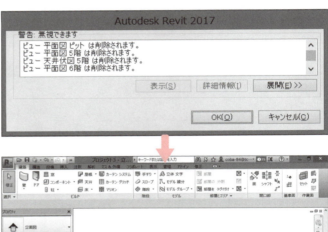

階高を修正する

設計GL－1FL間を1000mm、1FLからRSLまでの各階を3000mm、RSL－パラペット天端間を350mmに変更します。

1 1FLのラインをクリックする。仮寸法「**100**」が表示される。

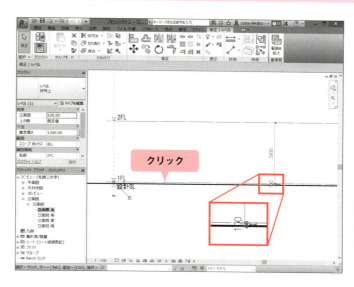

2 「**100**」の数値をクリックする。「**1000**」と入力し、Enterキーを押して確定する。設計GL－1FL間が1000に変更される。

▶ヒント
高さや位置を修正するときには、仮寸法を利用します。図形を選択すると、仮寸法が表示されます。寸法値をクリックすると、数値を編集できます。仮寸法で修正するときには、移動したい図形を選択する必要があります。

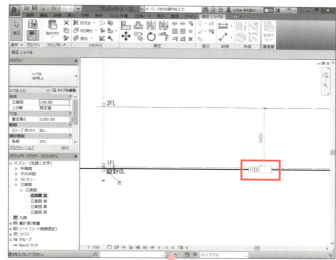

3 図形がないところをクリックし、選択解除する。

▶ヒント
図形の選択を解除するには、図形以外の場所をクリックします。

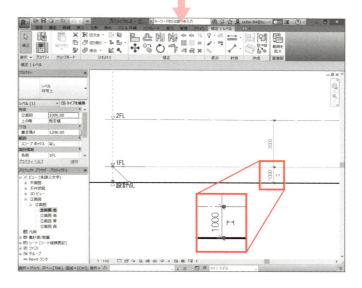

4 2FLのラインをクリックする。1FLと2FL間の仮寸法が「**3000**」になっていることを確認し、選択解除する。

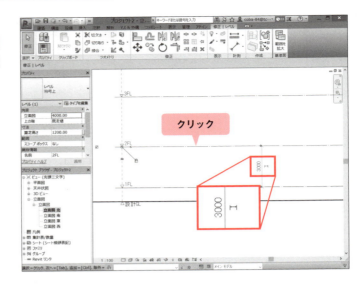

5 3FLのラインをクリックする。仮寸法「**3700**」が表示される。

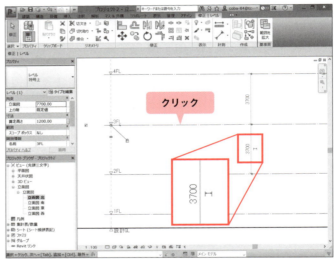

6 「**3700**」の数値をクリックして「**3000**」と入力し、Enterキーを押して確定する。2FL－3FL間が3000に変更される。

7 図形がないところをクリックし、選択解除する。

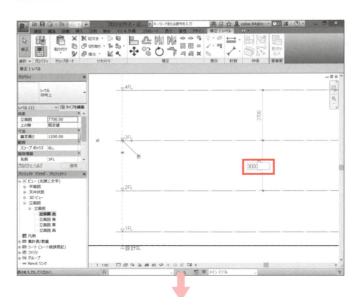

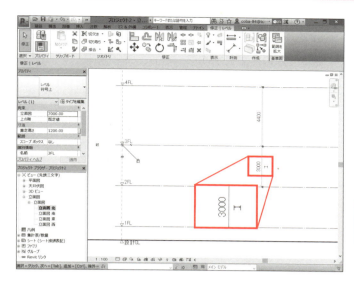

8 手順 5〜6 と同様にして、3FL －4FL 間も 3000 に変更する。

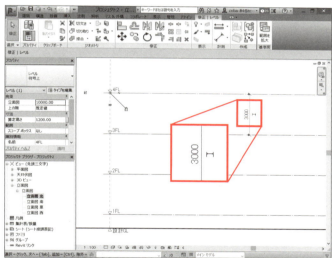

9 RSL のラインをクリックし、4FL －RSL 間を 3000 に変更する。

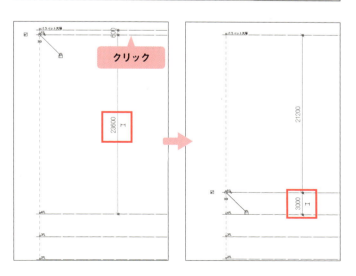

10 パラペット天端のラインをクリックし、RSL－パラペット天端間を350に変更する。

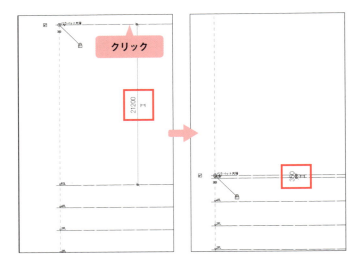

11 すべてのレベルが適切に設定されたことを確認する。

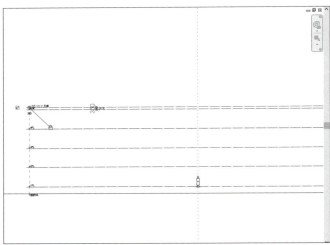

寸法を記入する
レベル間に寸法を記入します。

1 [注釈]タブー[寸法]パネルー[傾斜寸法]をクリックする。
2 設計GLからパラペット天端までのレベルラインを下から順にクリックする。

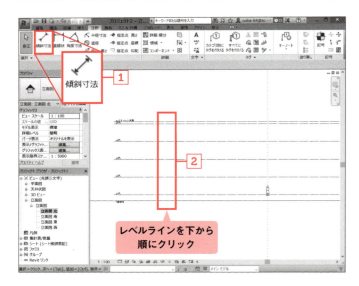

3 レベルラインの左側をクリックして、寸法線の位置を確定する。

> ▶ヒント
> 寸法線の位置を確定するときに、選択した線上をクリックすると、選択除外されてしまいます。誤って外してしまった場合は、再度、線をクリックすると選択に追加されます。

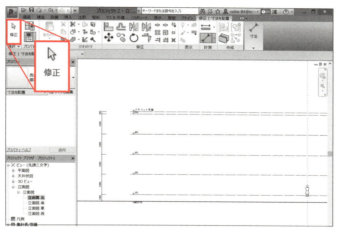

4 [修正|寸法を配置]タブ−[選択]パネル−[修正]をクリックして、[傾斜寸法]コマンドを終了する。

> ▶ヒント
> コマンドの終了方法は、[修正]をクリックするか、ESCキーを押します（ESCキーは2度押さなければ終了しない場合があります）。

2-2-3　2Dデータの挿入

2-1で作成した2Dデータ（または教材データ）を挿入します。敷地や道路が含まれるので、設計GLの高さに挿入します。

　📄 2-2-3.rvt

ビューを配置図に切り替える

敷地図の2Dデータを挿入するために、ビューを配置図に切り替えます。

1 プロジェクトブラウザのツリーリストで[ビュー]−[平面図]−[配置図]と階層を下り、[配置図]をダブルクリックする。

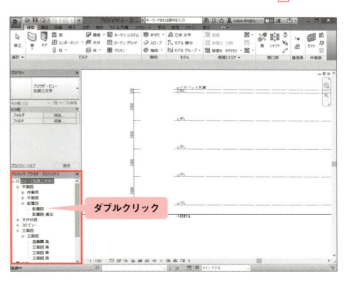

2 [配置図]ビューに切り替わる。

▶ヒント
このテンプレートでは、100m×100mの地盤を事前に作成しています。この地盤は削除またはサイズ修正できます。サイズを修正するには、地形面を選択し、[修正|地形]タブー[サーフェス]パネルー[サーフェスを編集]をクリックします。

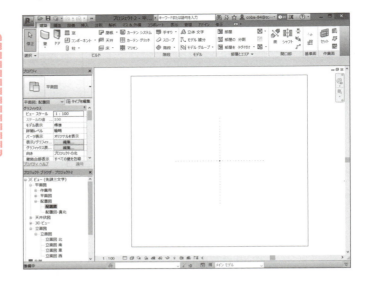

DXFデータを挿入する
敷地図のDXFデータを挿入します。

1 [挿入]タブー[読み込み]パネルー[CADを読み込む]をクリックする。

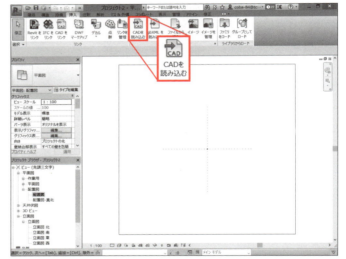

2 [CAD形式を読み込み]ダイアログで、2-1で保存した「2Dデータ.dwg」ファイルを選択し、[開く]をクリックする。

▶ヒント
教材データの「2Dデータ.dwg」を使用してもかまいません。

▶ヒント
[CAD形式を読み込み]ダイアログの[現在のビューのみ]にチェックを入れると、読み込んだデータは、読み込み時の現在ビューにしか表示されません。挿入したデータを3Dビューに表示したい場合には、チェックを外します。

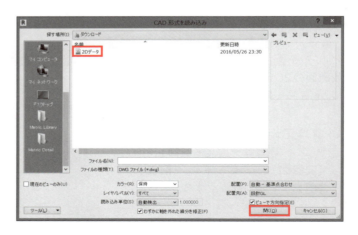

3 敷地データが挿入される。

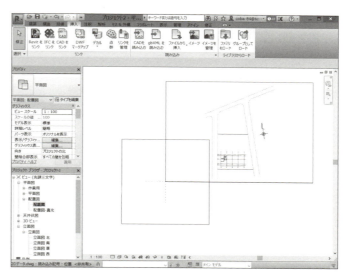

4 敷地データをクリックすると、要素の位置を移動禁止にするためのピンが表示されるので、ピンの上をクリックし解除する。選択状態のままでドラッグし、物件が地盤の中央あたりに配置されるよう調整する。場所が決まったら選択解除する。

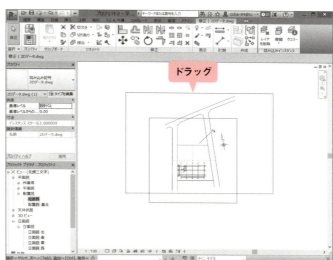

ポイント：CADデータ読み込み時の注意

[CAD形式を読み込み]ダイアログでは、[カラー]、[レイヤ/レベル]、[読み込み単位]のオプションに注意しましょう。各オプションの機能を簡単に説明しておきます。

[カラー]：読み込み時の色についての設定です。[保持]は、読み込みデータと同じ色を保持します。[反転]は暖色を寒色に、寒色を暖色に変換します。[白黒]は、すべての色を黒（黒バックの場合は白）に変換します。

[レイヤ/レベル]：2Dデータのレイヤ制御についての設定です。[すべて]は、すべてのレイヤを読み込みます。[表示]は、保存時に表示されているレイヤのみ読み込みます。[指定]は読み込みレイヤを選択できます。

[読み込み単位]：読み込みデータの縮尺についての設定です。AutoCADデータの場合は、[自動検出]で認識されます。AutoCADデータ以外の場合は、[ミリメートル]を選択しましょう。

2-2-4 通芯の作成

敷地データを下書きとして、通芯を作成します。Revitでは線や円弧の通芯を作成できます。

📄 2-2-4.rvt

X方向の通芯を作成する

挿入した敷地データを下書きとして、通芯を作成していきます。

1. [建築]タブー[基準面]パネルー[通芯]をクリックする。

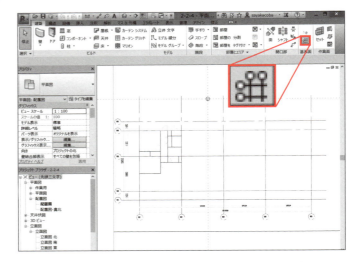

2. [修正|配置 通芯]タブー[描画]パネルー[選択]をクリックする。

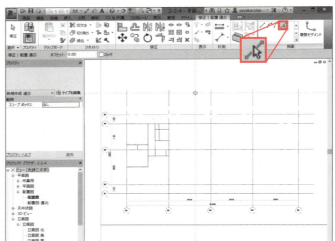

3. 敷地データのX1通芯の線上をクリックする。通芯と通芯符号が作成される。

▶ヒント
下書きデータを選択するとき、壁の下書き線と通芯の下書き線が重なっているところをクリックすると、壁の下書き線が選択され、通芯が短くなってしまいます。カーソルを合わせたときに、通芯の下書き線が選択されるところをクリックするとよいでしょう。

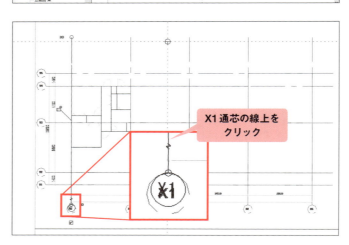

X1通芯の線上をクリック

Chapter 2 基本設計

4 同様に、X2～X5の線上をクリックする。X方向の通芯が作成される。

引き続きY方向の通芯を作成するので、まだコマンドを終了しないでください。

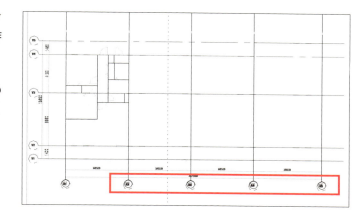

Y方向の通芯を作成する

続けてY方向の通芯を作成します。

1 Y1通芯の線上をクリックする。「**X6**」という符号の通芯が作成される。

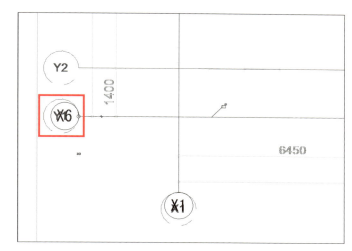

2 「**X6**」の通芯符号をクリックして「**Y1**」に書き換え、Enterキーを押して確定する。

▶ヒント
通芯符号は連番で作成されるため、符号を変更したいときは、1つ目の符号の作成時に変更しておきましょう。

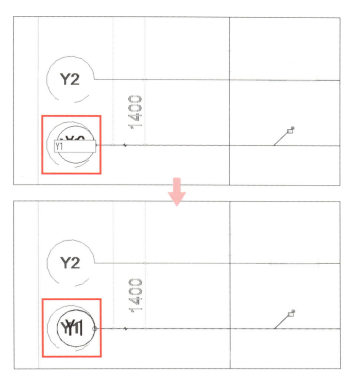

3 同様に、Y2～Y5の線上をクリックして、Y方向の通芯を作成する。

4 [修正|配置 通芯]タブ－[選択]パネル－[修正]をクリックして、コマンドを終了する。

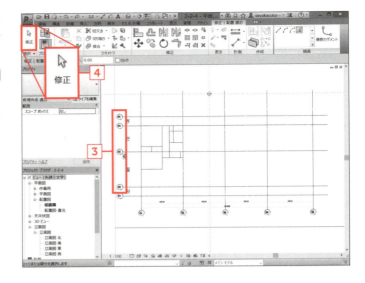

通芯間に寸法を入力する

1 [注釈]タブ－[寸法]パネル－[傾斜寸法]をクリックする。

2 X1～X5の線上を順にクリックする。

3 すべて選択したら、寸法線の位置をクリックして確定する。

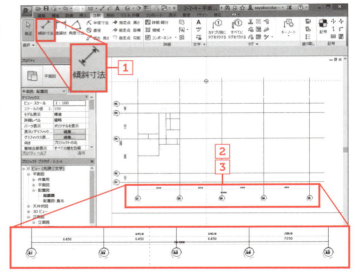

4 続けて、X1とX5を選択する。

5 スナップされる位置で、寸法線の位置をクリックして確定する。

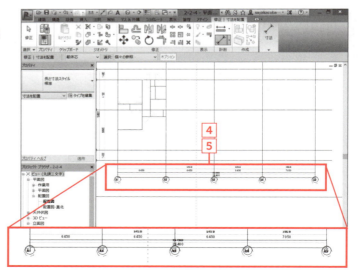

Chapter 2 基本設計

ポイント：並列寸法を等間隔で配置する

並列寸法の位置を決めるときに、スナップする場所で確定すると、等間隔で並列寸法を配置できます。スナップする間隔を変更したいときは、次のようにします。

❶ [注釈]タブ－[寸法]パネルのパネル名部分をクリックし、[長さ寸法タイプ]をクリックします。

❷ [タイププロパティ]ダイアログで[寸法線のスナップ間隔]の数値を変更します。初期値は[7mm]に設定されています。

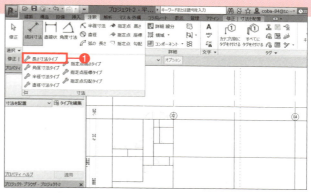

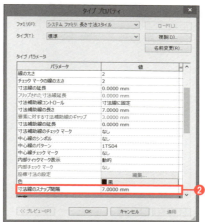

6 手順1～5と同様にして、Y通りの寸法も完成させる。

7 [修正|寸法を配置]タブ－[選択]パネル－[修正]をクリックして、コマンドを終了する。

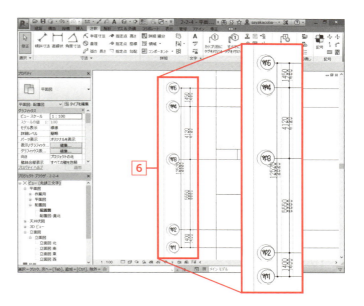

2-2 Revitでのモデリング　4 通芯の作成

45

2-2-5 外壁と界壁の作成

下書きに沿って外壁と界壁を作成します。どちらもRC造で壁厚200mmとします。高さは、上部はRSLまで、下部は設計GLから1200mm下げて作成します。

📄 2-2-5.rvt

外壁を作成する

1 ［建築］タブー［ビルド］パネルー［壁］ー［壁：意匠］をクリックする。

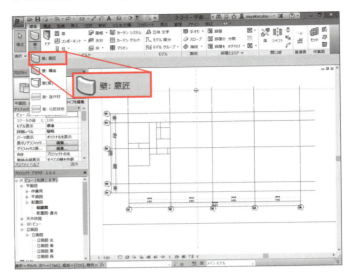

> ▶ヒント
> リボンのボタン下部に▼が表示されている場合は、▼をクリックすると、プルダウンメニューが表示されます。ボタン上部をクリックすると、優先で設定されているコマンドを実行できます。

2 ［修正｜配置 壁］タブー［描画］パネルー［線分］をクリックする。

3 プロパティパレットのタイプセレクタで［標準壁（R）RC200］を選択する。

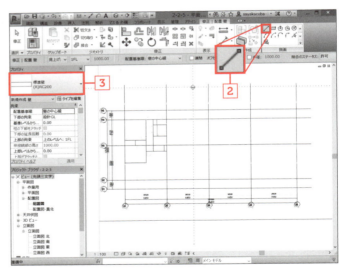

> ▶ヒント
> 壁のタイプや壁厚はタイプセレクタから選択します。本書で使用するテンプレートには、よく使うタイプと壁厚があらかじめ設定してあります。壁のタイプはユーザーが自由に設定でき、必要ないタイプは削除できます。

4 オプションバーで次の設定をする。
① ［見上げ］を［RSL］に設定。
② ［配置基準線］から［躯体の中心線］を選択。
③ ［連結］にチェックを入れる。

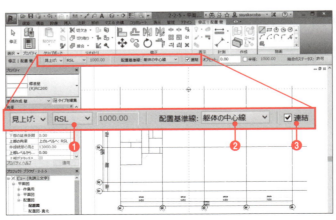

> ▶ヒント
> ［連結］にチェックを入れると、一筆書きのようにして連続線が描けます。

ポイント：配置基準線

壁は複線で描かれますが、作図時にどこを基準にするかを決めるのが[配置基準線]です。[壁の中心線]、[仕上げ面：外部]、[仕上げ面：内部]を選択すると、壁厚全体の中心、外、内が作図基準となります。[躯体の中心線]、[躯体面：外部]、[躯体面：内部]を選択すると、躯体部分の中心、外、内が作図基準となります。後で仕上げに関して詳細を考えるときは、[躯体の中心線]を選択するとよいでしょう。

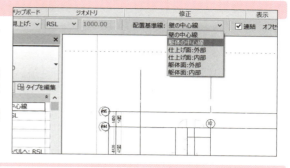

5　プロパティパレットで次の設定をする。

❶ [下部の拘束]を[設計GL]に設定。

❷ [基準レベルからのオフセット]に「-1200」と入力。

❸ [適用]をクリック。

▶ヒント
[下部の拘束]は壁の基準レベルを表します。また、ここでは[基準レベルからのオフセット]を指定することで、壁の下部を設計GLから1200mm下げて（-1200）います。

6　X1とY4の交点（❶）をクリックし、続けて❷～❻を順にクリックする。最後に再び❶をクリックする。外壁が作成される。

▶ヒント
壁の作図時は、時計回りにクリックしていきます。反時計回りにすると、壁の仕上げの内側／外側が正しく表示されません。内外が逆になってしまった場合は、下記のフリップ記号をクリックして修正します。

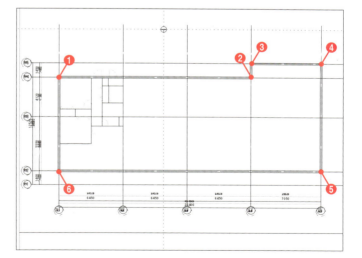

界壁と袖壁を作成する

1. オプションバーの[連結]のチェックを外す。

> ▶ヒント
> [連結]のチェックを外すと、線が1本ずつ描かれます。

2. X2とY4の交点（❶）、X2とY2の交点（❷）を順にクリックする。クリックした点の間に界壁ができる。

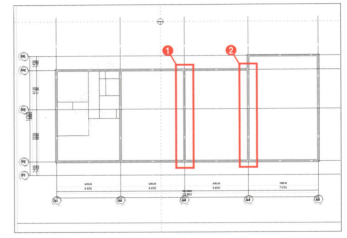

3. 同様にして、次の2つの界壁を作成する。
   ❶ X3とY4の交点－X3とY2の交点の間
   ❷ X4とY4の交点－X4とY2の交点の間

4. 同様にして、次の3つの袖壁を作成する。
   ❶ X1とY4の交点－X1とY5の交点の間
   ❷ X1とY1の交点－X1とY2の交点の間
   ❸ X5とY1の交点－X5とY2の交点の間

> ▶ヒント
> 壁を後から追加しても、同タイプの壁であれば、自動的に包絡処理が行われます。

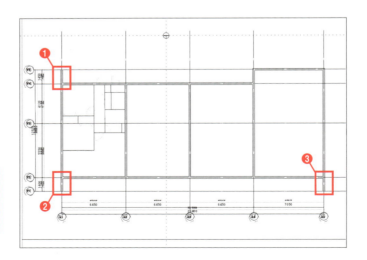

Y3通芯上の壁を作成する

左端住戸の壁を作成します。高さは1FLから2FLまでとします。

1 プロパティパレットで次の設定をする。

❶ [下部の拘束] から [1FL] を選択。
❷ [基準レベルからのオフセット] に「0」と入力。
❸ [上部の拘束] から [上のレベルへ：2FL] を選択。
❹ [適用] をクリック。

> ▶ヒント
> [上部の拘束] で [上のレベルへ] として上階を選択すると、高さを入力せずに、指定のレベルラインまでの壁を作成できます。レベルの高さが変更になれば、自動的に壁の高さも変更されます。[上部の拘束] はオプションバーの [見上げ] とリンクしており、どちらからでも設定できます。

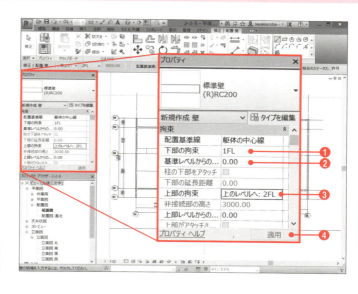

2 Y3上のX1からX2の間に壁を作成する。

3 [修正|配置 壁] タブ―[選択] パネル―[修正] をクリックし、コマンドを終了する。

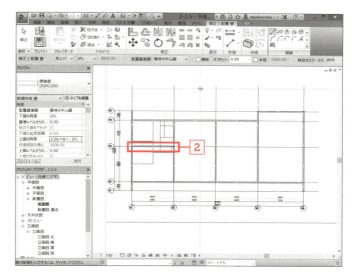

3Dビューで確認する

1 クイックアクセスツールバーの [既定の3Dビュー] をクリックする。

> ▶ヒント
> 画面の解像度などでクイックアクセスツールバーがすべて表示されないときは、ツールバーの右にある▶▶をクリックするとすべて表示されます。
>
>

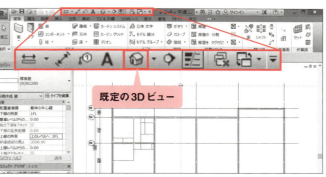

2 3Dビューに切り替わる。ビューを適宜回転させ、外壁が適切な高さで作成されていることを確認する。

2-2-6 作業用3Dビューの作成

1階左端住戸のモデリング結果を確認しやすいように、専用の3Dビューを作成して保存しておきます。　2-2-6.rvt

1階断面の3Dビュー表示に変更する

1 ビューキューブ上で右クリックし、コンテキストメニューから［ビューで方向指定］−［平面図］をクリックする。

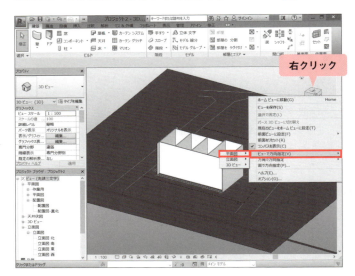

2 ［平面図：作業用1階］をクリックする。

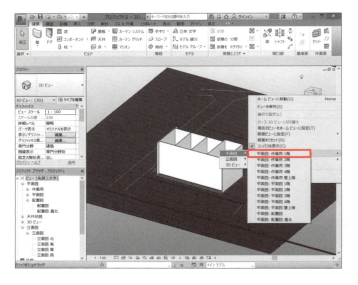

3 1階断面を上から見た状態になり、建物の周りに枠が表示される。

▶ヒント
建物の周りに表示された枠を**「切断ボックス」**といいます。

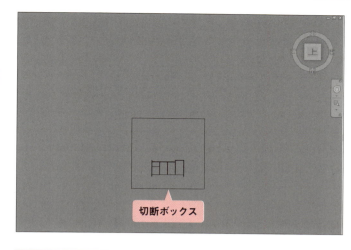

表示範囲を制限し、視点を変更する

回転や拡大／縮小などの画面操作をしやすくするために、表示範囲を制限します。

1 切断ボックスをクリックする。切断ボックスの上部、下部、左部、右部の中央に、それぞれ青いコントロールが表示される。

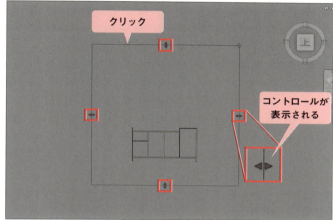

2 各コントロールをドラッグし、左端の住戸だけを囲むように範囲を変更する。
3 ビューキューブの[**ホームビュー**]をクリックする。

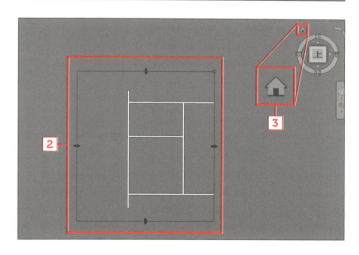

4 ビューが斜め視点に変更される。

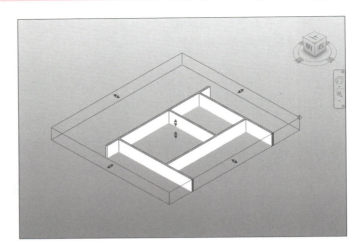

ビューに名前を付けて保存する
1 ビューキューブ上で右クリックし、コンテキストメニューから[ビューを保存]をクリックする。

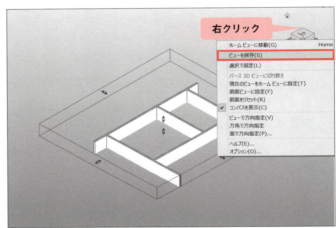

2 [新しい3Dビューの名前を入力してください。]ダイアログの[名前]に「モデリング用1階」と入力し、[OK]をクリックする。

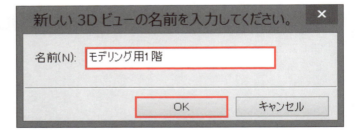

Chapter 2 基本設計

3 プロジェクトブラウザのツリーリストで[ビュー]-[3Dビュー]-[モデリ]と階層を下り、その下に[モデリング用1階]というビューが作成されていることを確認する。

▶ヒント
以降はプロジェクトブラウザで[モデリング用1階]をダブルクリックするだけで、いつでもこのビューに戻れます。

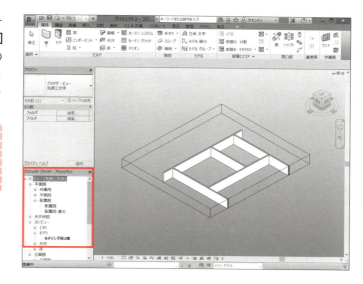

ビューの確認をする

1 クイックアクセスツールバーの[既定の3Dビュー]をクリックする。全体像が表示される。

▶ヒント
画面の解像度などでクイックアクセスツールバーがすべて表示されないときは、ツールバーの右にある▶▶をクリックするとすべて表示されます。

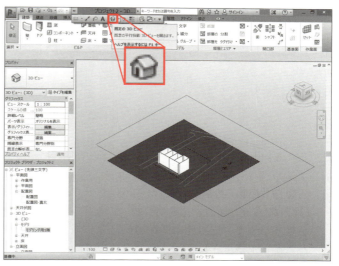

2 プロジェクトブラウザで、先ほど保存したビューの名前([モデリング用1階])をダブルクリックする。1階の水平断面が表示される。

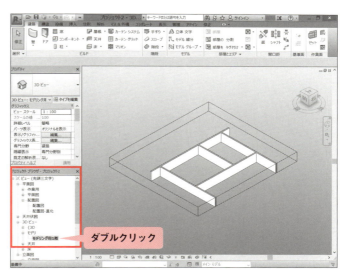

2-2 Revitでのモデリング　6 作業用3Dビューの作成

53

2-2-7 床の作成

1階の床を作成します。居室、洗面所、トイレ、浴室、玄関の床にそれぞれ適切な床厚さや床天端を設定します。 2-2-7.rvt

居室、洗面所、トイレ、浴室、玄関の床を右の表のように作成します。

	床厚さ	床天端
居室	RC150mm+仕上げ100mm	FL+100mm
洗面所		
トイレ		
浴室	RC150mm	FL
玄関		FL-50mm

作業平面を変更する

作業平面を1階に変更し、下書き線が表示されるように設定します。

1. プロジェクトブラウザで[**作業用1階**]ビューに切り替える。

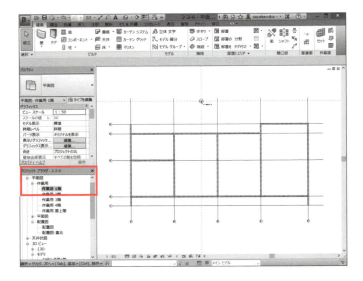

2. プロパティパレットの[**下敷参照図**]の[**範囲：基準レベル**]から[**設計GL**]を選択し、[**適用**]をクリックする。配置図に挿入した下書きが表示される。

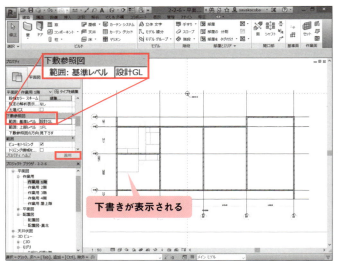

居室、洗面所、トイレ用の床のタイプを作成する

新たに「**RC150+100**」という床のタイプを作成します。

1 [**建築**]タブ－[**ビルド**]パネル－[**床**]－[**床：意匠**]をクリックする。

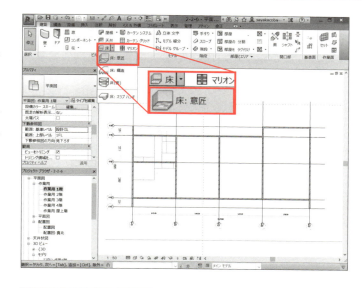

2 プロパティパレットのタイプセレクタで[**床 RC150**]が選択されていることを確認する。

3 [**タイプを編集**]をクリックする。

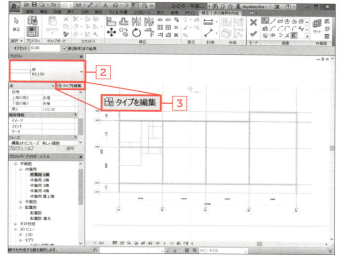

4 [**タイププロパティ**]ダイアログが表示される。[**複製**]をクリックする。

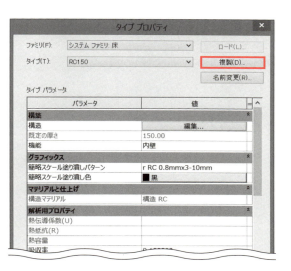

5 [**名前**]ダイアログが表示される。[**名前**]に「**RC150+100**」と入力し、[**OK**]をクリックする。

6 [**構造**]の[**編集**]をクリックする。

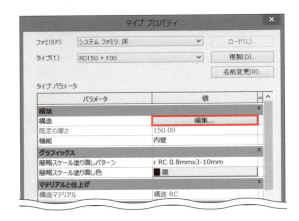

7 [**アセンブリを編集**]ダイアログが表示される。一番上のレイヤ（レイヤ1）の番号をクリックする。その行がハイライトされる。

8 [**挿入**]をクリックする。

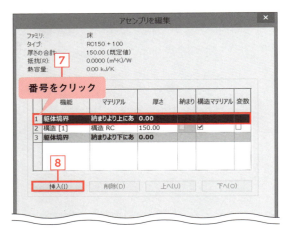

9 新しい「**構造[1]**」レイヤが作成される。

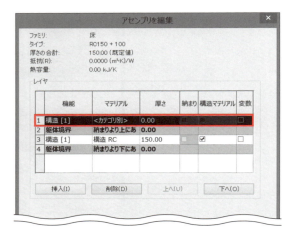

10 レイヤ1の[機能]列で[仕上げ1[4]]を選択する。
11 [厚さ]列に「100」と入力する。
12 [OK]をクリックして[アセンブリを編集]ダイアログを閉じる。

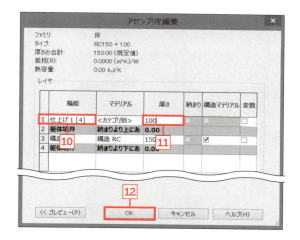

13 [タイププロパティ]ダイアログで[既定の厚さ]が250に変更されたことを確認し、[OK]をクリックしてダイアログを閉じる。

▶ヒント
RC150mmに仕上げ100mmを足したので、[既定の厚さ]が250になります。

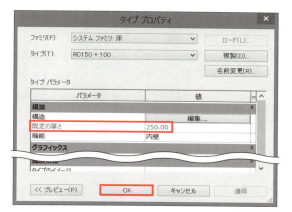

14 プロパティパレットのタイプセレクタで、「RC150+100」という床のタイプが設定されたことを確認する。

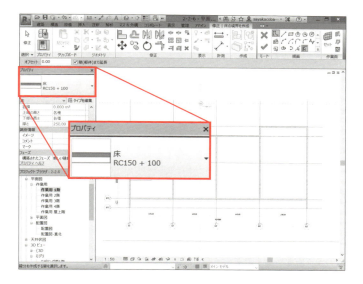

居室、洗面所、トイレの床を作成する

1. プロパティパレットで[**レベルからの高さオフセット**]に「**100**」と入力し、[**適用**]をクリックする。床の天端がFL+100になる。

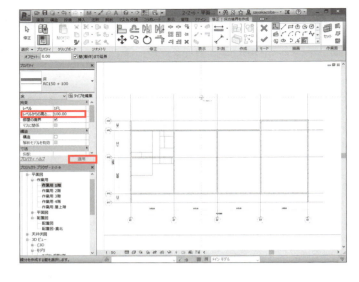

2. [**修正｜床の境界を作成**]タブ–[**描画**]パネル–[**長方形**]をクリックする。図の❶❷を順にクリックして、外壁の内側全体に床の範囲を作図する。

> ▶ヒント
> 床範囲のピンクのラインを「**スケッチ**」と呼びます。

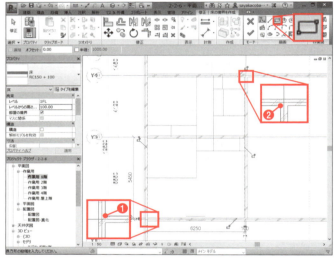

玄関と浴室は別のタイプの床にするため、玄関と浴室の部分を除外します。

3. [**修正｜床の境界を作成**]タブ–[**描画**]パネル–[**線分**]をクリックする。図の❶❷❸❹を順にクリックして、玄関部分の床範囲を作図する。

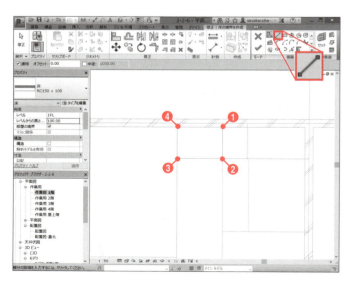

4 ［修正|床の境界を作成］タブー
［修正］パネル－［要素を分割］を
クリックする。

5 図の位置でスケッチ（ピンクの
ライン）をクリックする。クリッ
クした点でスケッチの線分が分
割される。

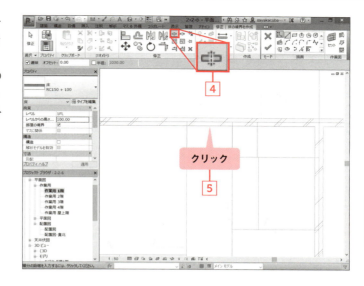

分割した線分をトリムして、コー
ナーを仕上げます。

6 ［修正|床の境界を作成］タブー
［修正］パネル－［コーナーへトリ
ム/延長］をクリックする。

7 図の❶❷❸❹の順にクリック
し、2つのコーナーを仕上げる。

▶ヒント
スケッチは、線が重複するとエラーに
なります。1本の線で囲まれた形状に
なるように編集しましょう。

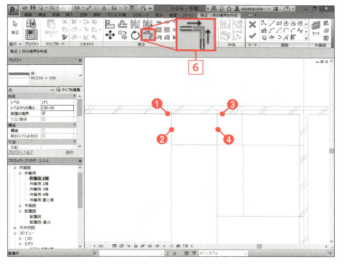

8 図に示した線のように、玄関部
分を除いたスケッチになる。

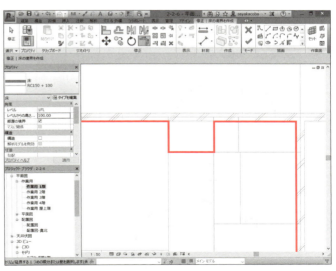

9 手順3～7と同様にして、図に示した線のように、浴室部分を除くスケッチを作成する。
10 [モード]パネル－[編集モードを終了]をクリックする。

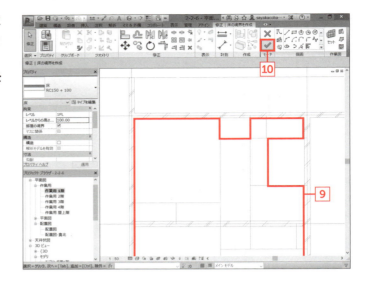

11 作成した床の範囲が色付きで表示される。

居室、洗面所、トイレの床が完成しました。次は浴室と玄関の床を作成します。

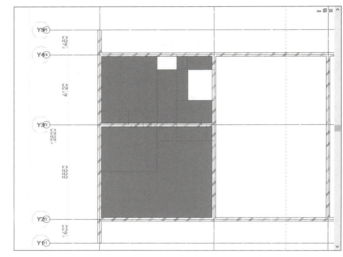

浴室と玄関の床を作成する

まず、浴室の床を作成します。床のタイプはRC150とします。

1 [建築]タブ－[ビルド]パネル－[床]をクリックする。
2 プロパティパレットのタイプセレクタで[床 RC150]を選択する。
3 プロパティパレットで[レベルからの高さオフセット]に「0」と入力し、[適用]をクリックする。床の天端がFL+0になる。

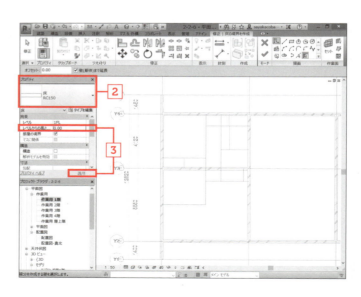

4 P.58の手順2と同様にして、図に示した線のように、浴室の床の範囲を作図する。

5 [モード]パネル−[編集モードを終了]をクリックする。

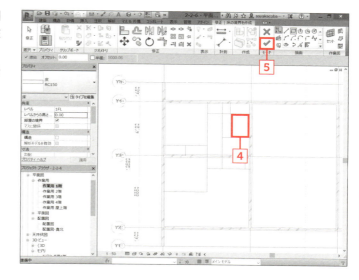

6 浴室の床が完成する。

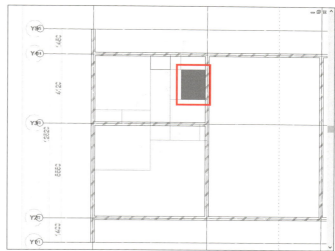

7 手順1〜5と同様にして、玄関の床を作成する。床のタイプはRC150とし、[レベルからの高さオフセット]には「-50」と入力する。

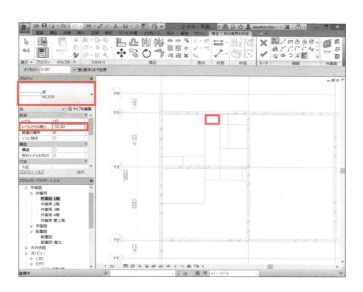

8 玄関の床が完成する。

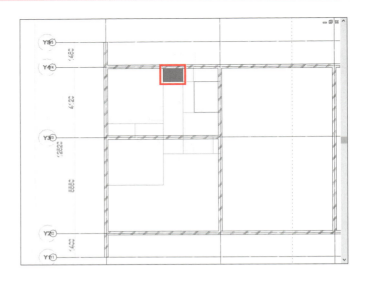

作成した床を確認する

1 プロジェクトブラウザで[**モデリング用1階**]ビューに切り替える。3Dビューに切り替わり、玄関と浴室の床が一段低い位置にあることが確認できる。

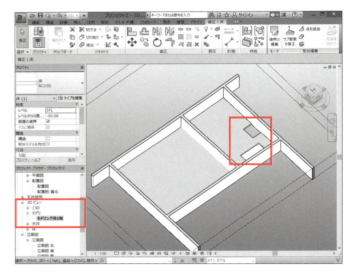

続いて、床の断面を確認するために、表示範囲を変更します。

2 ビューキューブの[**前**]をクリックする。

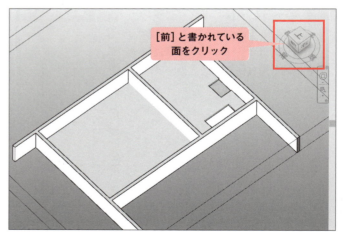

3 切断ボックスをクリックし、下部のコントロールを下へドラッグする（1FLより下の範囲を表示するため）。

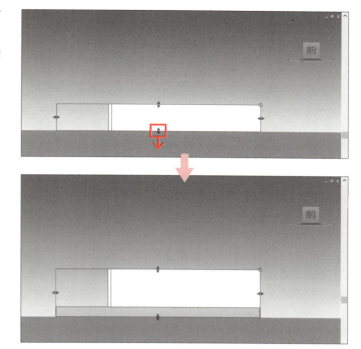

4 切断ボックスの右部のコントロールを少し左へドラッグする（浴室、玄関部分の床の断面を確認するため）。
5 ビューキューブの[ホームビュー]をクリックする。

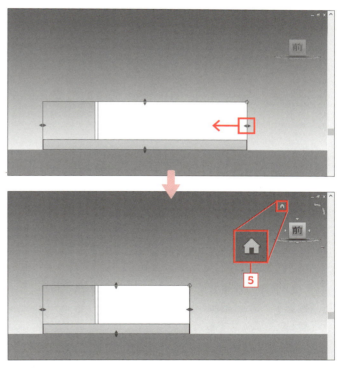

6 ビューを回転したり、切断ボックスの範囲を調整して、床を確認する。

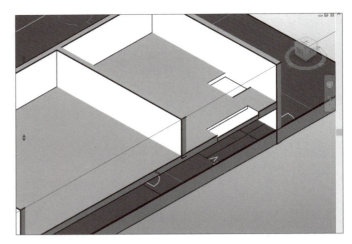

7 確認後、左端住戸の全体が含まれるように切断ボックスの範囲を調整する。

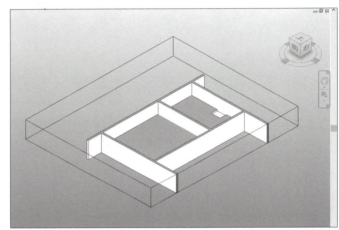

2-2-8 間仕切壁の作成

下書き線を利用して、間仕切壁を作成します。壁種はLGS、壁厚は100mmとし、高さは天井高さ2500mmとします。

📄 2-2-8.rvt

下書きに沿って壁を作成する

1 プロジェクトブラウザで[**作業用1階**]ビューに切り替える。作業平面が1階に変更される。
2 [**建築**]タブ－[**ビルド**]パネル－[**壁**]をクリックする。

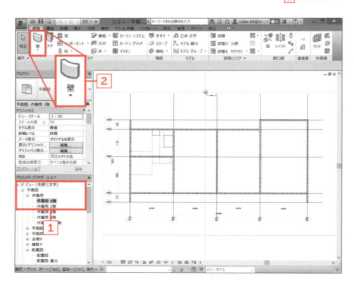

3 プロパティパレットのタイプセレクタから[**標準壁（L1）LGS 100**]を選択する。
4 オプションバーで次の設定をする。
❶ [**見上げ**]から[**指定**]を選択し、「**2500**」と入力。
❷ [**配置基準線**]から[**壁の中心線**]を選択。

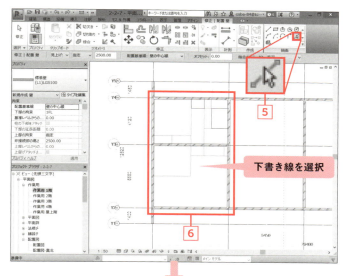

5 [**修正|配置 壁**]タブ−[**描画**]パネル−[**選択**]をクリックする。
6 図の位置にある間仕切壁の下書き線を選択し、間仕切壁を作成する。

> ▶ヒント
> 壁を[**選択**]で作成するときは、必ず下書きのCADデータの壁の線（長い線）にカーソルを合わせ、正しい線が反応することを確認してからクリックしてください。正しい壁の線が反応しないときは、カーソルを合わせたままで、選択したい線が反応するまで Tab キーを数回押します。 Tab キーを押すことで対象オブジェクトが順に切り替わります（循環選択）。

7 [**選択**]パネル−[**修正**]をクリックし、コマンドを終了する。

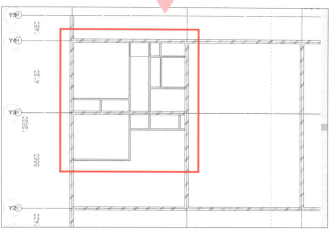

間仕切壁を修正する

玄関横の壁を靴箱スペースにするために、壁を修正します。

1. 玄関右側の壁をクリックして選択する。

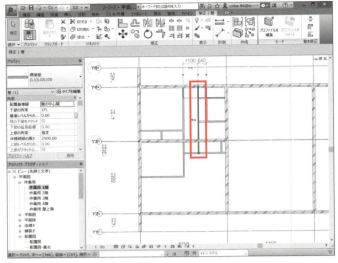

2. 上端のグリップをドラッグして、図の壁の位置まで下げる。

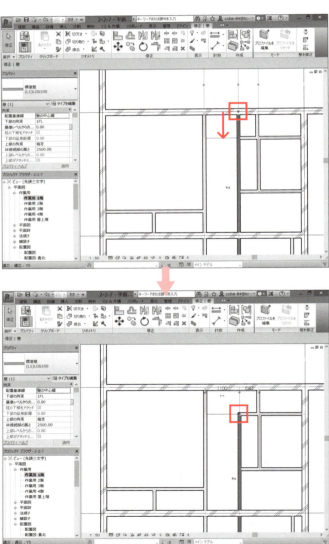

続いて、廊下の部分にある不要な壁を削除します。

3 [修正]タブ-[修正]パネル-[要素を分割]をクリックする。
4 図の❶❷をクリックして壁を分割する。
5 [選択]パネル-[修正]をクリックし、コマンドを終了する。

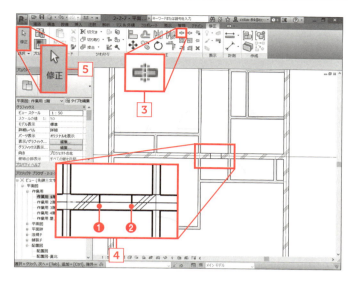

6 分割した壁を選択し、Delete キーを押して削除する。

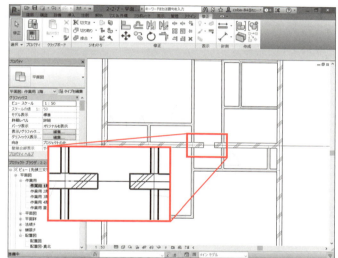

切断した部分が仕切り壁からはみ出しているので、仕切り壁に合わせて修正します。

7 [修正]タブ-[修正]パネル-[位置合わせ]をクリックする。
8 基準になる壁の線(❶)、合わせたい壁の線(❷)の順にクリックする。

▶ヒント
[位置合わせ]では、必ず❶基準になる線、❷基準に合わせたい線、の順にクリックします。

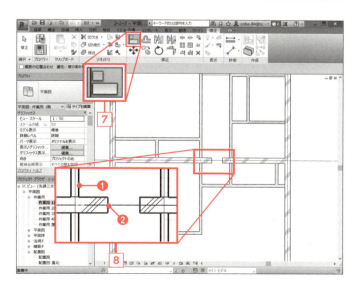

9 壁が位置合わせされる。

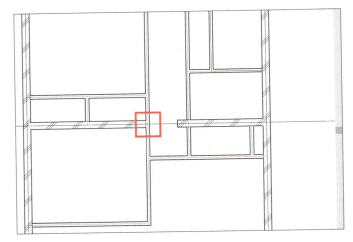

10 同様にして、反対側も位置合わせする。

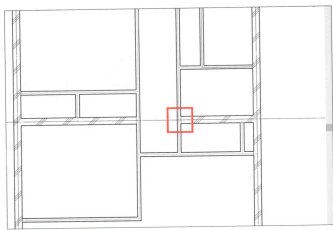

間仕切壁の完成です。作成した間仕切壁を確認しましょう。

11 プロジェクトブラウザで[**モデリング用1階**]ビューに切り替える。P.63の手順**3**〜**4**を参考にして切断ボックスの高さを変更し、図のように外壁と間仕切壁の高さが違うことを確認する。

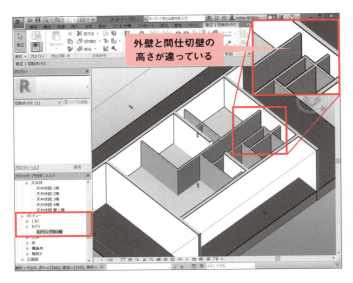

2-2-9 建具の配置

Revitでは「**ファミリ**」と呼ばれる部品を使用できます。建具や家具、点景など、さまざまな種類のファミリがあります。Revitには多数のファミリが付属しており、Revitと一緒に自動的にインストールされます。また、インターネットからダウンロードしたり、自作して登録することもできます。ここでは、Revit付属のファミリを使用して、右の一覧表に示す建具部品をプランに配置します。

Revitのインストール時に自動的に保存される建具部品を使って、外建具と内建具を配置します。

📄 2-2-9.rvt

外建具	ファミリの保存フォルダ	ファミリ名	サイズ（W×H）	配置高さ（FL基準）
玄関ドア	（テンプレートに登録済み）	片開き3	800×2000	0
MBのドア	Japan¥ドア¥鋼製ドア	片開き	800×2000	0
掃出窓	（テンプレートに登録済み）	鋼製_一般枠_引違い-二枚	2000×2000	100
腰高窓	（テンプレートに登録済み）	鋼製_一般枠_引違い-二枚	2000×1200	1150
嵌殺し窓下段	Japan_RUG¥02建具¥01窓¥01一般枠¥01単窓	鋼製_一般枠_嵌殺し	450×1000	210
嵌殺し窓上段	Japan_RUG¥02建具¥01窓¥01一般枠¥01単窓	鋼製_一般枠_嵌殺し	450×1000	1430

玄関ドアを配置する

[**片開き3**]ファミリを使用して、玄関ドアを配置します。このファミリは本書のテンプレートに事前に登録されています。

1. プロジェクトブラウザで[**作業用1階**]ビューに切り替える。
2. [**建築**]タブ−[**ビルド**]パネル−[**ドア**]をクリックする。

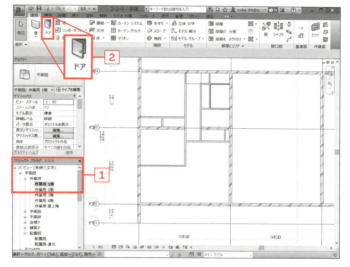

3. プロパティパレットのタイプセレクタから[**片開き3 800×2000**]を選択する。
4. 図の位置で壁の外側にカーソルを合わせると、ドアが仮表示される。ドアが開く方向が正しいことを確認する。
5. 左側の壁からドア中心までが550mmとなる位置にドアを配置する（挿入位置の指定についてはP.70のポイントを参照）。
6. [**選択**]パネル−[**修正**]をクリックして、コマンドを終了する。

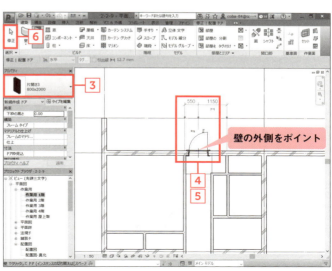

ポイント：挿入位置の指定

要素を壁から特定の距離だけ離れた位置に配置したい場合は、まずおおよその位置に挿入してから、仮寸法の値を編集して位置を整えます（詳しくはP.35の手順**2**を参照）。
ドアや窓を配置するときに、中心線ではなく開口部の位置を基準にしたい場合は、**[管理]**タブ−**[設定]**パネル−**[その他の設定]**−**[仮寸法]**をクリックし、**[仮寸法プロパティ]**ダイアログの**[ドアと窓]**で**[開口部]**を選択しておきます。

MBのドアを配置する

[片開き]ファミリを使用して、MB（メーターボックス）のドアを配置します。このファミリは本書のテンプレートに登録されていないので、ロードする必要があります。

1 **[建築]**タブ−**[ビルド]**パネル−**[ドア]**をクリックする。

2 プロパティパレットのタイプセレクタに**[片開き]**ドアがないことを確認する。

3 **[修正|配置 ドア]**タブ−**[モード]**パネル−**[ファミリをロード]**をクリックする。

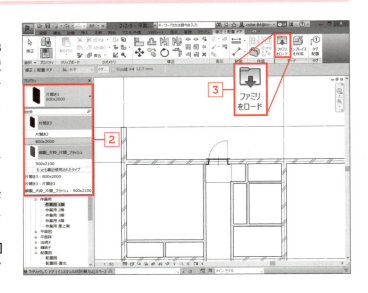

4 **[ファミリをロード]**ダイアログが表示される。**[探す場所]**が**[Japan]**フォルダに設定されていることを確認する。

> ▶ヒント
> Revitにあらかじめ付属しているファミリは、この**[Japan]**フォルダと**[Japan_RUG]**フォルダ（P.74〜75を参照）に保存されています。

5 ［Japan］-［ドア］-［鋼製ドア］とフォルダ階層を下る。「片開き」ファイルを選択して、［開く］をクリックする。［片開き］ファミリがロードされる。

▶ヒント
本書のテンプレートには最小限のファミリしか登録されていません。ファミリをたくさん登録するとテンプレートのファイル容量が大きくなってしまうので、必要に応じてファミリをロードするとよいでしょう。

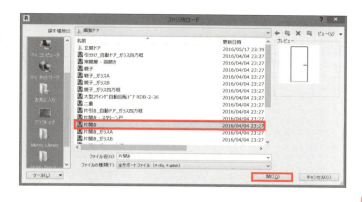

6 プロパティパレットのタイプセレクタから［片開き w800h2000］を選択する。

7 図のように壁の外側にカーソルを合わせ、開く方向を確認する。スペースキーを押し、開き勝手を反転する。

8 X2からドア中心までが1000mmとなる位置にドアを配置する。

▶ヒント
開き勝手を反転させるには、スペースキーを押します。配置した後に開き勝手を変更するには、フリップ記号⇅⇆をクリックします。

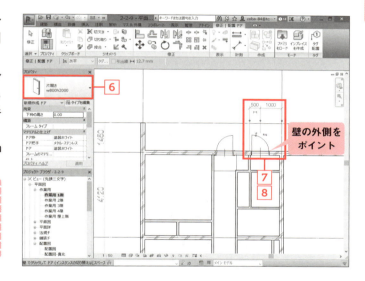

掃出窓を配置する

ベランダ側の掃出窓を配置します。テンプレートに登録されている［鋼製_一般枠_引違い-二枚］ファミリには適切なサイズのタイプがないので、新しいタイプを作成します。

1 ［建築］タブ-［ビルド］パネル-［窓］をクリックする。

2 プロパティパレットのタイプセレクタで［鋼製_一般枠_引違い-二枚 900×900］が選択されていることを確認する。

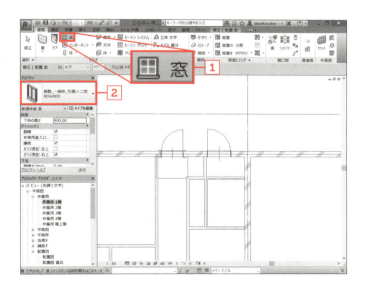

3 プロパティパレットのタイプセレクタに[2000×2000]がないことを確認する。

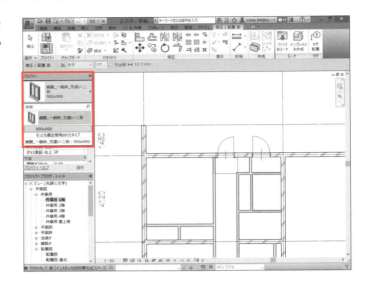

新しいタイプ[2000×2000]を作成します。

4 プロパティパレットの[タイプを編集]をクリックする。

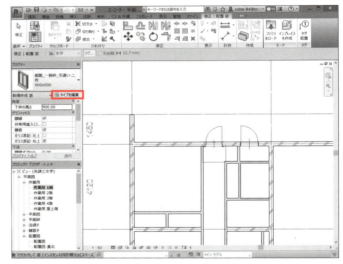

5 [タイププロパティ]ダイアログが表示される。[複製]をクリックする。

6 [名前]ダイアログの[名前]に「2000×2000」と入力し、[OK]をクリックする。

Chapter 2 基本設計

7 [**タイププロパティ**]ダイアログに戻る。[**タイプ**]に[**2000×2000**]が表示されたことを確認する。

8 [**寸法**]の[**高さ**]と[**幅**]に「**2000**」と入力し、[**OK**]をクリックする。新しいタイプ[**2000×2000**]ができる。

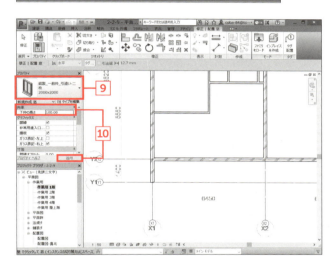

9 プロパティパレットのタイプセレクタで[**鋼製_一般枠_引違い-二枚 2000×2000**]が選択されていることを確認する。

10 [**下枠の高さ**]に「**100**」と入力し、[**適用**]をクリックする。配置高さがFL+100になる。

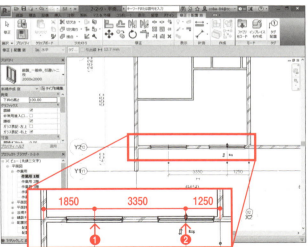

11 図のように引違い窓を2つ配置する。位置は次のようにする。
❶ X1から窓中心までが1850mm。
❷ X2から窓中心までが1250mm。

▶ヒント
窓を配置するときは、壁の外側の線をクリックすると、内側／外側が正しく配置されます。

腰高窓を配置する

玄関側の腰高窓を配置します。これも適切なタイプがないので、[鋼製_一般枠_引違い-二枚]ファミリの新しいタイプ[2000×1200]を作成します。

1. P.72の手順**4**〜**8**と同様にして、タイプ[2000×1200]を作成する。このとき、[寸法]の[高さ]は「1200」、[幅]は「2000」とする。

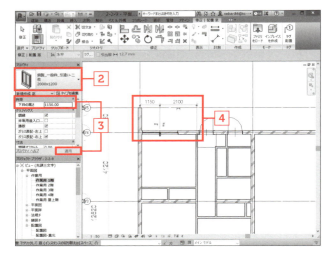

2. プロパティパレットのタイプセレクタで[鋼製_一般枠_引違い-二枚 2000×1200]が選択されていることを確認する。
3. [下枠の高さ]に「1150」と入力し、[適用]をクリックする。配置高さがFL+1150になる。
4. 腰高窓を図の位置に配置する（X1から窓中心までが1150mm）。

嵌殺し窓を配置する（1）

西側の嵌殺し窓の下段を配置します。ここで使用するファミリは本書のテンプレートに登録されていないので、ロードする必要があります。

1. [修正|配置 窓]タブ−[モード]パネル−[ファミリをロード]をクリックする。
2. [ファミリをロード]ダイアログで[1レベル上へ]をクリックし、[Libraries]フォルダに移動する。

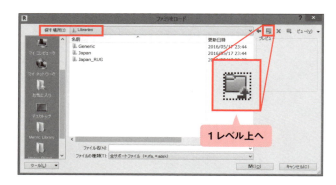

3 ［Japan_RUG］−［02建具］−［01窓］−［01一般枠］−［01単窓］とフォルダ階層を下る。「**鋼製_一般枠_嵌殺し**」ファイルを選択し、［**開く**］をクリックする。

4 ［**タイプの指定**］ダイアログが表示される。［**650×900**］を選択し、［**OK**］をクリックする。

▶ヒント
挿入したい窓に正確に一致するタイプがないので、ここではどのタイプを選択してもかまいません。手順5でこのタイプを編集し、新しいタイプを作成します。

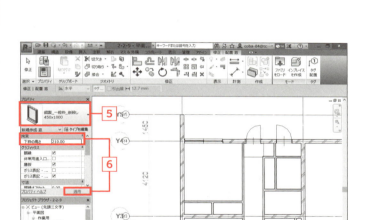

5 P.72の手順**4**〜**8**と同様にして、［**450×1000**］のタイプを作成する。このとき、［**寸法**］の［**高さ**］は「**1000**」、［**幅**］は「**450**」とする。

6 ［**下枠の高さ**］に「**210**」と入力し、［**適用**］をクリックする。

7 図のように嵌殺し窓を2つ配置する。位置は次のようにする。
❶ Y2から窓中心までが375mm。
❷ ❶の窓中心から窓中心までが2050mm。

▶ヒント
これらの窓は配置高さが低いので、実際の作業時には、配置すると同時に見えなくなります（表示モードが「**隠線処理**」であるため）。配置時に位置を正確に指定できなかった場合は、手順**8**の後に位置を調整してください。

8 ［**選択**］パネル−［**修正**］をクリックし、コマンドを終了する。

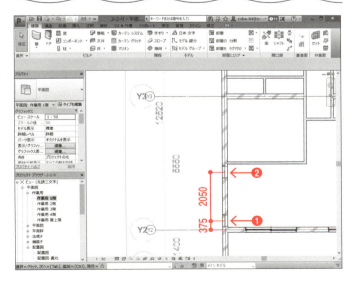

現在は表示モードが「隠線処理」になっているため、配置した窓が見えなくなります。窓を表示するために、「ワイヤフレーム表示」に切り替えます。

9 ビューコントロールバーの[**表示スタイル**]をクリックし、[**ワイヤフレーム**]を選択する。壁がワイヤフレーム表示になるため、挿入した窓が表示される。

10 必要に応じて窓の位置を調整する。

11 ビューコントロールバーの[**表示スタイル**]から[**隠線処理**]を選択して、陰線処理に戻す。

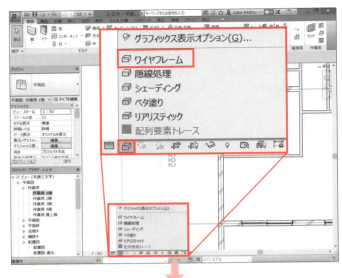

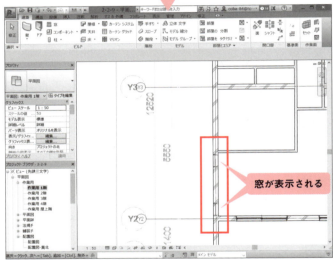

窓が表示される

嵌殺し窓を配置する (2)

西側の嵌殺し窓の上段を配置します。位置がわかりやすいように、立面図で作業します。

1 プロジェクトブラウザで[**立面図 西**]ビューに切り替える。

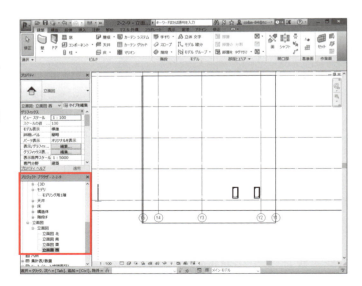

Chapter 2 基本設計

2 P.75の手順7で配置した2つの嵌殺し窓を選択する（Ctrlキーを押しながらクリックするか、窓選択する）。

3 ［修正|窓］タブ－［修正］パネル－［コピー］をクリックする。

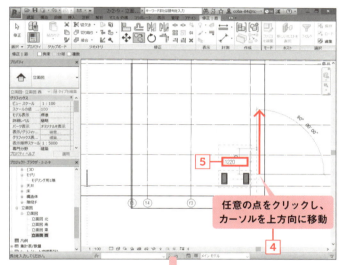

4 コピーの基準点として任意の位置をクリックする。カーソルを上方向に移動し、垂直のガイドを表示する。

5 「1220」と入力し、Enterキーを押して確定する。上段の窓が配置される。

▶ヒント
手順4〜5のように、キーボードから数値を入力して距離を指定する方法を「直接距離入力」といいます。垂直／水平のガイドを表示した状態で数値を入力すると、垂直／水平の距離を正確に指定できます。ここでは、上段の窓の配置高さ（1430mm）から下段の窓の配置高さ（210mm）を引いた結果（1220mm）を移動距離として指定しています。

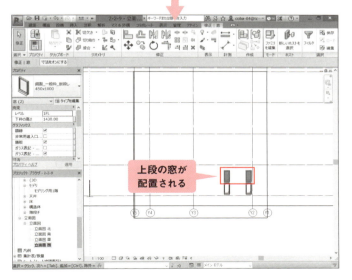

2-2 Revitでのモデリング　9 建具の配置

77

外建具の配置が完了したので、3Dビューで確認します。

6 プロジェクトブラウザで[**モデリング用1階**]ビューに切り替える。

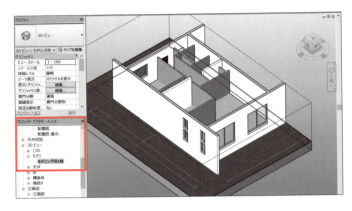

内建具を配置する

P.69からここまでの手順と同様にして、内建具を配置します。配置する建具のタイプと位置については、右の表と図を参照してください（一部のファミリではタイプを作成する必要があります）。

1 プロジェクトブラウザで[**作業用1階**]ビューに切り替える。
2 表と図を参考にして適切なファミリをロードし、必要なタイプを作成して配置する。

> ▶ヒント
> 洗面所引戸を配置すると、片引戸の建具に内壁が当たるので警告が出ます。図面的には半壁部分に内壁が当たることになりますので、特に問題はありません。右上の[×]をクリックして警告を閉じてください。

内建具	ファミリの保存フォルダ	ファミリ名	サイズ (W×H)	配置高さ (FL基準)
❶ 片開きドア（居室）（2カ所）	Japan¥ドア¥木製ドア¥大壁用	片開き戸 CL2058	800×2000	100
❷ 片開きドア（トイレ）	Japan¥ドア¥木製ドア¥大壁用	片開き戸 CL2058	600×2000	100
❸ 収納折戸（3カ所）	Japan¥ドア¥木製ドア¥大壁用	木製折戸	1200×2000	100
❹ 浴室折戸	Japan¥ドア¥木製ドア¥大壁用	浴室折戸	600×2000	100
❺ 和室襖	Japan¥ドア¥木製ドア¥大壁用	引違い4枚2溝_襖	2800×2000	100
❻ 洗面所引戸	Japan¥ドア¥木製ドア¥大壁用	片引戸 CL2017	1600×2000	100

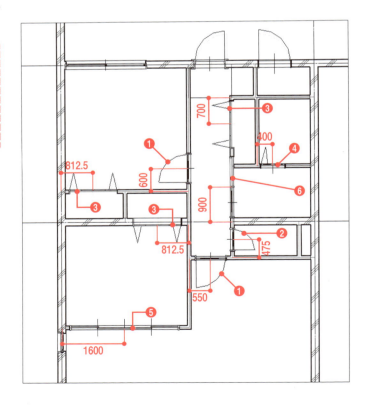

Chapter 2 基本設計

配置した内建具を3Dビューで確認します。

3 プロジェクトブラウザで[**モデリング用1階**]ビューに切り替える。

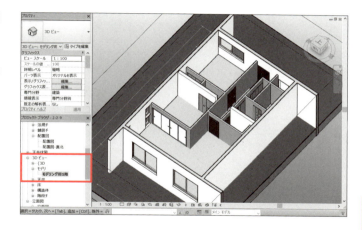

2-2-10 天井の作成

天井伏図で天井を作成します。天井高さはFL+2500mmとします。

📄 2-2-10.rvt

1 プロジェクトブラウザで[**天井伏図1階**]ビューに切り替える。

▶ヒント
平面図で作業すると「**天井が表示できない**」といった意味の警告が表示されるので、天井伏図で作業します。

2 [**建築**]タブ—[**ビルド**]パネル—[**天井**]をクリックする。

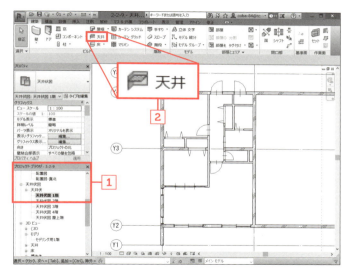

3 プロパティパレットのタイプセレクタで[**標準天井 一般**]を選択する。
4 プロパティパレットで[**レベルからの高さオフセット**]に「**2500**」と入力し、[**適用**]をクリックする。
5 [**修正|配置 天井**]タブ—[**天井**]パネル—[**天井をスケッチ**]をクリックする。

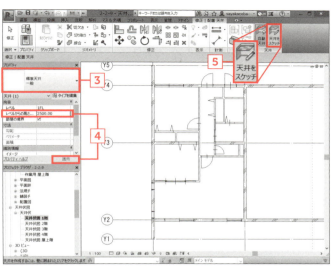

6 [修正|天井の境界を作成]タブ －[描画]パネル－[長方形]をクリックする。

7 部屋の左上角(❶)と右下角(❷)をクリックし、天井範囲を作成する。

8 [編集モードを終了]をクリックすると天井が作成される。

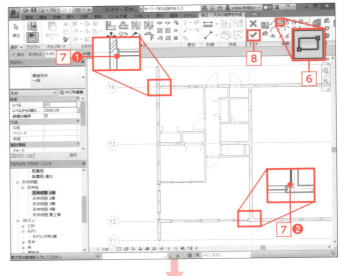

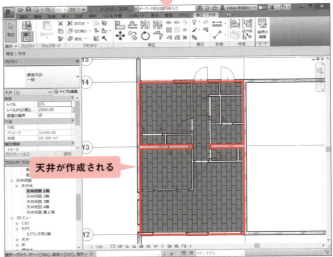

天井が作成される

天井を3Dビューで確認します。

9 プロジェクトブラウザで[モデリング用1階]ビューに切り替える。

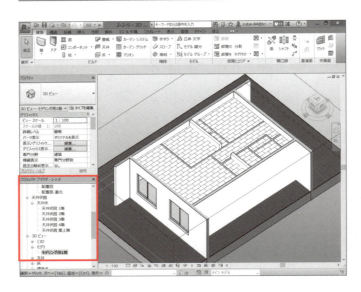

Chapter 2 基本設計

2-2-11 間取りのグループ化

基本的な間取りが完成したので、他の住戸にコピーします。コピーの前に、完成した間取りをグループ化します。 2-2-11.rvt

間取りを他の住戸にコピーする前に、グループ化します。グループ化しておくと、複数のオブジェクトをひとまとめに扱えるので、コピーまたは移動する際に便利です。

1 プロジェクトブラウザで[**立面図 南**]ビューに切り替える。

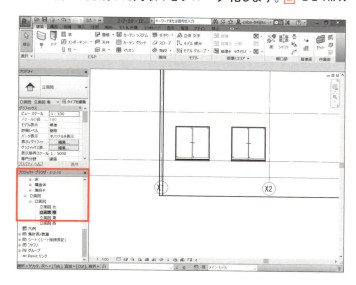

2 図の❶から❷までドラッグして、グループにする部分を窓選択する。

▶ヒント
立面図で選択すると、その選択範囲の奥行き部分に含まれる図形もすべて選択されます。1つのフロアを一括で選択する場合に便利です。

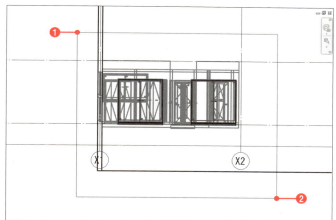

3 [**修正|複数選択**]タブ−[**作成**]パネル−[**グループを作成**]をクリックする。

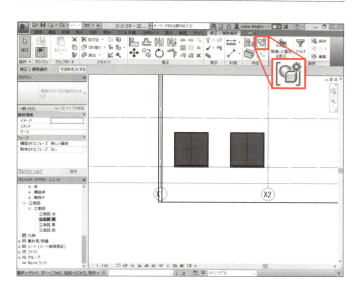

4 [モデルグループを作成]ダイアログが表示される。[名前]に「基本間取り」と入力し、[OK]をクリックする。

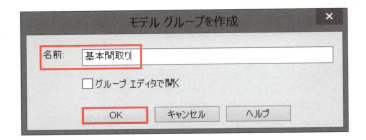

5 グループが作成される。

▶ヒント
グループ化された部分は青い破線枠で囲まれて表示されます。

▶ヒント
Revitのグループはコピー後も互いにリンクしているので、1つのコピーを編集すると他のコピーにも自動的に反映されるという利点があります。逆に、ある要素の編集結果を他のコピーに反映したくない場合は、その要素をグループから除外しておく必要があります(詳しくはP.85を参照)。

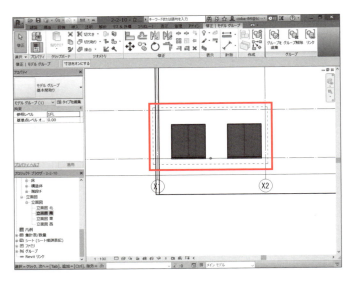

グループ化した結果を3Dビューで確認します。

6 プロジェクトブラウザで[モデリング用1階]ビューに切り替える。
7 天井の端付近にカーソルを合わせると、グループを示す青い破線枠が表示されるので、その位置でクリックする。
8 グループに含まれている部分が青く表示されるので、外壁や界壁が含まれていないかを確認する。

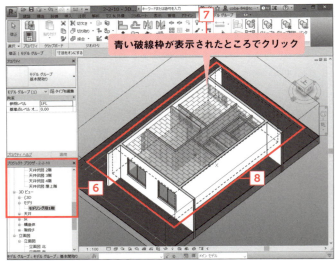

Chapter 2 基本設計

2-2-12 基本間取りのコピー

グループにした基本間取りをコピーして、他の住戸を作成します。住戸によって間取りが一部異なるので、コピー後に修正していきます。

📄 2-2-12.rvt

基本間取りグループをコピーする

まずX2－X3間に基本間取りをコピーします。X2－X3間では間取りが反転するので、反転コピーする必要があります。

1. プロジェクトブラウザで[**作業用1階**]ビューに切り替える。
2. 基本間取りグループを選択する。

▶ヒント
グループに含まれている部品にカーソルを合わせると、グループの青枠が表示されるので、そこでクリックするとグループを選択できます。

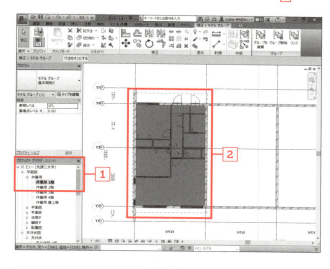

3. [**修正|モデルグループ**]タブー[**修正**]パネルー[**鏡像化 - 軸を選択**]をクリックする。
4. 反転の軸として、X2をクリックする。グループがX2－X3間に反転コピーされる。

▶ヒント
この操作により、P.78のヒントで説明した片引戸がコピーされるので、同様に警告が出ます。問題はないので、気にせずに警告を閉じてください。

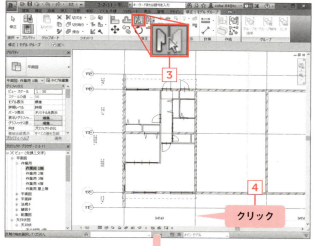

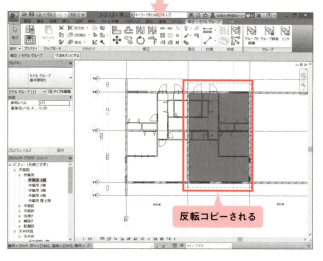

2つの間取りをコピーして、X3－X4間とX4－X5間の間取りを作成します。

5 **Ctrl**キーを押しながら2つの基本間取りを選択する。

6 [**修正|モデルグループ**]タブ－[**修正**]パネル－[**コピー**]をクリックする。

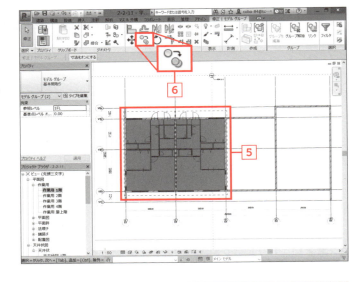

7 オプションバーの[**拘束**]のチェックを外す。

8 基準点として、X1の端点をクリックする。

9 目的点として、X3の端点をクリックする。間取りがコピーされる。

▶ヒント
P.78のヒントで説明した片引戸がコピーされるので、同様に警告が出ます。問題はないので、気にせずに警告を閉じてください。
なお、右端の住戸は他の住戸より広くなっていて壁の位置が違うため、コピーした際に、X5上とX4－X5間の建具は自動的に削除されます（挿入すべき壁が存在しないため）。これらの建具は後で追加し直します。

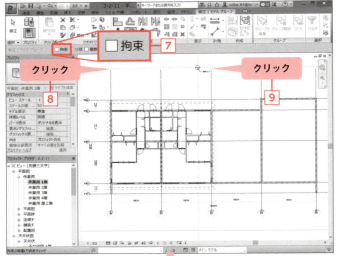

基本間取りがコピーできました。ただし、X2－X3間とX4－X5間は間取りが反転しているので、引違い窓を左右反転させる必要があります。また、界壁部分に嵌殺し窓が配置されていますが、これを削除する必要があります。次にこうした部分を修正していきます。

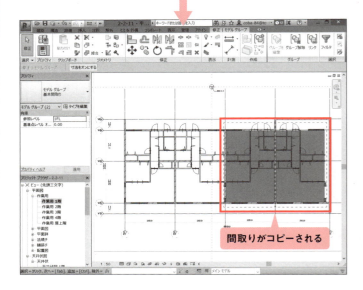

各戸の間取りに合わせて窓を修正する

引違い窓と嵌殺し窓を各戸の間取りに合わせて修正するために、これらの窓をグループから外します。

1. プロジェクトブラウザで[**モデリング用1階**]ビューに切り替える。
2. 左端住戸の基本間取りグループを選択する。
3. [**修正|モデルグループ**]タブ－[**グループ**]パネル－[**グループを編集**]をクリックする。グループ編集モードが開始する。

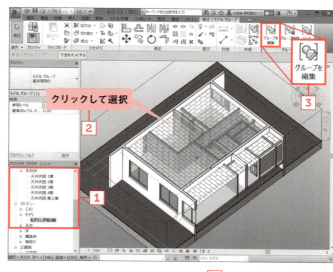

4. [**グループを編集**]パネル－[**グループから削除**]をクリックする。
5. 南側の引違い窓（2つ）をクリックする。窓が淡色になり、グループから除外される。

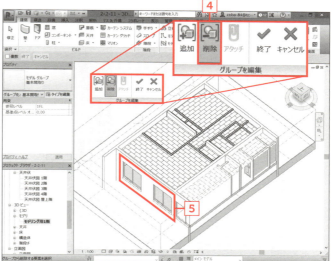

6. 西側の嵌殺し窓（4つ）をクリックして、グループから除外する。

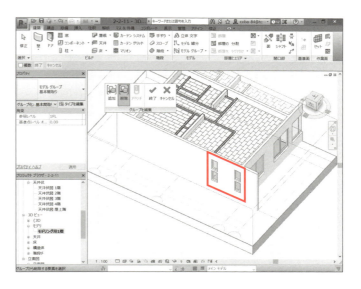

7 同様にして、北側の引違い窓をグループから除外する。

8 [**グループを編集**]パネル-[**終了**]をクリックする。グループ編集モードが終了する。

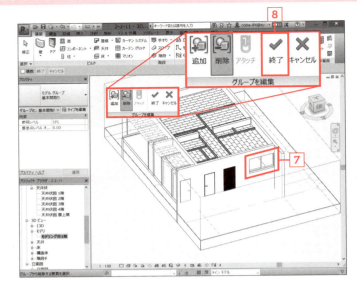

9 グループをクリックして選択する。グループから除外した建具が、青く表示されないことを確認する。

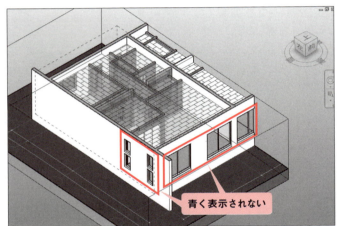

X2-X3間、X4-X5間は基本間取りを反転コピーしたので、引違い窓の左右が逆になっています。これを左右反転して正します。

10 プロジェクトブラウザで[**作業用1階**]ビューに切り替える。

11 X2-X3間の南側の引違い窓を選択する。フリップ記号をクリックし、左右反転する。

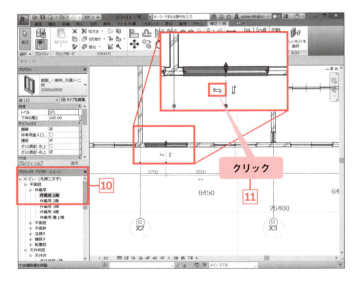

12 同様にして、図に示す4つの引違い窓を左右反転する。

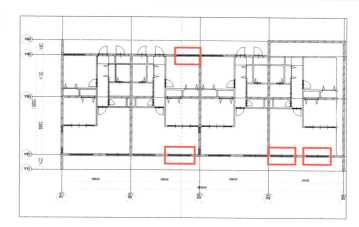

界壁上の不要な嵌殺し窓を削除します。

13 X3通芯上の嵌殺し窓を図のように窓選択する。

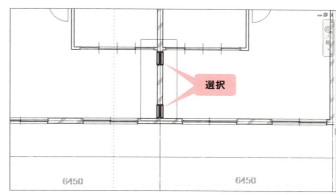

14 プロパティパレットに「**窓(8)**」と表示されていることを確認し、Delete キーを押して削除する。

▶ヒント
プロパティパレットには、現在選択している部品の種類と数が表示されます。

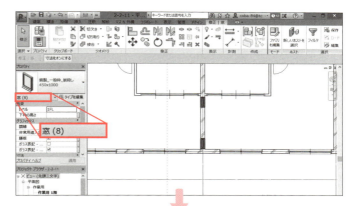

2-2-13 X4-X5間の間取りの編集

X4-X5間は他の住戸と間取りが違うので編集が必要です。他の間取りに影響を与えないように、X4-X5間をグループから外して編集します。

📄 2-2-13.rvt

X4-X5間をグループから外す

1. X4-X5間のグループをクリックして選択する。
2. [修正|モデルグループ]タブー[グループ]パネルー[グループ解除]をクリックする。

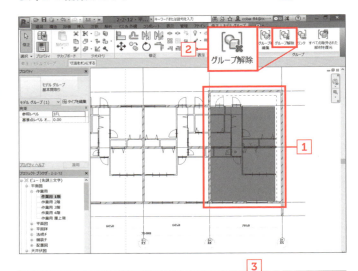

外壁を修正する

1. [建築]タブー[ビルド]パネルー[壁]をクリックする。
2. プロパティパレットで次の設定をする。
   ❶ タイプセレクタから[標準壁(R)RC200]を選択。
   ❷ [下部の拘束]を[設計GL]に設定。
   ❸ [基準レベルからのオフセット]に「-1200」と入力。
   ❹ [上部の拘束]を[上のレベルへ:RSL]に設定。
3. オプションバーで次の設定をする。
   ❶ [配置基準線]を[躯体の中心線]に設定。
   ❷ [連結]にチェックを入れる。

4. X4とY4の交点を起点として、図のようなL字型の壁を作成する。

> ▶ヒント
> ここでは、終点の正確な位置は気にしなくてかまいません。後で[位置合わせ]コマンドで調整します。

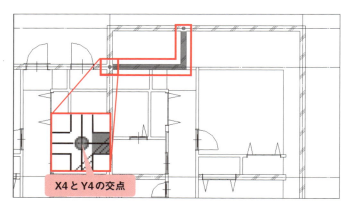

X4とY4の交点

外壁の不要な部分を削除します。

5 [**修正|配置 壁**]タブ－[**修正**]パネル－[**コーナーへトリム/延長**]をクリックする。

6 図の❶❷の順にクリックする。

7 [**選択**]パネル－[**修正**]をクリックし、コマンドを終了する。壁が修正される。

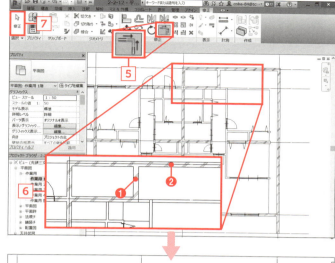

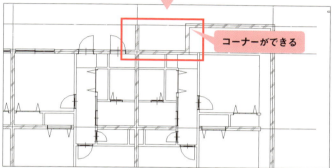

コーナーができる

はみ出している部分の壁を修正します。

8 X4上の壁を選択し、上端のグリップを下方向にY4の位置までドラッグする。

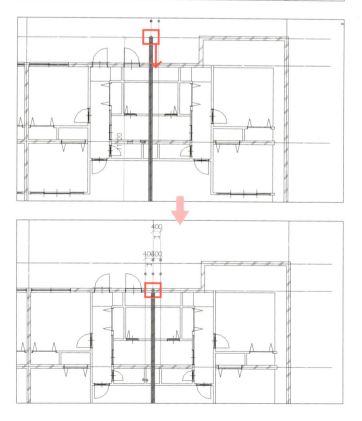

[位置合わせ]コマンドで壁の位置を合わせます。

9 [修正|壁]タブ-[修正]パネル-[位置合わせ]をクリックする。
10 図の❶❷の順にクリックする。
11 [選択]パネル-[修正]をクリックし、コマンドを終了する。

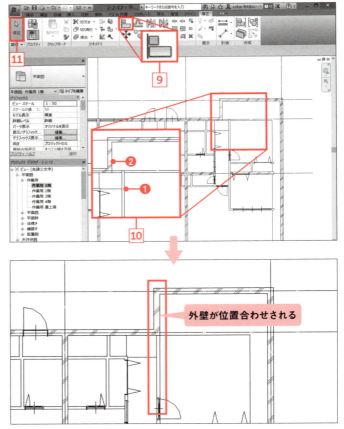

外壁が位置合わせされる

間仕切壁を修正する

東側の間仕切壁をX5まで延長します。

1 図の間仕切壁を選択する。右端のグリップを右方向にドラッグし、X5まで延長する。

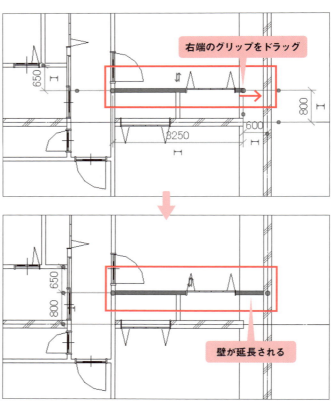

右端のグリップをドラッグ

壁が延長される

2 同様にして、他の2カ所の壁も延長する。

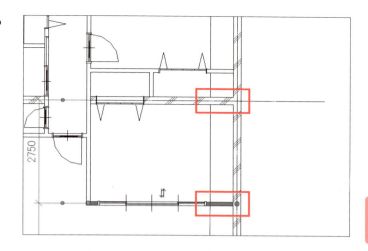

床を修正する

1 床をクリックして選択する。

▶ヒント
線が重なっていてうまく選択できない場合は、床の線にカーソルを重ね合わせて[Tab]キーを数回押し、床の線が反応したところでクリックしてください。

2 [修正|床]タブー[モード]パネルー[境界の編集]をクリックする。

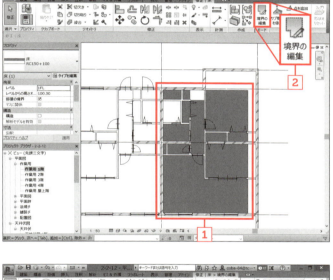

3 ピンク色のスケッチをドラッグして、床の右上の線と右側の線を壁の内側に合わせる。

4 [修正|床＞境界の編集]タブー[モード]パネルー[編集モードを終了]をクリックする。

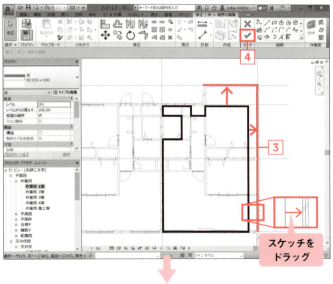

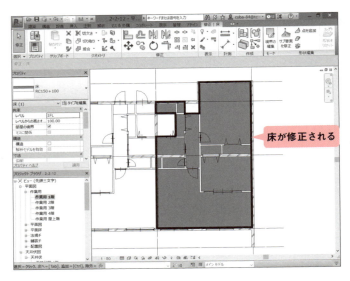

床が修正される

MBドアと玄関ドアをコピーする
X3－X4間からMBドアと玄関ドアをコピーします。これらのドアはグループ化されているので、単独で選択するには Tab キーを使います。

1. X3－X4間のMBドアにカーソルを合わせ、 Tab キーを押す。MBドアが青く反応したら、クリックして選択する。

   ▶ヒント
   グループ内のパーツにカーソルを合わせると、グループ全体が反応してしまいます。その状態で Tab キーを押すと、カーソルを合わせているパーツのみが反応するので、クリックして選択します。

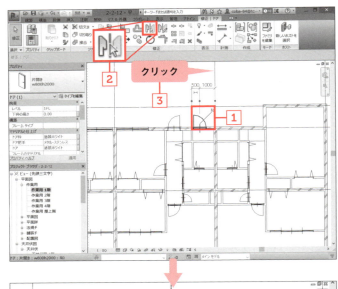

クリック

2. ［修正|ドア］タブー［修正］パネル －［鏡像化－軸を選択］をクリックする。

3. 鏡像化の軸としてX4をクリックする。MBドアが反転コピーされる。

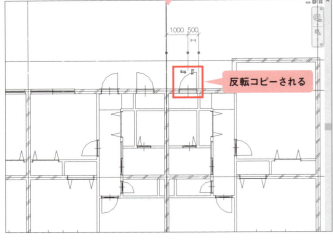

反転コピーされる

92

4 同様にして、玄関ドアもX4を軸にして反転コピーする。

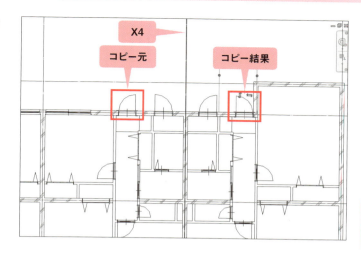

窓をコピーする

X2－X3間の引違いの腰高窓をコピーします。

1 X2－X3間の引違い窓をクリックして選択する。
2 [修正|窓]タブ－[修正]パネル－[コピー]をクリックする。
3 オプションバーの[拘束]のチェックを外す。

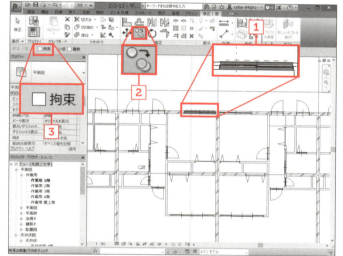

4 基点としてX3とY4の交点をクリックする。
5 目的点としてX5とY5の交点をクリックする。引違い窓がコピーされる。

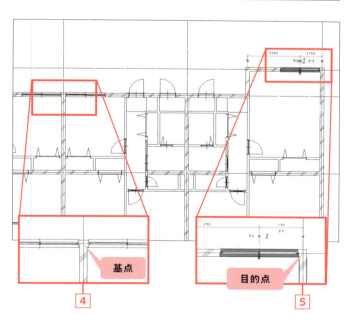

X1上の嵌殺し窓を反転コピーします。

6 X1上の嵌殺し窓を窓選択する。
7 プロパティパレットに[**窓(4)**]と表示されていることを確認する。
8 [**修正|窓**]タブ－[**修正**]パネル－[**鏡像化－軸を描画**]をクリックする。

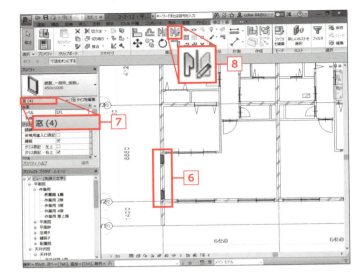

9 下書きの寸法線[**26400**]の中点をクリックする。

▶ヒント
中点を正確にクリックするには、X3と寸法線[**26400**]の交点付近をポイントし、三角形のヒントが表示された位置でクリックします。

10 カーソルを上方向に移動し、垂直のガイドが表示された位置でクリックする。この垂直のガイドが軸となり、嵌殺し窓がX5上に反転コピーされる。

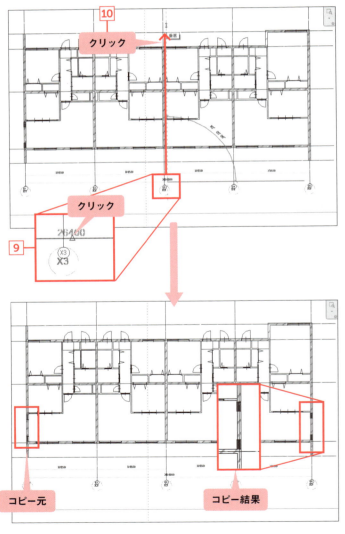

収納ドアを修正する

X4－X5間の寝室の収納ドアのサイズを変更します。

1 寝室（右上の部屋）の木製折戸を選択する。

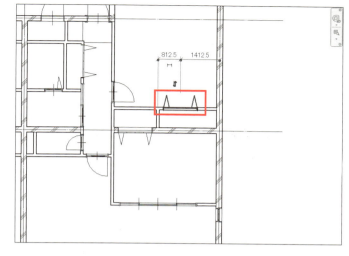

2 プロパティパレットのタイプセレクタから[**木製折戸 w2000 h2000**]を選択する。

3 「**結合された壁との矛盾を挿入します**」という警告が出るが、右上の[×]をクリックして閉じる。木製折戸の幅が広がる。

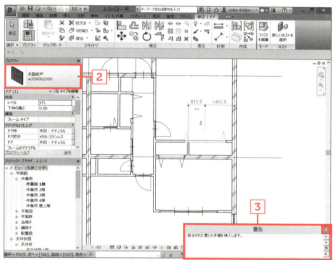

壁に合わせて木製折戸の位置を修正します。

4 [**修正|ドア**]タブ－[**修正**]パネル－[**位置合わせ**]をクリックする。

5 図のように、木製折戸の左端を間仕切壁に合わせる。

6 [**選択**]パネル－[**修正**]をクリックし、コマンドを終了する。

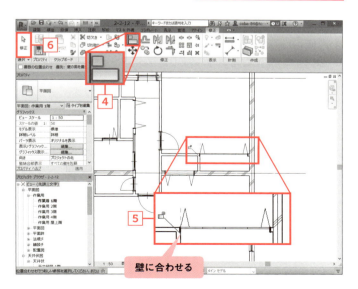

天井を修正する

X4−X5間の壁に合わせて天井を修正します。

1. プロジェクトブラウザで[**天井伏図1階**]ビューに切り替える。
2. X4−X5間の天井を選択して削除する。

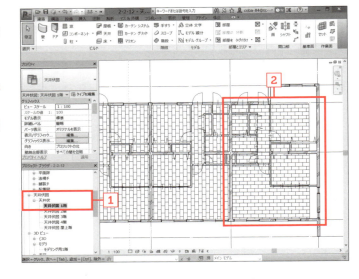

3. [**建築**]タブ−[**ビルド**]パネル−[**天井**]をクリックする。

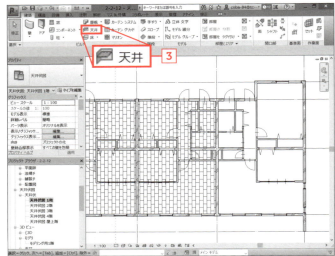

4. [**修正|配置 天井**]タブ−[**天井**]パネル−[**天井をスケッチ**]をクリックする。

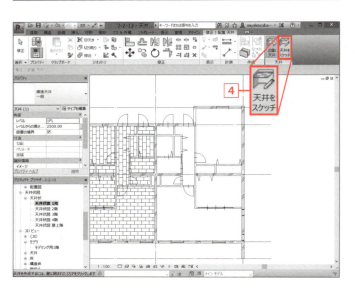

5 [修正|天井の境界を作成]タブ
－[描画]パネル－[線分]をクリックする。
6 オプションバーで[連結]にチェックが付いていることを確認する。
7 図のように部屋の壁の内側をスケッチラインでなぞり、天井範囲を作成する。
8 [モード]パネル－[編集モードを終了]をクリックする。天井が作成されていることを確認する。

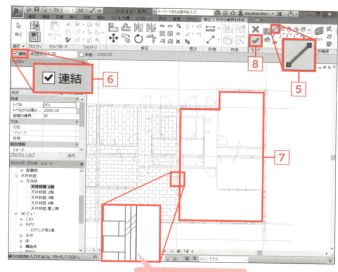

スケッチラインでなぞる

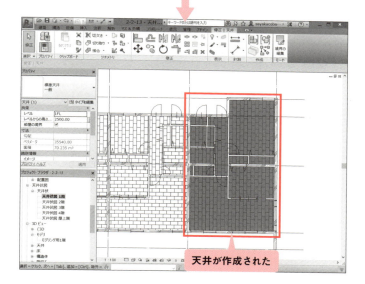

天井が作成された

2-2-14 部屋の設定

平面図に部屋の名前を入力します。ただ文字を記入するのではなく、「部屋」というオブジェクトとして設定します。

📄 2-2-14.rvt

X1-X2間に部屋を設定する

1. プロジェクトブラウザで[**作業用1階**]ビューに切り替える。
2. [**建築**]タブ-[**部屋とエリア**]パネル-[**部屋**]をクリックする。

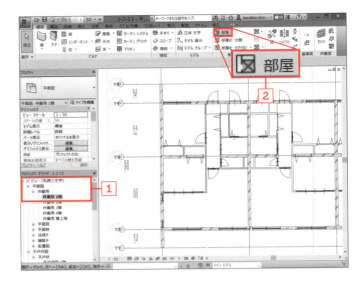

3. 図のように壁の内側をクリックして、部屋を12カ所作成する。各部屋に「**部屋**」というタグと面積が表示される。

▶ヒント
クリックした位置に部屋のタグが作成されます。図と同じ位置にタグが作成されるようにクリックしてください。

▶ヒント
Revitの部屋オブジェクトについては、下記のポイントを参照。

4. [**選択**]パネル-[**修正**]をクリックし、コマンドを終了する。

ポイント：部屋とは

Revitでは、壁に囲まれた空間を「**部屋**」として認識できます（部屋境界は編集可能）。それぞれの部屋に、室名、部屋面積、仕上げ材などの情報を持たせ、それらの情報を「**タグ**」と呼ばれる注釈に表示することができます。部屋の情報を集計表と連動させて、面積表や仕上げ表を作成することも可能です。

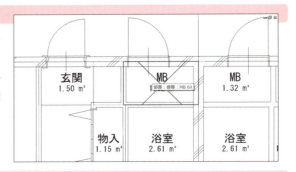

部屋の設定を変更する

部屋の面積が壁の内側基準になっているので、壁芯基準に変更します。

1 [**建築**]タブ－[**部屋とエリア**]パネル名部分の▼をクリックする。パネルが広がる。
2 [**面積と容積の計算**]をクリックする。[**面積と容積の計算**]ダイアログが表示される。

3 [**部屋面積の計算**]が[**壁の仕上面**]となっているので、[**壁の躯体芯**]に変更する。[**OK**]をクリックする。

4 各部屋の面積の値が変更された（広がった）ことを確認する。

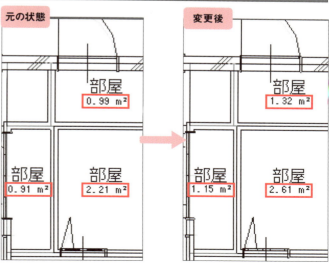

室名を記入する

1 左上の部屋のタグをクリックして選択する。
2 再度クリックすると、[**パラメータ値を変更**] ダイアログが表示される。

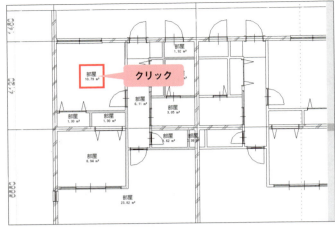

3 [**名前**] の [**値**] を「**部屋**」から「**主寝室**」に書き換え、[**OK**] をクリックする。タグの室名が「**主寝室**」に修正される。

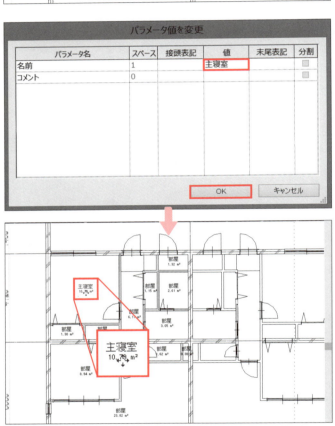

4 同様にして、図のように各部屋の室名を入力する。

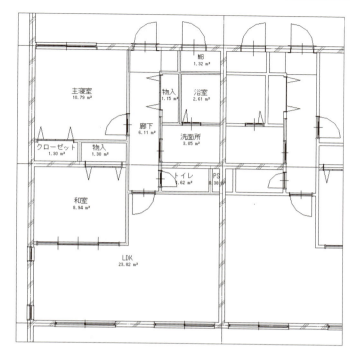

玄関と廊下を分けて部屋を設定する

玄関と廊下が一体になっているので、別々の部屋に分けます。

1 [建築]タブ−[部屋とエリア]パネル−[部屋の分割]をクリックする。

2 図の❶❷をクリックして、廊下と玄関の境目に線を作成する。廊下の部屋範囲が狭くなり、記入されている面積が自動的に更新される。

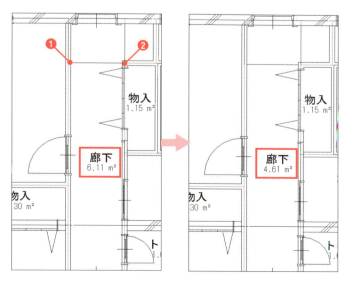

3 P.98の手順**2〜4**と同様にして、玄関部分に部屋を作成する。

4 P.100の手順**1〜3**と同様にしてタグの室名を「**玄関**」に変更する。

専有／共有のプロパティを設定する

それぞれの部屋が専有部分と共有部分のどちらに当たるかをプロパティで設定します。この設定をしておくと、後で専有／共有の区分ごとに色分けしたり、面積を計算したりできます。

1 X1－X2間を窓選択する。

2 [**修正|複数選択**] タブ－[**選択**] パネル－[**フィルタ**] をクリックする。

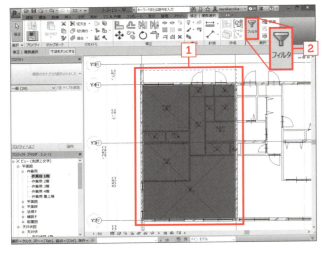

3 [**フィルタ**] ダイアログで[**部屋**] のみにチェックを入れ、[**OK**] をクリックする。この結果、部屋だけが選択される。

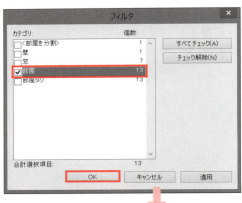

▶ヒント
[**フィルタ**] ダイアログを使用すると、現在選択しているオブジェクトのなかから、特定のカテゴリのオブジェクトを除外できます。ここでは[**部屋**]にチェックを入れ、他のチェックを外したので、部屋だけが選択されることになります。

▶ヒント
[**フィルタ**] ダイアログで1つのカテゴリだけにチェックを入れたいときは、[**チェック解除**] をクリックしてすべてのチェックを外し、それから目的のカテゴリをクリックすると簡単です。

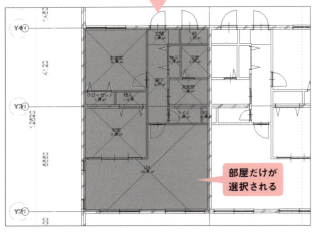

4 プロパティパレットで[用途]に「専有」と入力し、[適用]をクリックする。
5 選択解除する。

すべての部屋が専有部分として設定されました。しかし、MBの部屋だけは共有部分にあるので、この部屋だけプロパティを修正します。

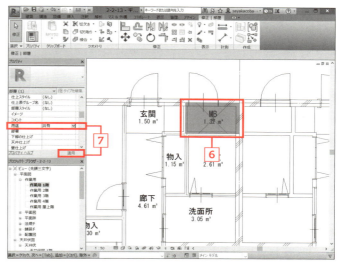

6 MBの部屋を選択する。
7 プロパティパレットで[用途]に「共有」と入力し、[適用]をクリックする。

X1－X2間の部屋の設定ができました。これを他の住戸にコピーしていきます。

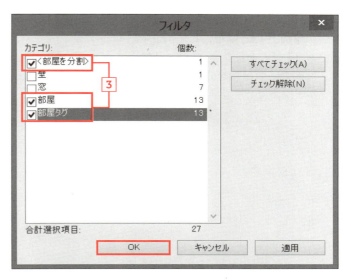

部屋をコピーする

1 X1－X2間を窓選択する。
2 [修正|複数選択]タブ－[選択]パネル－[フィルタ]をクリックする。
3 [フィルタ]ダイアログで[部屋]、[部屋タグ]、[〈部屋を分割〉]にチェックを入れ、[OK]をクリックする。チェックを入れたオブジェクトだけが選択される。

▶ヒント
[〈部屋を分割〉]は、P.101の手順1～2で廊下と玄関を分けるために作成した線を表します。

4 ［修正｜複数選択］タブー［修正］
パネルー［鏡像化－軸を選択］を
クリックする。

5 鏡像化の軸としてX2をクリッ
クする。

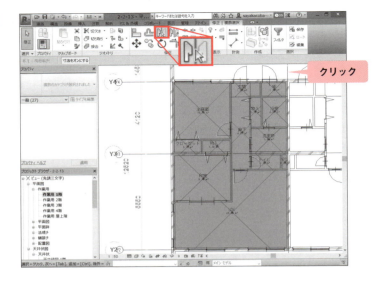

6 X2－X3間に部屋が反転コピー
され、部屋のタグが表示される。

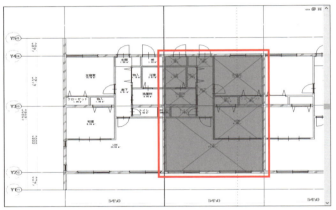

続いて、X1－X3間の部屋をX3－
X5間に反転コピーします。

7 X1－X3間を窓選択し、P.103
の手順2～3と同様にして、［フィ
ルタ］ダイアログで［部屋］、［部
屋タグ］、［〈部屋を分割〉］のオブ
ジェクトだけを選択する。

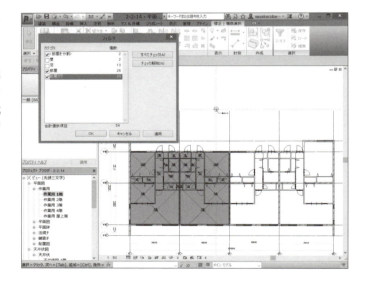

8 P.104の手順**4**〜**5**と同様にして、部屋を反転コピーする。ただし、鏡像化の軸として**X3**をクリックする。

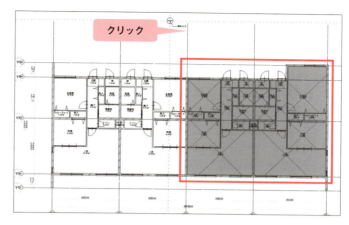

9 X3－X4間、X4－X5間に部屋が設定され、部屋のタグが表示される。X4－X5間の主寝室とクローゼットの面積が他の住戸より広いことを確認する。

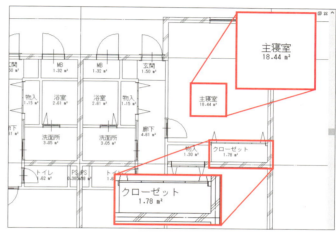

> ▶ヒント
> 部屋は壁に囲まれた空間を自動的に認識するので、壁の位置が変更されると、自動的に部屋の大きさも変更され、面積や容積も自動更新されます。

2-2-15 専有/共有面積の確認

カラースキームを使って専有/共有区分ごとに図面を色分けし、それぞれの面積を集計表で確認しましょう。 2-2-15.rvt

カラースキームの設定を確認する

テンプレートに登録されている色を確認し、必要に応じて好みの色に変更します。

1 [**建築**]タブ－[**部屋とエリア**]パネル名部分の▼をクリックする。パネルが広がる。

2 [**カラースキーム**]をクリックする。[**カラースキームを編集**]ダイアログが表示される。

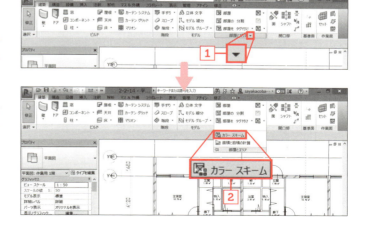

> ▶ヒント
> カラースキームとは、部屋またはエリアを設定した後に、そのプロパティ(室名など)の値に応じて各領域に適用できる色をまとめて設定したものです。これにより、部屋別、用途別などで色分けすることができます。本書のテンプレートには、カラースキームがあらかじめ用意されています。

3 [**スキーム**]の[**カテゴリ**]で[**部屋**]を選択する。

4 左側のリストから[**専有／共有**]を選択する。事前に登録された色が右側[**スキーム定義**]リストの[**色**]に表示される。別の色を使いたければ、以下の手順**5**〜**7**を行って色を変更する。

5 右側[**スキーム定義**]リストの[**共有**]の[**色**]をクリックする。

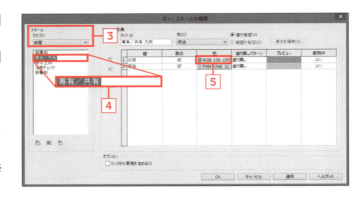

6 [**色**]ダイアログで好きな色を選択し、[**OK**]をクリックする。

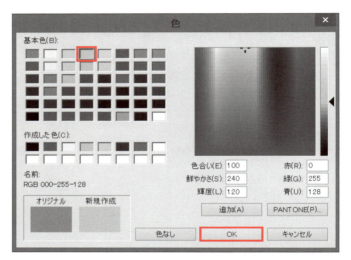

7 手順**5**〜**6**と同様にして、[**専有**]の色を変更する。[**OK**]をクリックする。

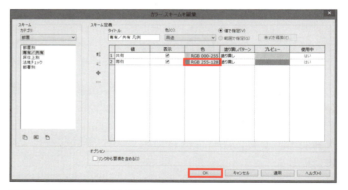

カラースキームを適用して図面を色分けする

専有／共有の色分け用のカラースキームを現在の図面に適用します。

1 プロパティパレットのタイプセレクタで[**平面図**]が選択されていることを確認する。

2 プロパティパレットで[**カラースキーム**]の[**〈なし〉**]をクリックする。

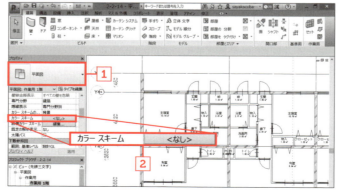

3 [カラースキームを編集]ダイアログの[スキーム]の[カテゴリ]で[部屋]を選択し、左側のリストから[専有／共有]を選択し、[OK]をクリックする。

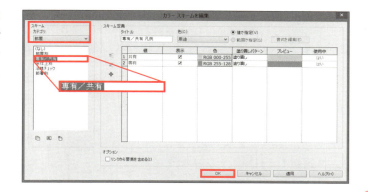

4 図面が専有部分と共有部分で色分けされる。

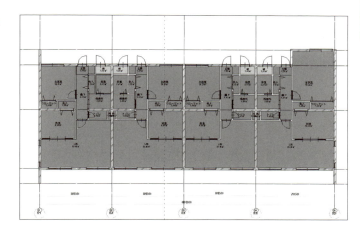

専有／共有部分の面積を確認する

テンプレートに用意しておいた集計表を使って、専有／共有部分の面積を確認します。

1 プロジェクトブラウザで[集計表/数量]の下層にある[1-専有・共有面積]をダブルクリックする。
2 共有部分と専有部分の面積が表示される。

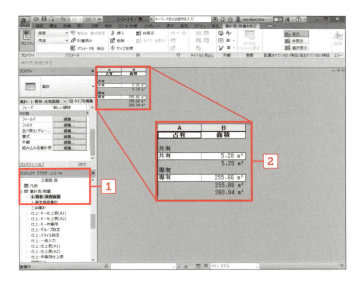

▶ヒント
ここでは事前にテンプレートに定義しておいた集計表を使いましたが、Revitでは、図面中のオブジェクトのプロパティを抽出して、面積計算や部材の拾い出しなど、さまざまな集計表を作成できます。集計表の作成についてはRevitのヘルプを参照してください。

図面の色を元に戻す

1. プロジェクトブラウザで[**作業用1階**]ビューに切り替える。
2. プロパティパレットで[**カラースキーム**]の[**専有／共有**]をクリックする。
3. [**カラースキームを編集**]ダイアログの左側のリストから[**(なし)**]を選択し、[**OK**]をクリックする。カラースキームなしのデータに戻る。

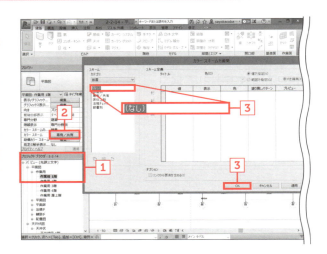

2-2-16 外廊下の作成

住戸部分がほぼ完成したので、共有部分の作成に進みます。まず外廊下の腰壁を作成します。

📄 2-2-16.rvt

外廊下の腰壁を作成する

1. [**建築**]タブー[**ビルド**]パネルー[**壁**]をクリックする。
2. プロパティパレットのタイプセレクタで[**標準壁 (R)RC200**]を選択する。
3. プロパティパレットで次の設定をする。
   ❶ [**下部の拘束**]を[**設計GL**]に設定。
   ❷ [**基準レベルからのオフセット**]に「**-1200**」と入力。
   ❸ [**上部の拘束**]を[**上のレベルへ：1FL**]に設定。
   ❹ [**上部レベルからのオフセット**]に「**1100**」と入力。
   ❺ [**適用**]をクリック。
4. [**修正｜配置 壁**]タブー[**描画**]パネルー[**線分**]をクリックする。

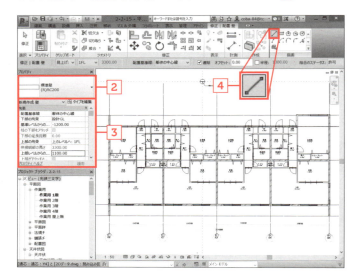

5. 図に示した線のように、X1とY5の交点から、Y5上の既存の壁の左端まで壁を作成する。
6. [**選択**]パネルー[**修正**]をクリックし、コマンドを終了する。

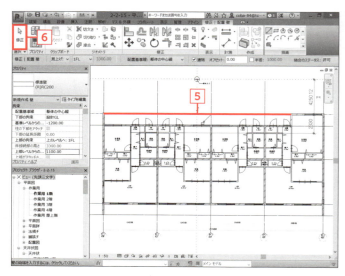

Chapter 2 基本設計

7 プロジェクトブラウザで[**モデリング用1階**]ビューに切り替え、腰壁を3Dビューで確認する。

▶ヒント
これ以降は1階全体のモデリングを行うので、P.63の手順**3**〜**4**を参考にして切断ボックスの大きさを調整し、図のような3Dビューを確認できるようにしておくと便利です。

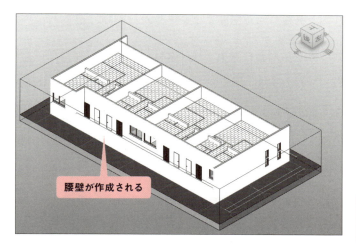

腰壁が作成される

外廊下の床を作成する

1 プロジェクトブラウザで[**作業用1階**]ビューに切り替える。
2 [**建築**]タブー[**ビルド**]パネルー[**床**]をクリックする。
3 プロパティパレットのタイプセレクタで[**床 RC150**]を選択する。
4 プロパティパレットで[**レベル**]が[**1FL**]、[**レベルからの高さオフセット**]が[**-50**]に設定されていることを確認する。

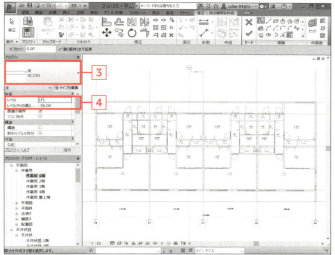

5 [**修正|床の境界を作成**]タブー[**描画**]パネルー[**長方形**]をクリックする。
6 図に示す壁の内側に沿って床となる長方形を作成する。
7 [**モード**]パネルー[**編集モードを終了**]をクリックする。

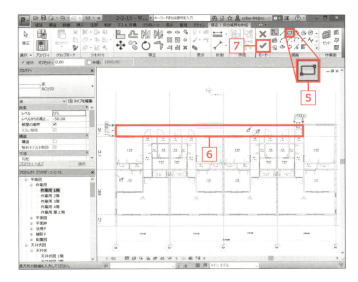

2-2 Revitでのモデリング

16 外廊下の作成

109

8 「この床レベル下部に壁をアタッチしますか?」という確認メッセージが表示されたら、[いいえ]をクリックする。

9 プロジェクトブラウザで[モデリング用1階]ビューに切り替え、床を3Dビューで確認する。

> ▶ヒント
> 手順8のメッセージに対して[はい]をクリックすると、下階の壁の高さがすべて床の下部に合わせて調整されます。これにより意図しない壁も調整される恐れがあるので、通常は[いいえ]をクリックします。

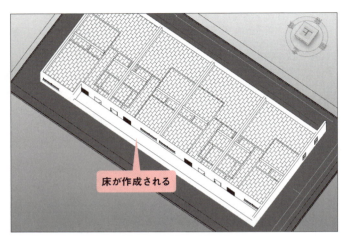

床が作成される

2-2-17 バルコニーの作成

南側に壁を作成し、壁を開口してバルコニーの腰壁と垂れ壁にします。また、一部をカーテンウォールに変更して、バルコニーの手すりにします。

📄 2-2-17.rvt

バルコニーの腰壁と垂れ壁を作成する

1 プロジェクトブラウザで[作業用1階]ビューに切り替える。
2 [建築]タブー[ビルド]パネルー[壁]をクリックする。
3 プロパティパレットのタイプセレクタから[標準壁 (R)RC200]を選択する。
4 プロパティパレットで次の設定をする。
❶ [下部の拘束]を[設計GL]に設定。
❷ [基準レベルからのオフセット]に「-1200」と入力。
❸ [上部の拘束]を[上のレベルへ:2FL]に設定。
❹ [上部レベルからのオフセット]に「0」と入力。
❺ [適用]をクリック。
5 [修正|配置 壁]タブー[描画]パネルー[線分]をクリックする。
6 オプションバーの[連結]のチェックを外す。

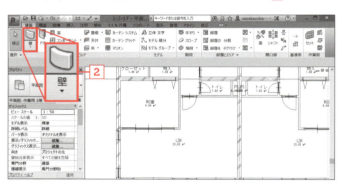

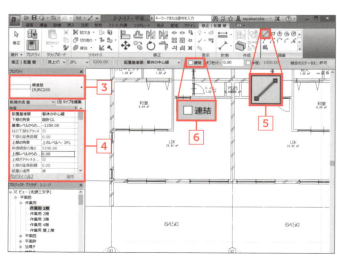

7 X1とY1の交点からX2とY1の交点までの壁を作成する。

8 [選択]パネル-[修正]をクリックし、コマンドを終了する。

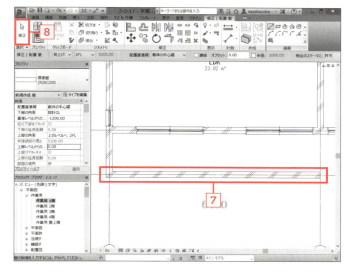

9 プロジェクトブラウザで[モデリング用1階]ビューに切り替え、壁を3Dビューで確認する。

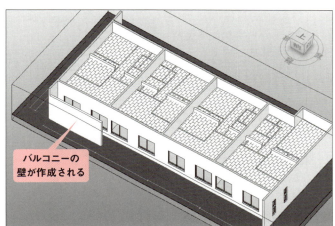

バルコニーの壁が作成される

壁を開口して、腰壁と垂れ壁にします。

10 プロジェクトブラウザで[作業用1階]ビューに切り替える。

11 [修正]タブ-[修正]パネル-[要素を分割]をクリックする。

12 図のように、作成した壁を任意の2カ所で分割する。

13 [選択]パネル-[修正]をクリックし、コマンドを終了する。

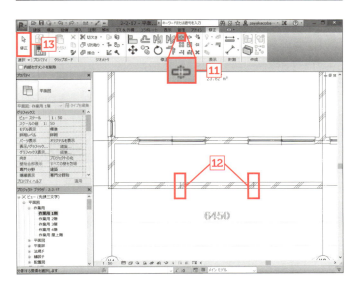

14 分割した真ん中の壁を選択する。
15 プロパティパレットで[**上部の拘束**]を[**上のレベルへ：1FL**]に設定し、[**適用**]をクリックする。選択した壁が腰壁の高さになる。

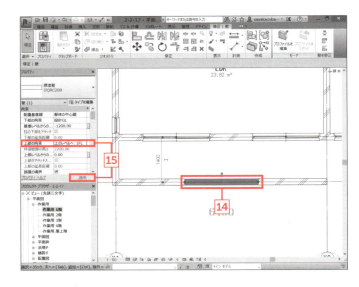

バルコニーの手すりを作成する

バルコニーの手すりとなるカーテンウォールを作成します。

1 [**建築**]タブー[**ビルド**]パネルー[**壁**]をクリックする。
2 プロパティパレットのタイプセレクタから[**カーテンウォール：垂直分割**]を選択する。
3 プロパティパレットで次の設定をする。
❶ [**下部の拘束**]を[**1FL**]に設定。
❷ [**基準レベルからのオフセット**]に「**0**」と入力。
❸ [**上部の拘束**]を[**上のレベルへ：1FL**]に設定。
❹ [**上部レベルからのオフセット**]に「**1100**」と入力。
❺ [**垂直グリッド**]の[**番号**]に「**2**」と入力。
❻ [**適用**]をクリック。

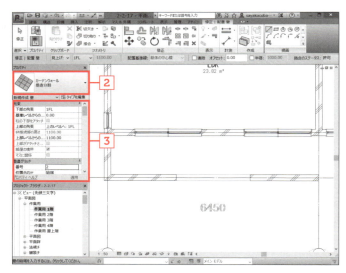

4 図の❶❷を順にクリックし、開口部にカーテンウォールを作成する。

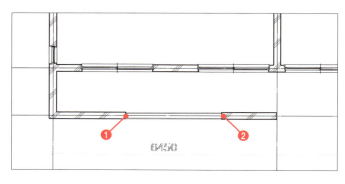

112

Chapter 2 基本設計

カーテンウォールの位置を修正します。

5 [注釈]タブ－[寸法]パネル－[傾斜寸法]をクリックする。

6 次の2つの寸法を作成する。
  ❶ X1からカーテンウォールの左端まで
  ❷ X2からカーテンウォールの右端まで

7 [選択]パネル－[修正]をクリックし、コマンドを終了する。

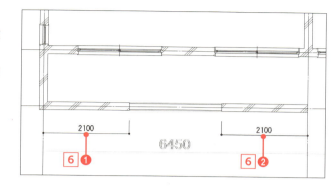

8 カーテンウォールを選択する。

▶ヒント
カーテンウォール全体が選択しづらいときは、カーテンウォール上にカーソルをポイントし、Tabキーを押すと循環選択ができます。
循環選択時のTabキーは長押しせず、トントンと押すことで重なっているオブジェクトが順に反応します。目的のオブジェクトが反応したところでクリック選択します。

9 左側の寸法値をクリックし、「500」と入力して変更する。選択解除する。

10 再度、左側の寸法を選択し、南京錠のマーク（ロックマーク）をクリックしてロックする。選択解除する。

▶ヒント
寸法をロックすることで、壁の長さが固定されます。建具なども、基準位置からの寸法を記入してロックすることで、位置を固定できます。

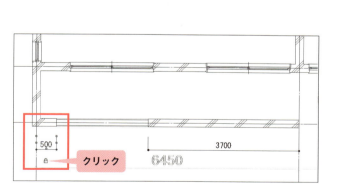

11 手順8～10と同様にして、右側の寸法値を「500」に変更し、寸法をロックする。カーテンウォールが正しい位置に配置される。

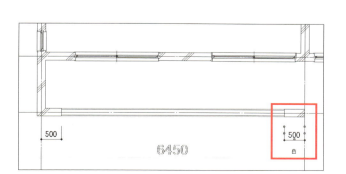

113

12 プロジェクトブラウザで[モデリング用1階]ビューに切り替え、カーテンウォールを3Dビューで確認する。

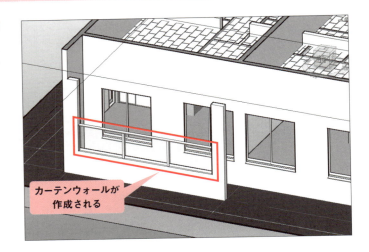

カーテンウォールが作成される

バルコニーの壁とカーテンウォールをコピーする

バルコニーの壁とカーテンウォールを他の住戸にコピーします。

1 ビューキューブの[上]をクリックする。上から見た表示に切り替わる。
2 X1－X2間のバルコニーの壁とカーテンウォールを窓選択する。
3 [修正|複数選択]タブー[修正]パネルー[コピー]をクリックする。
4 オプションバーの[複数]にチェックを入れる。

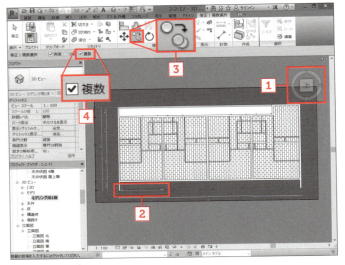

5 基点として、X1とY1の交点をクリックする。
6 目的点として、X2とY1、X3とY1、X4とY1の交点をクリックする。壁とカーテンウォールが各住戸にコピーされる。
7 [選択]パネルー[修正]をクリックし、コマンドを終了する。

▶ヒント
手順4で[複数]にチェックを入れたため、連続してコピーすることができます。

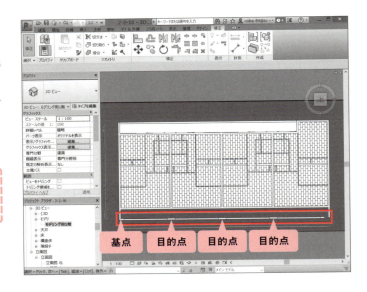

基点　目的点　目的点　目的点

X4-X5間のバルコニーの壁に隙間が空いているので、この部分を修正します。

8 右端の壁をクリックして選択する。仮寸法の寸法値[600]をクリックする。

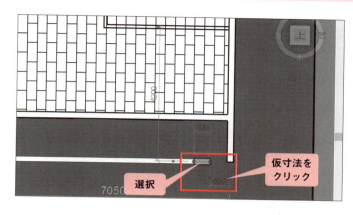

9 寸法値に「0」と入力して変更する。壁が右に移動し、カーテンウォールが自動的に延長される。

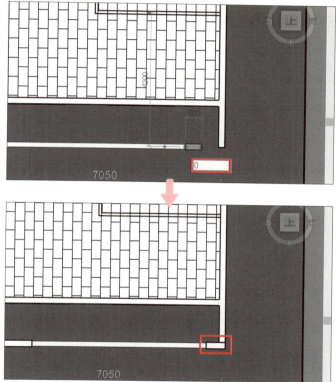

10 ビューキューブの[ホームビュー]をクリックし、コピーした壁とカーテンウォールを確認する。

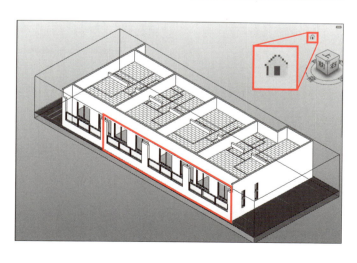

バルコニーの床を作成する

1 プロジェクトブラウザで[**作業用1階**]ビューに切り替える。
2 [**建築**]タブ-[**ビルド**]パネル-[**床**]をクリックする。
3 プロパティパレットのタイプセレクタで[**床 RC150**]が選択されていることを確認する。
4 プロパティパレットで[**レベル**]が[**1FL**]、[**レベルからの高さオフセット**]が[**-50**]に設定されていることを確認する。

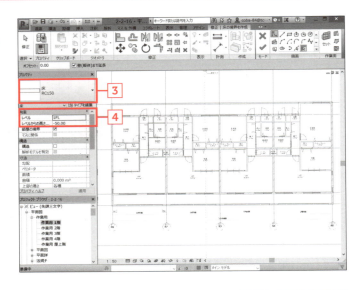

5 [**修正|床の境界を作成**]タブ-[**描画**]パネル-[**長方形**]をクリックする。
6 図の位置にある壁の内側に沿って床を作成する。
7 [**モード**]パネル-[**編集モードを終了**]をクリックする。

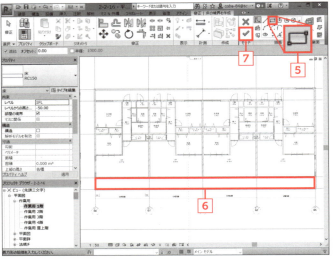

8 「**この床レベル下部に壁をアタッチしますか?**」という確認メッセージが表示される。[**いいえ**]をクリックする。

バルコニーの仕切りパネルを作成する

1 [**建築**]タブー[**ビルド**]パネルー[**壁**]をクリックする。
2 プロパティパレットのタイプセレクタから[**標準壁 (F)30**]を選択する。
3 プロパティパレットで次の設定をする。
❶ [**下部の拘束**]を[**1FL**]に設定。
❷ [**基準レベルからのオフセット**]に「**-50**」と入力。
❸ [**上部の拘束**]を[**上のレベルへ：1FL**]に設定。
❹ [**上部レベルからのオフセット**]に「**2300**」と入力。
❺ [**適用**]をクリック。

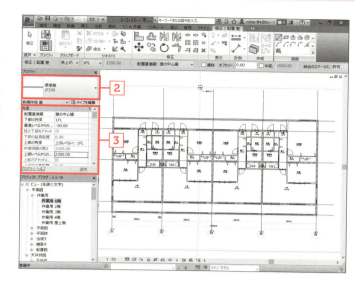

4 図のように、X2、X3、X4の通芯上に仕切りパネルを作成する。
5 [**選択**]パネルー[**修正**]をクリックし、コマンドを終了する。

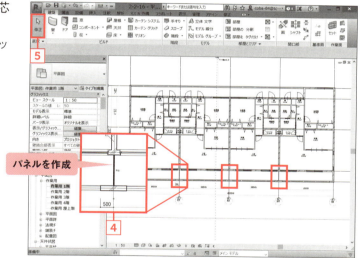

6 プロジェクトブラウザで[**モデリング用1階**]ビューに切り替え、バルコニーを3Dビューで確認する。

1階の住戸はこれで完成です。

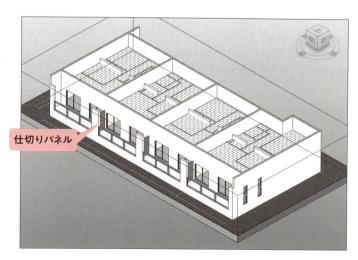

2-2-18 上階の作成

1階の住戸が完成したので、2～4階にコピーしていきます。外廊下とバルコニーの壁は高さの調整が必要になります。

📄 2-2-18.rvt

住戸、外廊下、バルコニーをコピーする

1. プロジェクトブラウザで[**立面図 北**]ビューに切り替える。
2. 図の❶から❷までドラッグして、住戸と外廊下を窓選択する。

> ▶ヒント
> ここでは、外廊下の腰壁とバルコニーの垂れ壁、袖壁が選択されないように囲む必要があります。そのため、窓選択の2点目は、設計GLと1FLの間を指定してください。

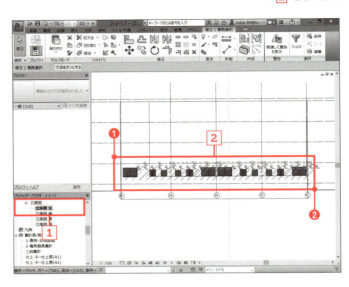

3. [**修正|複数選択**]タブ-[**クリップボード**]パネル-[**クリップボードにコピー**]をクリックする。

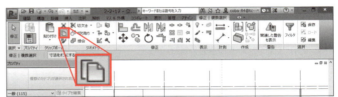

4. [**修正|複数選択**]タブ-[**クリップボード**]パネル-[**貼り付け**]-[**選択したレベルに位置合わせ**]をクリックする。

> ▶ヒント
> [選択したレベルに位置合わせ]というメニュー項目が2つありますが、ここでは上にあるほうを選択します。このメニュー項目を使用すると、クリップボードにコピーしたオブジェクトを指定レベルの同じ位置に貼り付けることができます。貼り付け先のレベルは手順5のダイアログでまとめて選択できます。

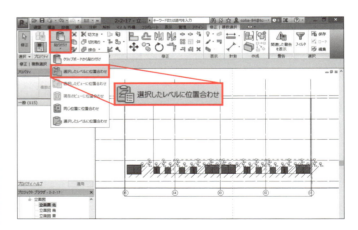

5. [**レベルを選択**]ダイアログで2FLから4FLをドラッグして選択し、[**OK**]をクリックする。

6 片引戸の個所に関して図のような警告が表示されるが、問題ないので右上の[×]をクリックして閉じる。

7 選択したオブジェクトが4階までコピーされる。

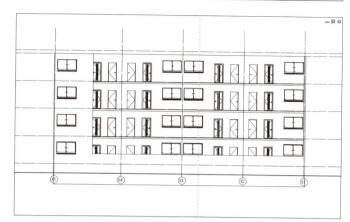

8 クイックアクセスツールバーの[**既定の3Dビュー**]をクリックし、結果を3Dビューで確認する。

外廊下の腰壁とバルコニーの垂れ壁、袖壁がコピーされていません。これらは次の手順でコピーします。

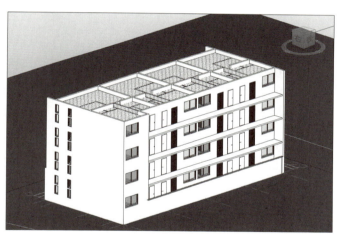

廊下の腰壁をコピーする

1. プロジェクトブラウザで[**立面図 北**]ビューに切り替える。
2. 1階廊下の腰壁をクリックして選択する。
3. [**修正|壁**]タブー[**修正**]パネルー[**コピー**]をクリックする。
4. オプションバーの[**複数**]と[**拘束**]のチェックを外す。
5. 基点として設計GLのラインをクリックする。
6. 垂直上方向にカーソルを移動し、目的点として2FLのラインをクリックする。2階廊下に腰壁がコピーされる。

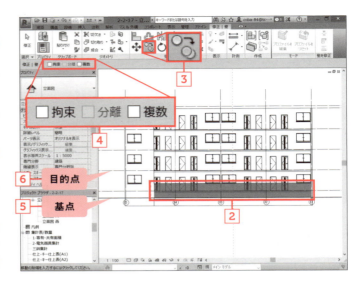

7. プロパティパレットで次の設定をする。
    ❶ [**基準レベルからのオフセット**]に「-200」と入力。
    ❷ [**上部レベルからのオフセット**]に「1100」と入力。
    ❸ [**適用**]をクリック。

2階廊下の腰壁が適切な高さに調整されました。続いて3階と4階に腰壁をコピーします。

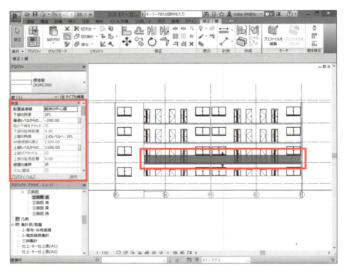

8. 2階の腰壁をクリックして選択する。
9. P.118の手順**3〜5**と同様にして、擁壁を3階と4階にコピーする。このとき、[**レベルを選択**]ダイアログでは3FLから4FLをドラッグして選択する。

結果を3Dビューで確認すると、図のようになります。

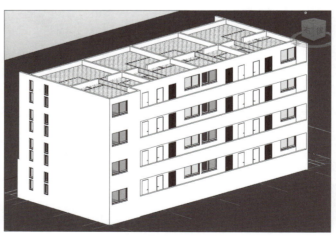

バルコニーの袖壁の高さを調整する

1. プロジェクトブラウザで[**立面図 南**]ビューに切り替える。
2. Ctrl キーを押しながら図の8カ所の壁をクリックして複数選択する。

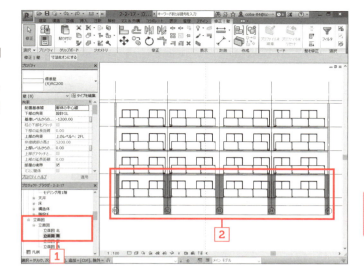

3. プロパティパレットで[**上部の拘束**]を[**上のレベルへ：RSL**]に設定し、[**適用**]をクリックする。選択した壁がRSLまで延長される。

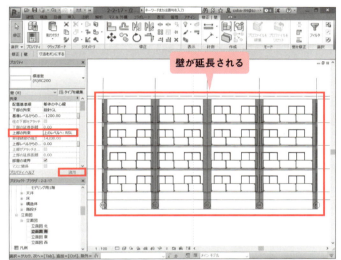

バルコニーの壁をコピーする

1. 図の❶から❷までドラッグして、1階バルコニーの壁部分を窓選択する。
2. [**修正 | 複数選択**]タブ－[**選択**]パネル－[**フィルタ**]をクリックする。

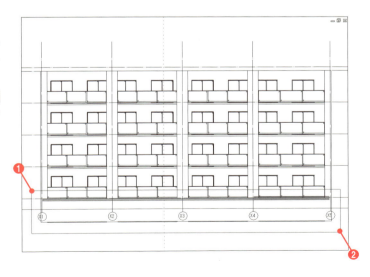

3 [フィルタ]ダイアログで[壁]以外のチェックを外し、[OK]をクリックする。壁だけが選択される。

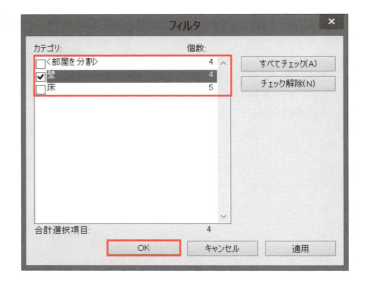

4 [修正|壁]タブ－[修正]パネル－[コピー]をクリックする。
5 オプションバーの[拘束]のチェックを外す。
6 基点として設計GLのラインをクリックする。
7 垂直上方向にカーソルを移動し、目的点として2FLのラインをクリックする。選択した壁が2階にコピーされる。

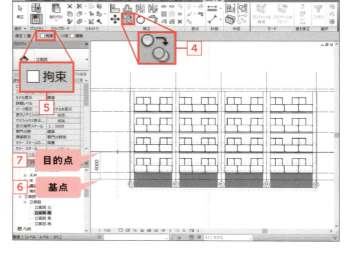

8 壁が重なっている警告が表示されるが、この問題は後で修正するので、右上の[×]をクリックして閉じる。

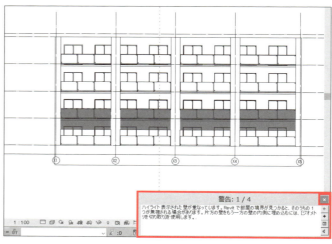

2階バルコニーの壁を適切な高さに調整し、3階〜RSLにコピーします。

9 2階バルコニーの壁を選択した状態で、プロパティパレットで次の設定をする。

❶ [**基準レベルからのオフセット**]に「**-500**」と入力。

❷ [**上部レベルからのオフセット**]に「**0**」と入力。

❸ [**適用**]をクリックする。

10 2階バルコニーの壁の高さが調整される。2階バルコニーの壁を選択したままにする。

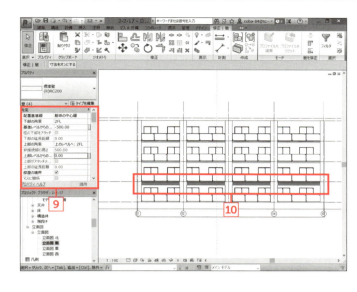

11 P.118の手順**3**〜**5**と同様にして、壁を3階〜RSLにコピーする。このとき、[**レベルを選択**]ダイアログでは3FL、4FL、RSLをドラッグして選択する。

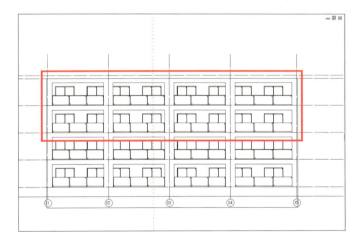

12 クイックアクセスツールバーの[**既定の3Dビュー**]をクリックし、建物全体を3Dビューで確認する。

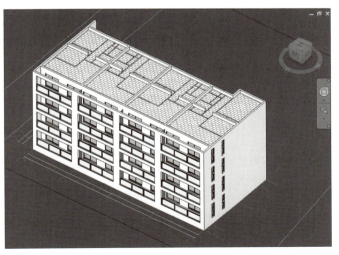

2-2-19 エントランスなどの壁の作成

エントランス、ホール、エレベータシャフト、階段などの壁を作成します。ここではAutoCADで作成した下書きデータを利用せずに壁を作成してみましょう。

📄 2-2-19.rvt

2-2-19〜2-2-22では、建物の北西に図のようなエントランス、風除室、ホール、エレベータシャフト、階段を段階的に作成していきます。AutoCADの下書きデータを使わず、Revitで直接壁を作成します。

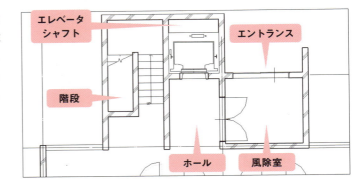

壁を作成する
まず外壁を作成します。

1. プロジェクトブラウザで[作業用1階]ビューに切り替える。
2. [建築]タブ-[ビルド]パネル-[壁]をクリックする。
3. プロパティパレットのタイプセレクタから[標準壁 (R)RC200]を選択する。
4. プロパティパレットで次の設定をする。
   ❶ [下部の拘束]を[設計GL]に設定。
   ❷ [基準レベルからのオフセット]に「-1200」と入力。
   ❸ [上部の拘束]を[上のレベルへ：RSL]に設定。
   ❹ [上部レベルからのオフセット]に「0」と入力。
   ❺ [適用]をクリック。
5. オプションバーの[連結]にチェックを入れる。

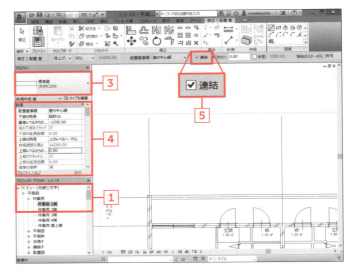

6. X2とY5の交点をクリックし、上に垂直のガイドを引き出して「4800」と入力する。続けて左に水平のガイドを引き出して「4200」、下に水平のガイドを引き出して「4800」と入力する。
7. [選択]パネル-[修正]をクリックし、コマンドを終了する。

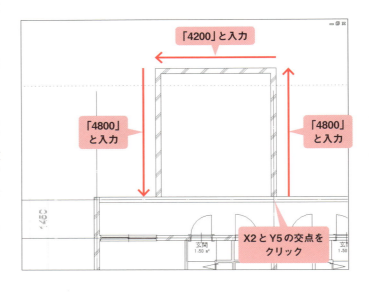

内壁を作成します。最初はおおまかな位置に作成し、後で仮寸法を利用して位置を修正します。

8 [建築]タブ−[ビルド]パネル−[壁]をクリックする。

9 プロパティパレットのタイプセレクタから[標準壁 (R)RC200]を選択する。

10 プロパティパレットで次の設定をする。

❶ [下部の拘束]を[設計GL]に設定。

❷ [基準レベルからのオフセット]に「-1200」と入力。

❸ [上部の拘束]を[上のレベルへ：RSL]に設定。

❹ [上部レベルからのオフセット]に「0」と入力。

❺ [適用]をクリック。

11 オプションバーの[連結]のチェックを外す。

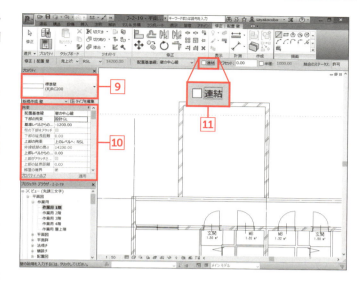

12 おおよそ図のような位置に内壁を作図する。

13 [選択]パネル−[修正]をクリックし、コマンドを終了する。

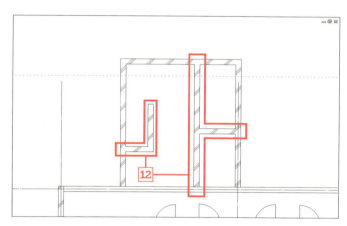

14 手順12で作成したそれぞれの内壁を選択し、仮寸法の数値を図のとおりに修正する。

▶ヒント
仮寸法を使った位置調整については、P.115の手順8〜9を参照してください。確認のために、寸法を記入してもよいでしょう。

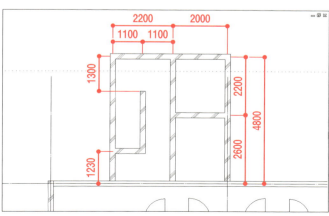

15 プロジェクトブラウザで[**モデリング用1階**]ビューに切り替え、作成した壁を3Dビューで確認する。

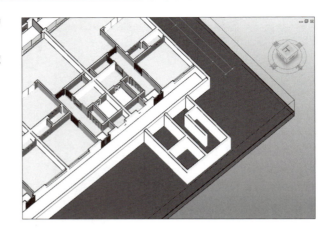

廊下をホールと階段につなげる

廊下の腰壁を修正し、ホールと階段につなげます。このとき、前項で作成した壁を廊下の床まで延長する必要があります。

1 プロジェクトブラウザで[**作業用1階**]ビューに切り替える。
2 [**修正**]タブ−[**修正**]パネル−[**要素を分割**]をクリックする。
3 図のように廊下の腰壁（Y5上）の任意の位置で分割する。
4 [**選択**]パネル−[**修正**]をクリックし、コマンドを終了する。

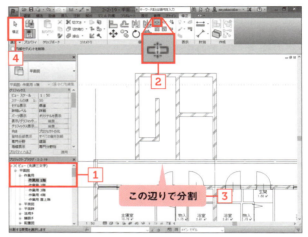

5 分割した腰壁の左側を選択する。右端のグリップを左方向に図の辺りまでドラッグして、腰壁の位置を変更する。

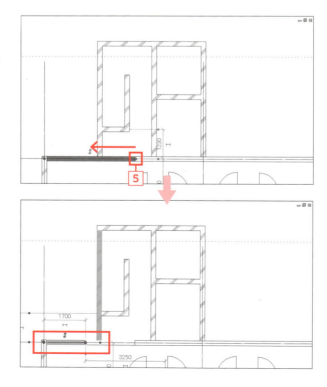

6 「要素の結合は保持できません」というエラーメッセージが表示される。[結合要素を分離]をクリックする。

> ▶ヒント
> この警告は、腰壁が外壁と接しない位置関係になったため、結合を維持できなくなったことを示します。ここでは結合を解除したいので、[結合要素を分離]をクリックします。

7 手順5〜6と同様にして、分割した腰壁の右側の位置を変更し、結合要素を分離する。このとき、図のように壁の左端がX2－X3間の住戸の玄関ドアより右側になるようにする（後でエントランスの壁を作成するため）。

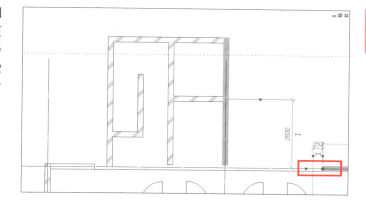

外壁を廊下の床まで延長する

3つの外壁を廊下の床まで延長します。

1 [修正]タブ－[修正]パネル－[複数要素をトリム/延長]をクリックする。
2 延長の境界として、廊下の床のラインを選択する。
3 延長する図形として、3つの外壁を選択する。

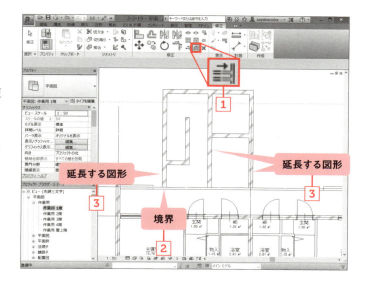

4 3つの外壁が廊下の床まで延長される。

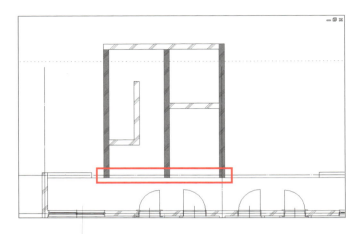

左側の腰壁と外壁をつなげます。

5 [修正]タブ－[修正]パネル－[単一要素をトリム/延長]をクリックする。
6 境界として、外壁のラインを選択する。
7 延長する図形として、左側の腰壁を選択する。
8 [選択]パネル－[修正]をクリックし、コマンドを終了する。

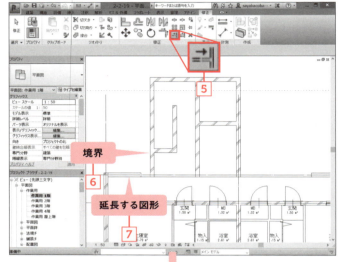

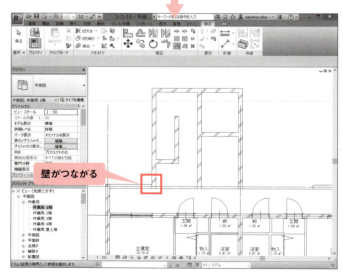

エントランスの壁を作成する

1. [建築]タブ—[ビルド]パネル—[壁]をクリックする。
2. プロパティパレットのタイプセレクタで[標準壁 (R)RC200]を選択する。
3. プロパティパレットで次の設定をする。
   ❶ [下部の拘束]を[設計GL]に設定。
   ❷ [基準レベルからのオフセット]に「-1200」と入力。
   ❸ [上部の拘束]を[上のレベルへ：2FL]に設定。
   ❹ [上部レベルからのオフセット]に「0」と入力。
   ❺ [適用]をクリック。
4. オプションバーの[連結]にチェックを入れる。

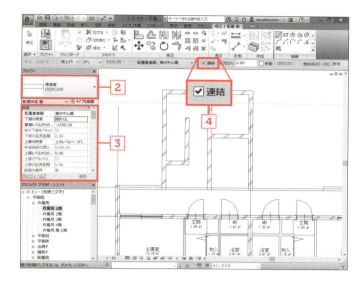

5. P.124の手順6と同様にして、直接距離入力で壁を作成する。ここでは、X2とY5の交点からスタートして右に「3000」、上に「3700」と入力する。

▶ヒント
「3000」と入力した後に「壁が重なる」という警告が表示されますが、特に問題ないので、右上の[×]マークをクリックして閉じてください。

6. [選択]パネル—[修正]をクリックし、コマンドを終了する。

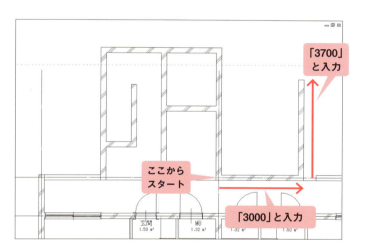

7. 手順1〜3を繰り返す。
8. 図の❶❷を順にクリックして、Y5から上に2600の位置に壁を作成する。
9. [選択]パネル—[修正]をクリックし、コマンドを終了する。

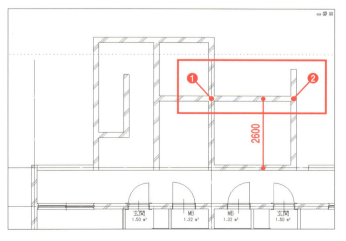

10 Y5上の右側の腰壁を選択する。グリップを左方向にドラッグして、手順**5**で作成した壁に合わせる。

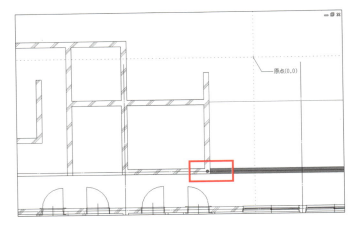

11 クイックアクセスツールバーの[**既定の3Dビュー**]をクリックし、3Dビューでエントランスの壁を確認する。

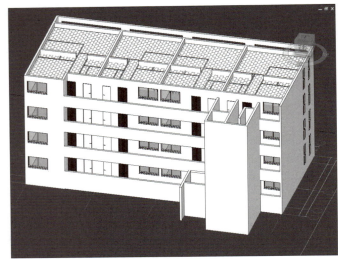

2階～4階の廊下の腰壁を調整する

2階～4階の廊下がホールと階段につながっていないので、腰壁を分割して調整します。

1 プロジェクトブラウザで[**作業用2階**]ビューに切り替える。
2 [**修正**]タブ－[**修正**]パネル－[**要素を分割**]をクリックする。
3 図のように腰壁の任意の2カ所を分割する。
4 [**選択**]パネル－[**修正**]をクリックし、コマンドを終了する。

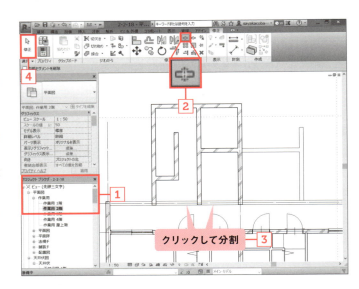

5 分割した中央の腰壁を選択し、[Delete]キーを押して削除する。

▶ヒント
P.127の手順6でのエラーメッセージがここでも出ます。同様に[結合要素を分離]をクリックします。

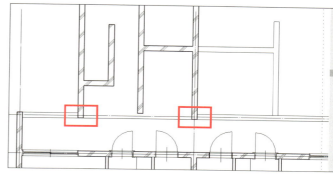

6 残った左右の腰壁の端点のグリップをドラッグし、階段とホールの壁に合わせる。

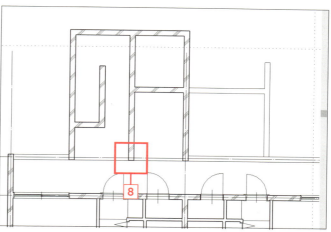

7 [修正|壁]タブ－[修正]パネル－[単一要素をトリム/延長]をクリックする。

8 階段とホールの間にある壁を、廊下の床まで延長する。

▶ヒント
廊下のラインを境界として選択してから、延長する壁を選択します。

9 手順1～8と同様にして、3階と4階の廊下の腰壁を整える。

10 クイックアクセスツールバーの[既定の3Dビュー]をクリックし、3Dビューで確認する。

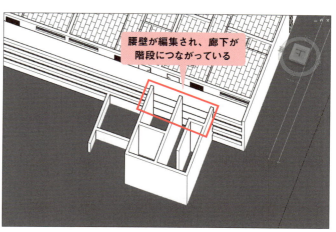

腰壁が編集され、廊下が階段につながっている

2階の廊下の腰壁と風除室の壁が重なっているので、接合して1つにします。

11 [**修正**]タブ−[**ジオメトリ**]パネル−[**接合**]をクリックする。
12 図に示す腰壁と風除室の壁を選択する。2つの壁が接合される。
13 [**選択**]パネル−[**修正**]をクリックし、コマンドを終了する。

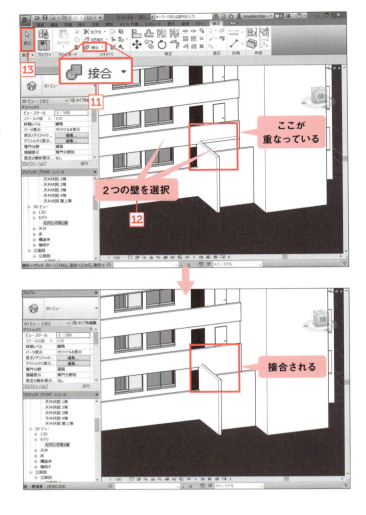

2-2-20 風除室の作成

風除室の床、建具、屋根を作成します。外からの入口には自動ドア、ホールへの入口には両開きドアを配置します。 2-2-20.rvt

風除室、ホール、階段の床を作成する

廊下の床の境界を編集し、風除室、ホール、階段の床を作成します。

1 プロジェクトブラウザで[**作業用1階**]ビューに切り替える。
2 廊下の床をクリックして選択する。
3 [**修正|床**]タブ−[**モード**]パネル−[**境界の編集**]をクリックする。

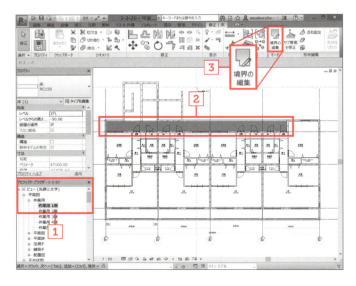

4 [修正|床 > 境界の編集]タブ－[描画]パネル－[線分]をクリックする。
5 オプションバーの[連結]にチェックを入れる。
6 図に示した線のように、風除室、ホール、階段の壁の内側に線を追加する。

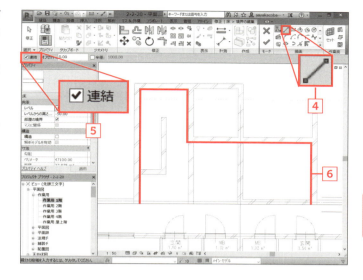

7 [修正|床 > 境界の編集]タブ－[修正]パネル－[要素を分割]をクリックする。
8 図の位置をクリックし、線を分割する。
9 [修正|床 > 境界の編集]タブ－[修正]パネル－[コーナーへトリム/延長]をクリックする。

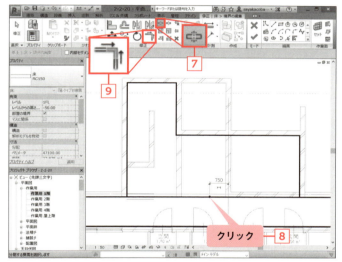

10 図の❶❷❸❹を順にクリックし、コーナーを処理する。階段、ホール、風除室の床が廊下の床とつながる。
11 [修正|床 > 境界の編集]タブ－[モード]パネル－[編集モードを終了]をクリックする。

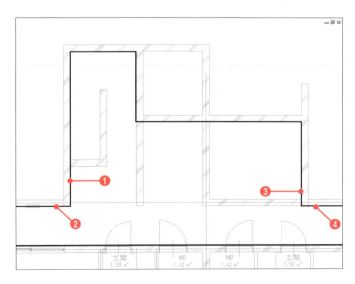

12 「**この床レベル下部に壁をアタッチしますか?**」というメッセージが表示される。[**いいえ**]をクリックする。

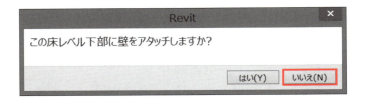

13 プロジェクトブラウザで[**モデリング用1階**]ビューに切り替え、廊下の床を3Dビューで確認する。

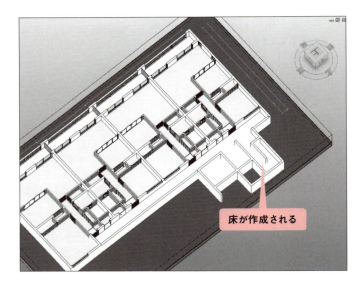

床が作成される

自動ドアを挿入する

外からの入口に自動ドアを挿入します。

1 プロジェクトブラウザで[**作業用1階**]ビューに切り替える。
2 [**建築**]タブー[**ビルド**]パネルー[**ドア**]をクリックする。
3 P.70の手順**3**〜**5**と同様にして、下記フォルダにある[**片引き_自動ドア_ガラス四方框**]ファミリをロードする。
   フォルダ:
   Japan¥ドア¥鋼製ドア

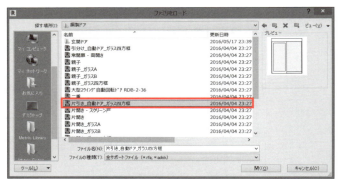

4 P.72の手順**4**〜**8**と同様にして、新しいタイプ[**w2000h2200**]を作成する。このとき、[**寸法**]の[**高さ**]は「2200」、[**幅**]は「2000」とする。

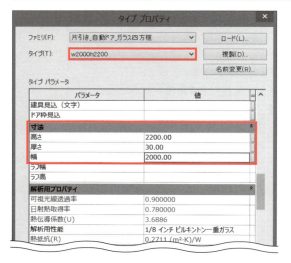

5 タイプ[**w2000h2200**]の自動ドアを図の位置に挿入する。

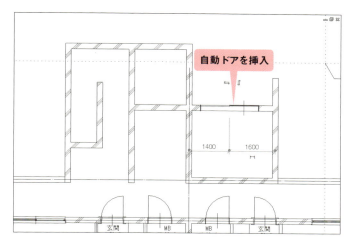

両開きドアを挿入する

ホールへの入口に両開きドアを挿入します。

1 [**建築**]タブー[**ビルド**]パネルー[**ドア**]をクリックする。
2 P.70の手順**3〜5**と同様にして、下記フォルダにある[**両開き_ガラス四方框**]ファミリをロードする。
  フォルダ:
  Japan¥ドア¥鋼製ドア

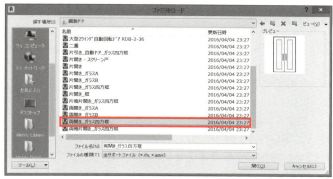

3 プロパティパレットのタイプセレクタで[**w1600h2000**]が選択されていることを確認する。
4 両開きドアを図の位置に挿入する。

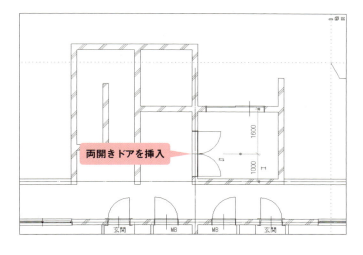

屋根を作成する
風除室の屋根を作成します。

1. [建築]タブ-[ビルド]パネル-[屋根]-[屋根(フットプリント)]をクリックする。

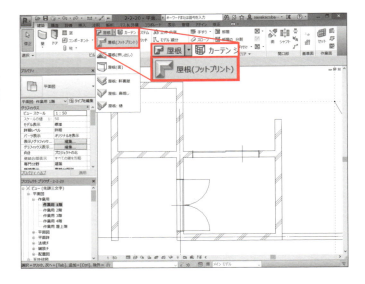

2. プロパティパレットのタイプセレクタから[標準屋根 RC150]を選択する。
3. プロパティパレットで次の設定をする。
❶ [基準レベル]を[1FL]に設定。
❷ [レベルからの基準オフセット]に「2850」と入力。
❸ [適用]をクリック。

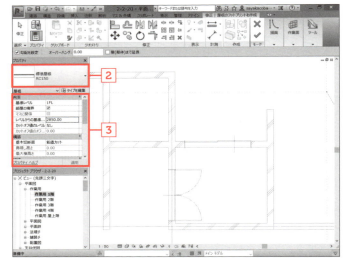

4. [修正|屋根のフットプリントを作成]タブ-[描画]パネル-[長方形]をクリックする。
5. オプションバーの[勾配を設定]のチェックを外す。
6. 図のように屋根の範囲を作図する。
7. [モード]パネル-[編集モードを終了]をクリックする。

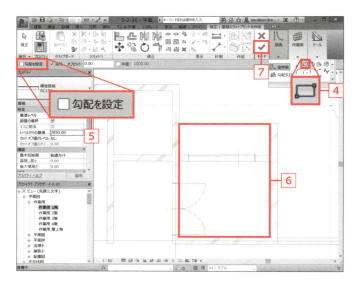

8 クイックアクセスツールバーの[**既定の3Dビュー**]をクリックし、風除室の屋根を3Dビューで確認する。

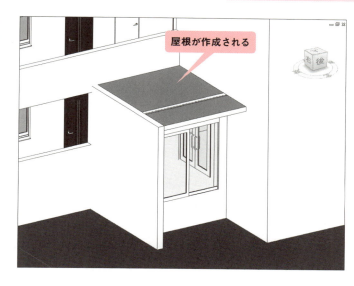

屋根の天端の高さを確認する

エントランスの屋根の天端が適切な高さになっていることを確認します。

1 [**注釈**]タブ−[**寸法**]パネル−[**指定点 高さ**]をクリックする。

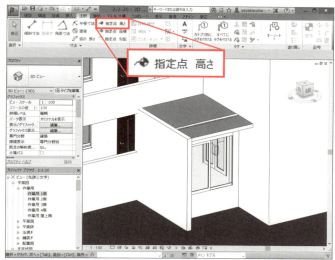

2 オプションバーの[**相対基準**]から[**1FL**]を選択する。
3 風除室の屋根にカーソルを合わせると、1FLからの高さが「+3000」であることを確認できる。
4 [**選択**]パネル−[**修正**]をクリックし、コマンドを終了する。

▶ヒント
屋根を作成するときに指定した高さは、屋根の下端となります。ここでは1FLからの高さを2850として屋根を作成したので、屋根の厚さ150を足した3000が天端の高さとなります。
一方、床を作成するときに指定した高さは、床の天端となります。

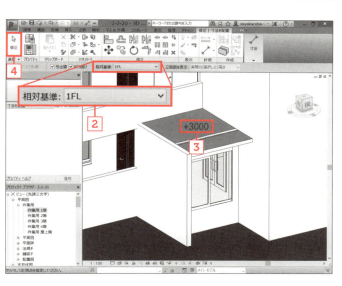

137

壁の高さを修正する

自動ドアの壁が屋根に食い込んでいるため修正します。

1. 3Dビューのまま屋根から突き出ている壁を選択する。

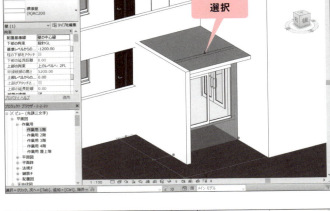

2. プロパティパレットの[**上部レベルからのオフセット**]に「**-150**」(屋根の厚さ)と入力する。壁が修正されたことを確認して選択を解除する。

2-2-21 エレベータの配置と階段の作成

1階にエレベータのファミリを配置しましょう。また1階から4階にかけて階段を作成します。

📄 2-2-21.rvt

エレベータを挿入する

1. プロジェクトブラウザで[**作業用1階**]ビューに切り替える。
2. [**建築**]タブー[**ビルド**]パネルー[**コンポーネント**]をクリックする。

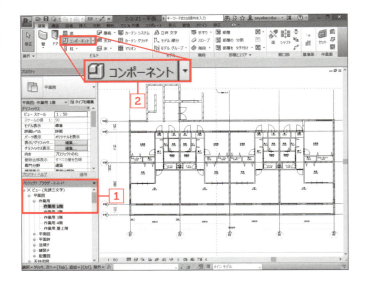

3 P.70の手順**3**〜**5**と同様にして、下記フォルダにある[**エレベータ一般1**]ファミリをロードする。
フォルダ:
Japan_RUG¥06 設備¥01 搬送機器¥01 エレベータ

4 プロパティパレットのタイプセレクタで[**エレベーター般1 6人乗**]が選択されていることを確認する。
5 図の位置に配置する。
6 [**選択**]パネル−[**修正**]をクリックし、コマンドを終了する。

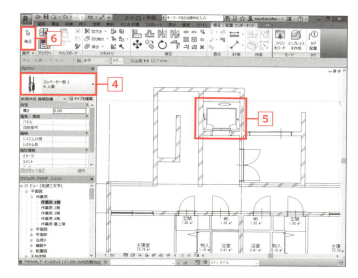

階段を作成する
RCで踏み面260mm、蹴上げ180mmの階段を作成します。

1 [**建築**]タブ−[**階段**]パネル−[**階段**]をクリックする。

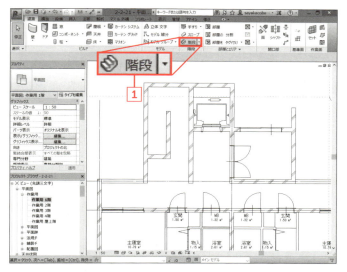

2. プロパティパレットのタイプセレクタで[**現場打ち階段 r RC 260×180**]が選択されていることを確認する。
3. プロパティパレットで[**タイプを編集**]をクリックする。

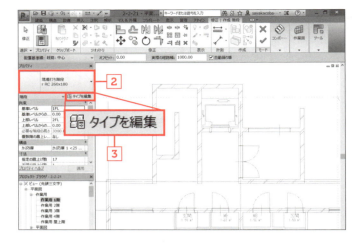

4. [**タイププロパティ**]ダイアログで[**蹴上げの最大高＝最大蹴上げ寸法**]が[**180**]、[**最小踏み面奥行き**]が[**260**]に設定されていることを確認する。
5. [**最小階段経路幅**]に「**900**」と入力する。
6. [**OK**]をクリックする。

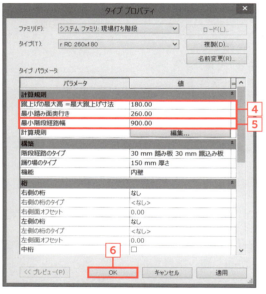

廊下の床に合わせて、階段もFL-50に設定します。

7. プロパティパレットで次の設定をする。
 ❶ [**基準レベルからのオフセット**]に「**-50**」と入力。
 ❷ [**上部レベルからのオフセット**]に「**-50**」と入力。
 ❸ [**複数階の最上レベル**]から[**4FL**]を選択。
 ❹ [**適用**]をクリック。

▶ヒント
❸の設定により、1階から2階までの階段を4階まで繰り返すことになります。

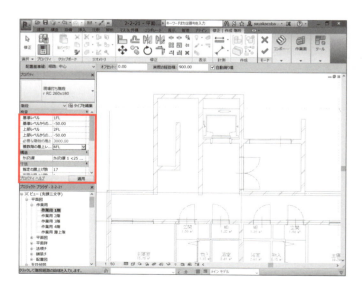

140

8 プロパティパレットで[**指定の蹴上げ数**]が[**17**]となっていることを確認する。

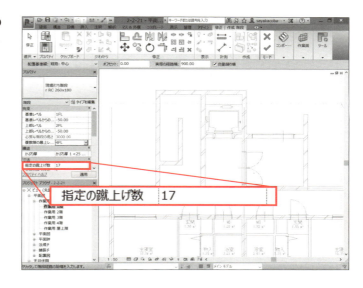

初期設定では手すりがある状態になっていますが、このモデルでは不要なので設定を解除します。

9 [**修正|作成　階段**]タブ-[**ツール**]パネル-[**手すり**]をクリックする。

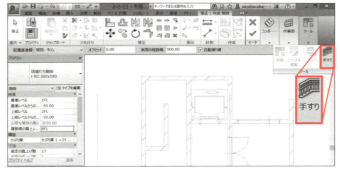

10 [**手すり**]ダイアログで[**なし**]を選択し、[**OK**]をクリックする。

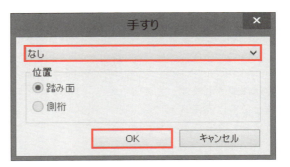

17段の階段を作成する準備ができました。ここでは、8段-踊り場-9段となるようにU字型の階段を作成します。

11 階段の昇降線の最下段となる位置をクリックする。

▶ヒント
正確な位置は後で調整するので、ここでは任意の位置をクリックしてかまいません。

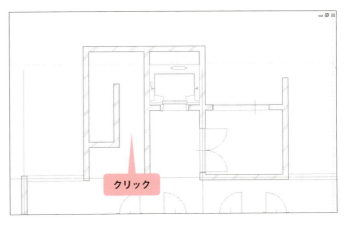

12 垂直上方向にカーソルを動かすと、仮の蹴上げが表示される。動かすにつれて蹴上げの数が増えていくので、「**8蹴上げが作成されました。9継続中**」と表示された位置でクリックする。

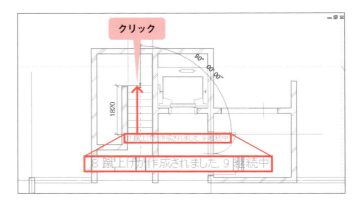

13 左方向にカーソルを動かし、8つ目の蹴上げから水平にガイドが表示されたら、任意の位置をクリックする。

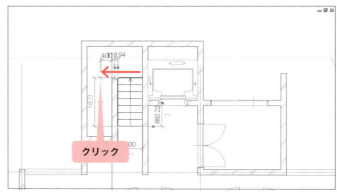

14 垂直下方向にカーソルを動かすと、続きの蹴上げが表示される。蹴上げの数を増やしていき、「**9蹴上げが作成されました。0継続中**」と表示された位置でクリックする。

U字型の階段が作成されます。ただし、まだ正確な位置に配置されていないので、位置合わせが必要です。

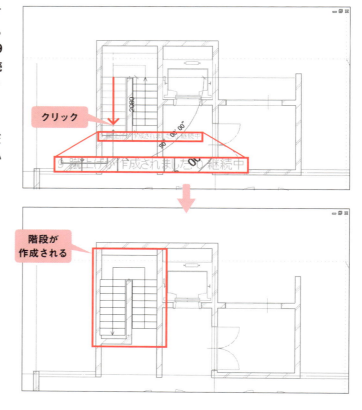

階段を壁の位置に合わせます。

15 階段の踊り場より上階部分をクリックして選択する。

16 [**修正|作成　階段**]タブ−[**修正**]パネル−[**移動**]をクリックする。

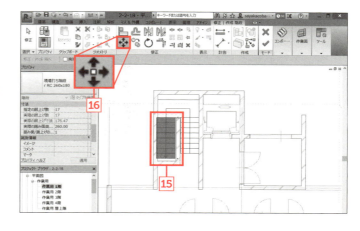

17 踊り場より上階部分を図の位置に移動する。

▶ヒント
階段の左下または右下のコーナーを基点とし、壁のコーナーを目的点にするとぴったり合います。

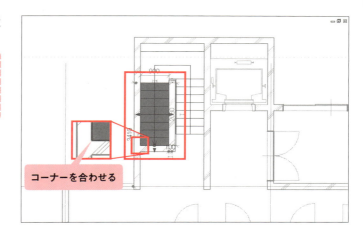

18 同様にして、踊り場より下階部分を図の位置に移動する。

▶ヒント
踊り場より上階部分の右上コーナーと、踊り場より下階部分の左上コーナーが水平に並ぶようにします。

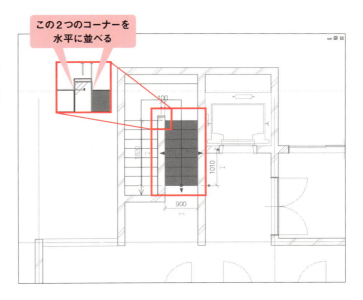

階段の踊り場部分を調整します。

19 踊り場部分をクリックして選択する。

20 上部と中央の壁部分に表示される三角の形状ハンドルを上または下方向にドラッグし、下図のように壁の内側に沿わせる。

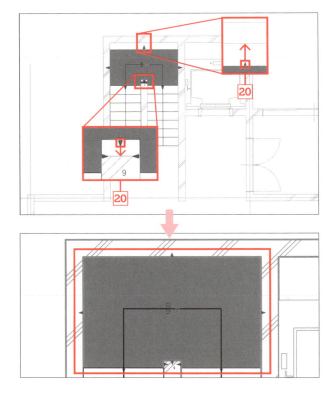

21 [モード]パネル−[編集モードを終了]をクリックする。階段が完成する。

> ▶ヒント
> 編集モードを終了すると、自動的に切断線が追加され、図のような表記になります。

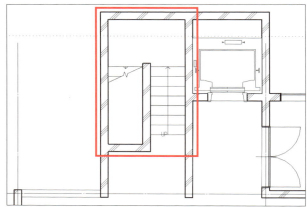

22 クイックアクセスツールバーの[既定の3Dビュー]をクリックし、階段を3Dビューで確認する。

> ▶ヒント
> 壁をクリックして選択すると、図のように壁が透過表示になって確認しやすくなります。

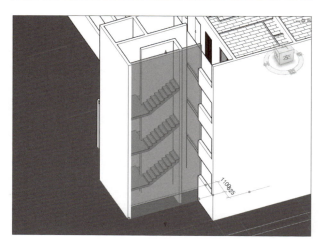

Chapter 2 基本設計

ポイント:部分的に透過表示する

P.144の手順**22**のように選択して透過する方法では、選択を解除すると透過しなくなります。特定の要素を透過表示したままにするには、次のようにします。

① 透過したい要素をクリックして選択。
② 右クリックして[**ビューのグラフィックスを上書き**]−[**要素別**]をクリック。
③ [**ビュー固有の要素グラフィックス**]ダイアログの[**サーフェスの透過度**]で[**透過度**]を[**0**]より大きい値に設定。

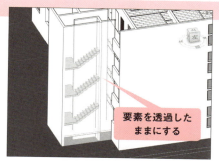

要素を透過したままにする

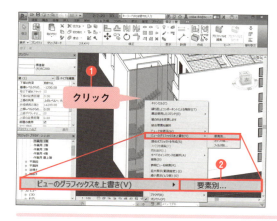

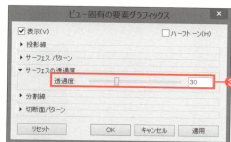

ポイント:全体を透過表示する

次のように設定すると、モデル全体を透過表示にすることができます。

① 作図領域の左下にあるビューコントロールバーの[**表示スタイル**]から[**グラフィックス表示オプション**]を選択。
② [**グラフィックス表示オプション**]ダイアログの[**モデルを表示**]で[**透過度**]を[**0**]より大きい値に設定(値が大きいほど透明度が高くなる)。

全体を透過表示した状態

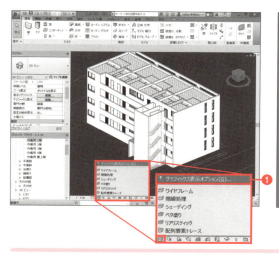

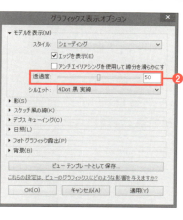

2-2 Revitでのモデリング　21 エレベータの配置と階段の作成

145

2-2-22 階段周辺の床と壁の修正

各階の外廊下と階段／エレベータホールの床をつなげます。また、階段の周囲の壁に開口部を作ります。

📄 2-2-22.rvt

図に示した壁が階段と廊下を遮っているので、この部分を修正します。

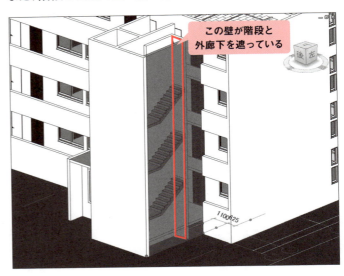

外廊下と階段の間の壁を修正する

外廊下と階段の間にある壁の高さを修正します。

1. プロジェクトブラウザで[モデリング用1階]ビューに切り替える。
2. 図に示した壁をクリックして選択する。

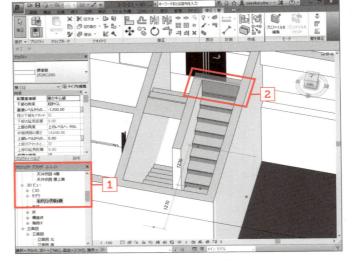

3. プロパティパレットで[上部の拘束]を[上のレベルへ：2FL]、[上部レベルからのオフセット]に「-200」と設定し、[適用]をクリックする。壁の高さが2FL-200までになる。

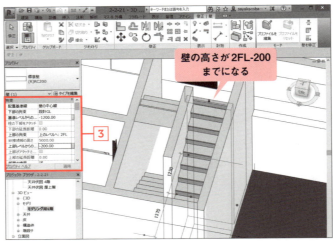

Chapter 2 基本設計

2階の外廊下の床を修正する

2階の外廊下の床の範囲を修正し、外廊下と階段／エレベータホールの床をつなげます。

1. プロジェクトブラウザで[**作業用2階**]ビューに切り替える。
2. 外廊下の床をクリックして選択する。
3. [**修正|床**]タブ－[**モード**]パネル－[**境界の編集**]をクリックする。

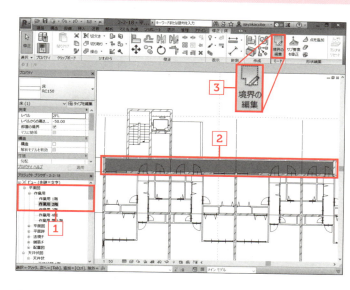

4. [**修正|床 > 境界の編集**]タブ－[**描画**]パネル－[**線分**]をクリックする。
5. 図に示した線のように、階段ホールとエレベータホールの床の境界を作成する。

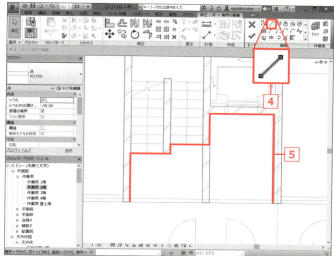

6. [**修正|床 > 境界の編集**]タブ－[**修正**]パネル－[**要素を分割**]をクリックする。
7. 図の位置でクリックし、線を分割する。

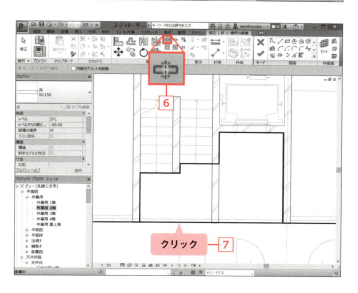

8 P.133の手順9～10と同様にして、コーナーを図のように処理する。

9 [モード]パネル－[編集モードを終了]をクリックする。

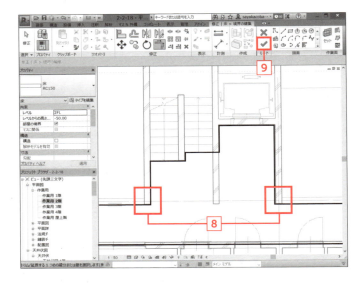

10 「この床レベル下部に壁をアタッチしますか?」というメッセージが表示される。[いいえ]をクリックする。床が図のように編集される。

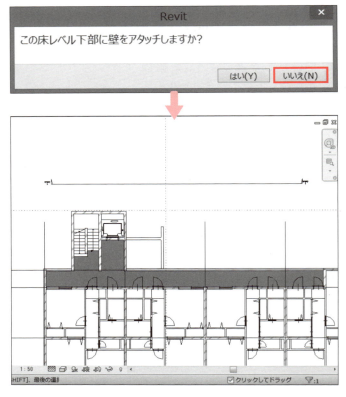

3階と4階の外廊下の床を作成する

2階の外廊下の床を3階と4階にコピーします。複数の階に対して作業を行うので3Dビューを使いますが、まず作業しやすいように手前の壁を非表示にします。

1 クイックアクセスツールバーの[**既定の3Dビュー**]をクリックする。
2 図に示す壁をクリックして選択する。
3 ビューコントロールバーの[**一時的に非表示/選択表示**]から[**要素を非表示**]を選択する。壁が非表示になる。

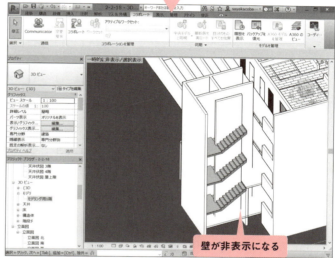

4 Ctrlキーを押しながらクリックして、3階と4階の外廊下の床を複数選択する。
5 Deleteキーを押して削除する。

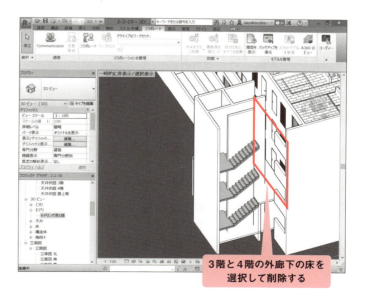

6 2階の外廊下の床を選択する。
7 P.118の手順**3〜5**と同様にして、2階の外廊下の床を3階と4階にコピーする。このとき、[**レベルを選択**]ダイアログでは3FLから4FLをドラッグして選択する。

2階〜4階の外廊下の床が完成しました。

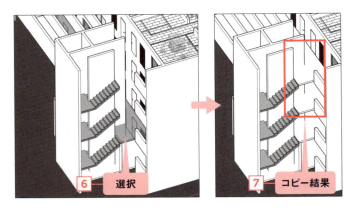

4階の外廊下に腰壁を追加する
4階から上に上がる階段はないため、4階の階段ホールの東側には何もありません。この部分に腰壁を追加します。

1 ビューコントロールバーの[**一時的に非表示/選択表示**]から[**一時的な非表示/選択表示をリセット**]をクリックする。壁が再表示される。
2 プロジェクトブラウザで[**作業用4階**]ビューに切り替える。
3 [**建築**]タブ−[**ビルド**]パネル−[**壁**]をクリックする。

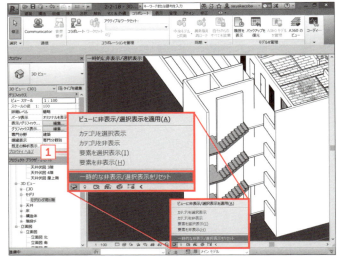

4 プロパティパレットのタイプセレクタで[**標準壁 (R)RC200**]を選択する。
5 プロパティパレットで次の設定をする。
❶ [**下部の拘束**]を[**4FL**]に設定。
❷ [**基準レベルからのオフセット**]に「**-50**」と入力。
❸ [**上部の拘束**]を[**上のレベルへ：4FL**]に設定。
❹ [**上部レベルからのオフセット**]に「**1100**」と入力。
❺ [**適用**]をクリック。
6 オプションバーの[**配置基準線**]で[**仕上げ面：内部**]を選択する。

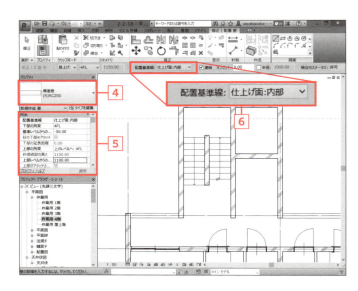

7 図のように、階段中央の壁の右下角から右側の壁まで腰壁を作成する。
8 [**選択**]パネル-[**修正**]をクリックして、コマンドを終了する。

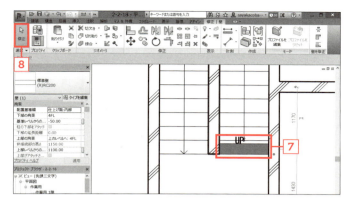

階段北側の壁に開口部を作成する

1 プロジェクトブラウザで[**立面図 北**]ビューに切り替える。
2 X2の右側の壁をクリックして選択する。
3 [**修正|壁**]タブ-[**モード**]パネル-[**プロファイルを編集**]をクリックする。壁のスケッチが表示される。

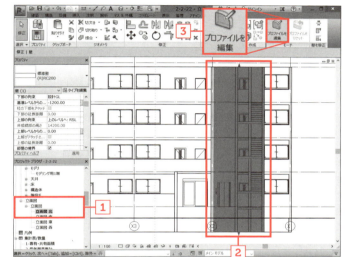

4 [**修正|壁 > プロファイルを編集**]タブ-[**描画**]パネル-[**線分**]をクリックする。
5 オプションバーの[**オフセット**]に「**2450**」と入力する。[**連結**]のチェックを外す。

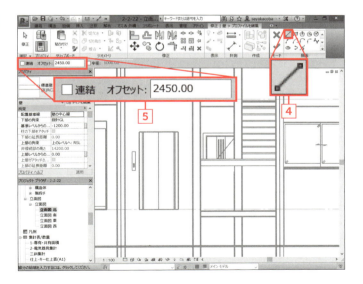

6 図の❶❷を順にクリックする（1FLのレベルラインをなぞる）と、1FLより2450mm上の位置に線が描かれる。

▶ヒント
手順**5**で[**オフセット**]を設定したため、クリックした位置の2450mm上に線が描かれます。

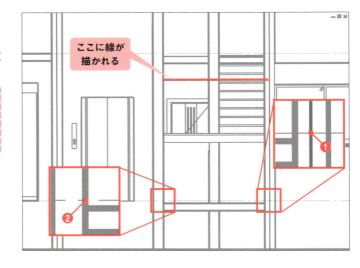

7 オプションバーの[**オフセット**]に「**0**」と入力、[**連結**]にチェックを入れる。

8 手順**6**で作成した線の左端から、図に示したように線を作成する。

9 [**選択**]パネル－[**修正**]をクリックし、コマンドを終了する。

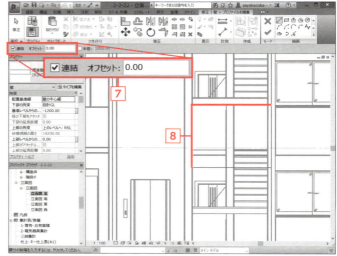

10 手順**6**～**8**で作成した3つの線を窓選択する。

11 [**修正|壁 > プロファイルを編集**]タブ－[**修正**]パネル－[**コピー**]をクリックする。

12 オプションバーの[**複数**]にチェックを入れる。

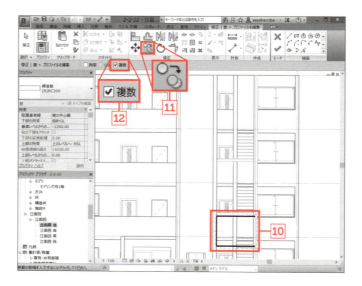

13 基点として2FLのレベルライン
をクリックする。

14 手順13でクリックした点から垂直上方向にカーソルを動かし、目的点として3FL、4FLのレベルライン上の垂直位置でクリックする。スケッチがコピーされる。

15 ［修正｜壁 ＞ プロファイルを編集］タブ－［修正］パネル－［要素を分割］をクリックする。

16 図のように、3カ所をクリックしてスケッチを分割する。

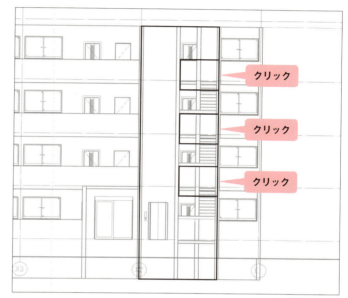

17 ［修正｜壁 ＞ プロファイルを編集］タブ－［修正］パネル－［コーナーへトリム/延長］をクリックする。

18 スケッチのコーナーを図のように処理する。

19 ［モード］パネル－［編集モードを終了］をクリックする。

壁に開口部ができました。

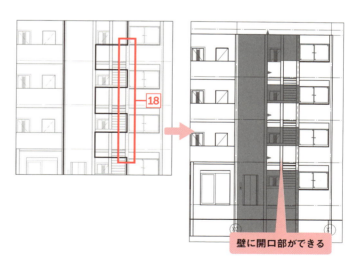

階段西側の壁に開口部を作成する

1 プロジェクトブラウザで[**立面図 西**]ビューに切り替える。
2 Y5の左側の壁をクリックして選択する。
3 [**修正|壁**]タブ－[**モード**]パネル－[**プロファイルを編集**]をクリックする。壁のスケッチが表示される。

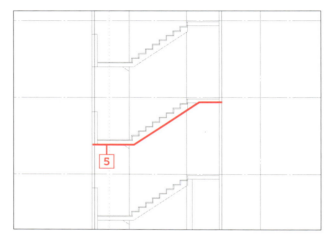

4 [**修正|壁 > プロファイルを編集**]タブ－[**描画**]パネル－[**線分**]をクリックする。
5 図に示した線のように、2階の階段下部分をなぞる線分を作成する。
6 [**選択**]パネル－[**修正**]をクリックし、コマンドを終了する。

7 手順**5**で作成した線分を窓選択する。
8 [**修正|壁 > プロファイルを編集**]タブ－[**修正**]パネル－[**コピー**]をクリックする。
9 基点として線分の左端をクリックする。
10 垂直下方向にカーソルを動かし、目的点として1階の階段の腰壁の上端をクリックする。線分がコピーされる。
11 [**選択**]パネル－[**修正**]をクリックし、コマンドを終了する。

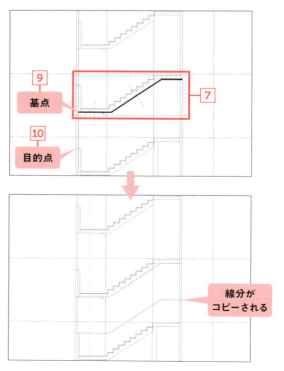

154

12 手順**5**~**10**で作成した2本の線分を窓選択する。

13 手順**8**~**10**と同様にして、図のように3階と4階にコピーする。

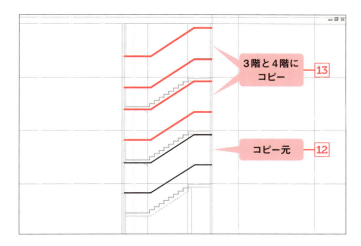

14 P.153の手順**15**~**18**と同様にして、スケッチを図のように編集する。

15 [**モード**]パネル―[**編集モードを終了**]をクリックする。壁に開口部ができる。

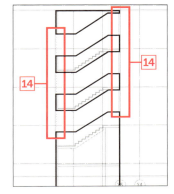
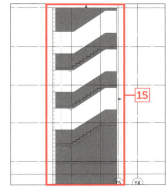

16 クイックアクセスツールバーの[**既定の3Dビュー**]をクリックし、階段の壁に開口部ができたことを確認する。

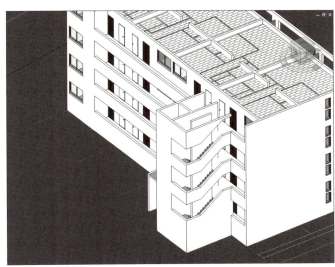

2-2-23 パラペットと屋根の作成

屋上階にエレベータの機械室を作成し、RSLにパラペットと屋根スラブを作成します。

📄 2-2-23.rvt

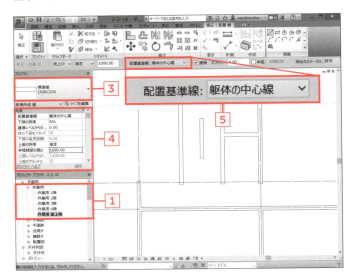

エレベータの機械室の壁を作成する

1. プロジェクトブラウザで[**作業用屋上階**]ビューに切り替える。
2. [**建築**]タブー[**ビルド**]パネルー[**壁**]をクリックする。
3. プロパティパレットのタイプセレクタで[**標準壁 (R)RC200**]が選択されていることを確認する。
4. プロパティパレットで次の設定をする。
   ❶ [**下部の拘束**]を[**RSL**]に設定。
   ❷ [**基準レベルからのオフセット**]に「**0**」と入力。
   ❸ [**上部の拘束**]を[**指定**]に設定。
   ❹ [**非接続部の高さ**]に「**1000**」と入力。
   ❺ [**適用**]をクリック。
5. オプションバーの[**配置基準線**]で[**躯体の中心線**]を選択する。

6. [**修正|配置 壁**]タブー[**描画**]パネルー[**長方形**]をクリックする。
7. 図の❶❷(壁の中心)を順にクリックし、長方形を作成する。

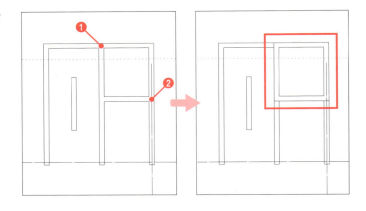

パラペットを作成する

1 [建築]タブ−[ビルド]パネル−[壁]をクリックする。
2 プロパティパレットのタイプセレクタから[標準壁 パラペット200アゴ]を選択する。
3 プロパティパレットで次の設定をする。
❶ [下部の拘束]を[RSL]に設定する。
❷ [上部の拘束]を[上のレベルへ：パラペット天端]に設定する。
❸ [上部レベルからのオフセット]を「0」と設定。
❹ [適用]をクリック。
4 オプションバーの[配置基準線]を[躯体の中心線]に設定し、[連結]にチェックを入れる。

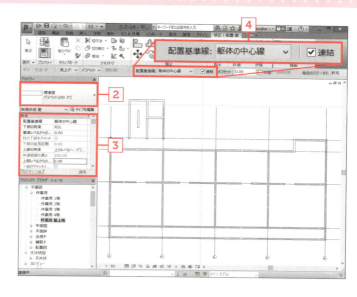

5 [修正|配置 壁]タブ−[描画]パネル−[線分]をクリックする。
6 図のように時計回りにパラペットを作成する。

▶ヒント
パラペットは時計回りに作成してください。逆（反時計回り）にすると内側／外側が正しく設定されません。

7 [選択]パネル−[修正]をクリックして、コマンドを終了する。

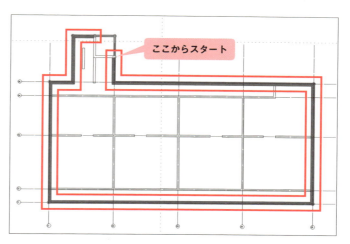

8 クイックアクセスツールバーの[既定の3Dビュー]をクリックし、3Dビューで確認する。

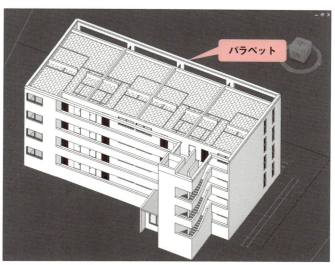

エレベータ部分の屋根スラブを作成する

1. プロジェクトブラウザで[作業用屋上階]ビューに切り替える。
2. [建築]タブー[ビルド]パネルー[床]をクリックする。
3. プロパティパレットのタイプセレクタから[床 RC150]を選択する。
4. プロパティパレットで次の設定をする。
   ❶ [レベル]を[RSL]に設定。
   ❷ [レベルからの高さオフセット]に「800」と入力。
   ❸ [適用]をクリック
5. [修正|床の境界を作成]タブー[描画]パネルー[壁を選択]をクリックする。
6. エレベータシャフトの内側の壁にカーソルを合わせ、Tabキーを押す。四方の壁が反応したらクリックして選択する。壁の内側にスケッチが作成される。
7. [モード]パネルー[編集モードを終了]をクリックする。

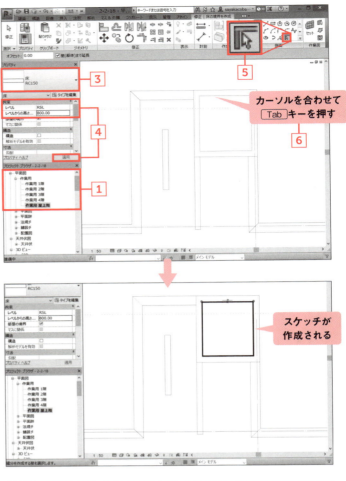

8. 「ジオメトリを結合し、重なっている部分を壁から切り取りますか?」というメッセージが表示される。[はい]をクリックする。屋根スラブが作成される。

9. クイックアクセスツールバーの[既定の3Dビュー]をクリックし、3Dビューで確認する。

全体の屋根スラブを作成する

1. プロジェクトブラウザで[**作業用屋上階**]ビューに切り替える。
2. [**建築**]タブー[**ビルド**]パネルー[**床**]をクリックする。
3. プロパティパレットのタイプセレクタで[**床 RC150**]が選択されていることを確認する。
4. プロパティパレットで次の設定をする。
   ❶ [**レベル**]を[**RSL**]に設定。
   ❷ [**レベルからの高さオフセット**]に「**0**」と入力。
   ❸ [**適用**]をクリック。
5. [**修正|床の境界を作成**]タブー[**描画**]パネルー[**壁を選択**]をクリックする。
6. 図に示す壁にカーソルを合わせ、Tabキーを押す。屋根スラブの範囲が反応したらクリックして選択する。壁の内側にスケッチが作成される。
7. [**モード**]パネルー[**編集モードを終了**]をクリックする。

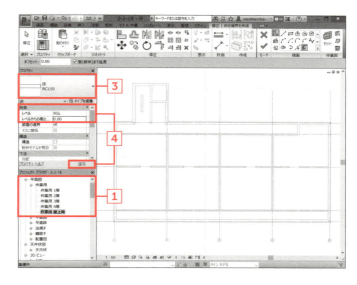

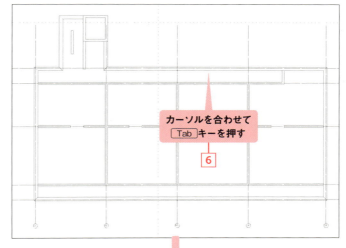

カーソルを合わせて Tabキーを押す

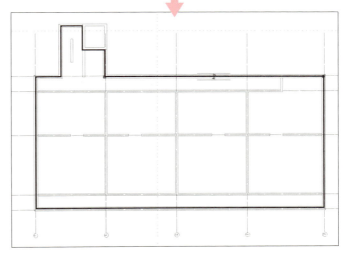

8 次のようなメッセージが表示されるので[**いいえ**]をクリックする。屋根スラブが作成される。

9 クイックアクセスツールバーの[**既定の3Dビュー**]をクリックし、3Dビューで確認する。

これで、基本設計のモデリングは完了です。
次の章ではプレゼンテーションのための設定を行います。

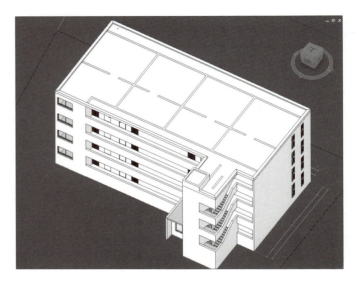

▶ヒント
Chapter 2を完了した時点のプロジェクトが、教材データに次のファイル名で収録されています。参考としてご利用ください。
　2章完成.rvt

Chapter 3
プレゼンテーション

Chapter 2で作成した基本設計モデルを使用して、マテリアルやカメラを設定し、プレゼンテーションに用いるためのCGパースを制作します。

- 3-1 **マテリアルの設定**
  [マテリアルブラウザ]ダイアログの表示／マテリアルの追加／マテリアルの適用と削除／[マテリアルブラウザ]ダイアログの構成／マテリアルの作成／新規ライブラリの作成
- 3-2 **方角、場所、太陽の設定**
  北向きの設定／場所と太陽の設定
- 3-3 **パースビューの作成**
  カメラの設定／グラフィックス表示オプションの設定／ビューの書き出し
- 3-4 **クラウドレンダリング**
  Autodeskアカウントの作成／クラウドレンダリングの実行
- 3-5 **家具を配置したショットパースの作成**
  家具の配置／カメラの設定／レンダリング
- 3-6 **3Dビューを利用した外観パースの作成**

3-1 マテリアルの設定

📄 3-1.rvt

オブジェクトにマテリアルを設定すると、レンダリングしたときにリアルな質感を表現でき、効果的なプレゼンテーションを行えます。ここでは[マテリアルブラウザ]ダイアログの使い方を覚えましょう。

3-1-1 [マテリアルブラウザ]ダイアログの表示

Revitの[マテリアルブラウザ]ダイアログには、数多くのマテリアルが事前に登録されています。まず[マテリアルブラウザ]ダイアログの構成を確認しましょう。

1 教材データに含まれている「3-1.rvt」を開く。
2 [管理]タブ−[設定]パネル−[マテリアル]をクリックする。

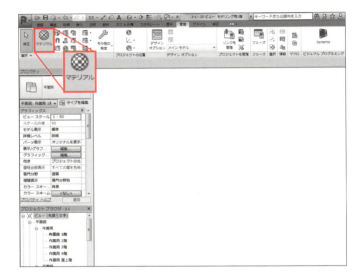

3 [マテリアルブラウザ]ダイアログが表示される。

▶ヒント
マテリアルとは、「素材」の意味で、オブジェクトの素材や質感を表現するために適用できる視覚的な設定です。Revitでは、ガラス、カーペット、タイル、木、コンクリートなど、建築素材の設定を行います。

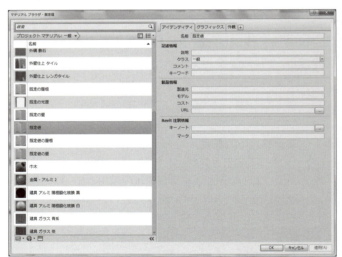

Chapter 3 プレゼンテーション

ポイント：[マテリアルブラウザ]ダイアログの設定メニュー

[マテリアルブラウザ]ダイアログの▢をクリックすると、上部に現在のプロジェクトに登録されているマテリアル（プロジェクトマテリアル）、下部に使用できるマテリアルのライブラリ（ライブラリパネル）が表示されます。各領域の右上にある▤▼をクリックすると設定メニューが表示され、ここからさまざまな操作を実行できます。

❶ プロジェクトマテリアルの設定メニュー

セクション	説明
ドキュメントマテリアル	ダイアログ上部のリストに表示するマテリアルの種類を選択できる。
表示タイプ	表示形式を[サムネイル表示]、[一覧表示]、[テキスト表示]のどれにするかを選択できる（右の図は[一覧表示]にした様子）。
並べ替え	リスト内でのマテリアルの並び順を[名前]、[マテリアルの色]から選択できる。
サムネイルサイズ	リストに表示するサムネイルの大きさを変更できる。

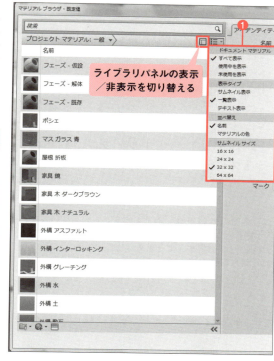

❷ ライブラリの設定メニュー

セクション	説明
ライブラリ	左側のツリーリストに表示するライブラリを選択できる。 ・[お気に入り] 自由にマテリアルの登録、呼び出しができるライブラリ。 ・[オートデスクのマテリアル] 最初から用意されているマテリアル。ロックがかかっているので、編集できない。 ・[AECマテリアル] 最初から用意されているマテリアル。ロックがかかっているので、編集できない。
表示タイプ	表示形式を[サムネイル表示]、[一覧表示]、[テキスト表示]のどれにするかを選択できる。
並べ替え	リスト内でのマテリアルの並び順を[名前]、[マテリアルの色]、[カテゴリ]から選択できる。
サムネイルサイズ	リストに表示するサムネイルの大きさを変更できる。

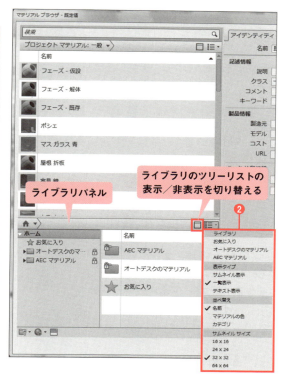

3-1-2 マテリアルの追加

既存のライブラリから、プロジェクトマテリアルにマテリアルを追加してみます。

1. [マテリアルブラウザ]ダイアログの左下のツリーリストから[オートデスクのマテリアル]-[コンクリート]を選択する。
2. 右下のリストから[コンクリート]を選択し、⬆をクリックする。[コンクリート]マテリアルが[プロジェクトマテリアル]リストに追加される。

▶ヒント
「同じ名前の外観が既に存在します」という警告が表示され、[置き換え]か[両方を保持]を選択するよう求められた場合は[両方を保持]を選択してください。

▶ヒント
ここではプロジェクトマテリアルのリストをサムネイル表示にしています。

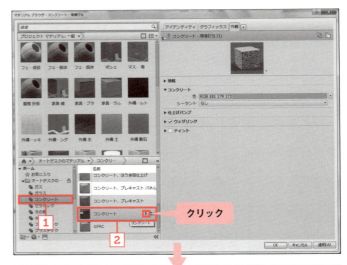

3. [OK]をクリックして[マテリアルブラウザ]ダイアログを閉じる。

▶ヒント
マテリアルをプロジェクトマテリアルに追加すると、そのプロジェクト内のオブジェクトに適用できるようになります。適用方法については3-1-3を参照してください。

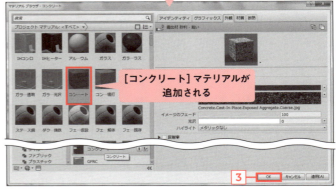

3-1-3 マテリアルの適用と削除

ペイント機能を使用して、オブジェクトの面にマテリアルを適用してみます。

マテリアルをペイント(適用)する

1. プロジェクトブラウザで[モデリング用1階]ビューに切り替える。
2. [修正]タブ-[ジオメトリ]パネル-[ペイント]をクリックする。

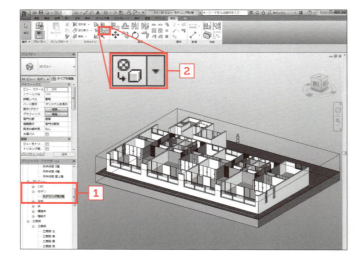

3 [マテリアルブラウザ]ダイアログが表示される。リストから[**壁構造CB(t100)**]を選択する。

▶ヒント
[マテリアルブラウザ]ダイアログで目的のマテリアルを素早く探すには、ダイアログ上部の検索ボックスに名前の一部を入力し、一致するマテリアルだけを表示するとよいでしょう。

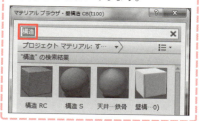

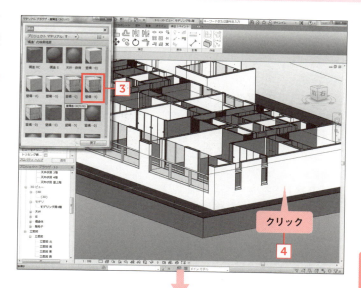

4 1階の外壁面をクリックする。図のように、タイル模様のマテリアルが適用される。

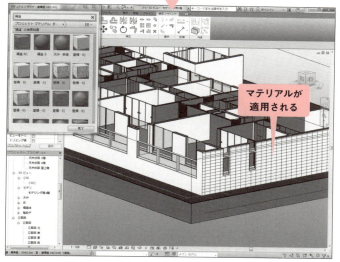

5 ビューコントロールバーの[**表示スタイル**]から[**リアリスティック**]を選択する。壁の仕上げがリアルに描画される。

6 [**マテリアルブラウザ**]ダイアログの[**完了**]をクリックして、ダイアログを閉じる。

7 ビューコントロールバーの[**表示スタイル**]から[**シェーディング**]を選択し、シェーディング表示に戻す。

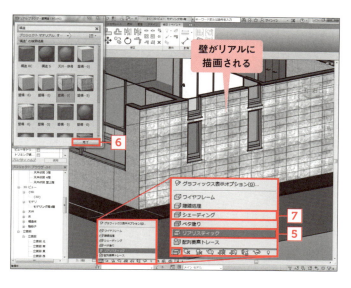

マテリアルを削除する

ペイントしたマテリアルを削除し、元に戻してみます。

1. [修正]タブ−[ジオメトリ]パネル−[ペイント]の▼をクリックし、[ペイントを削除]をクリックする。
2. 前項でペイントした面をクリックする。壁が元の状態に戻る。
3. [選択]パネル−[修正]をクリックし、コマンドを終了する。

> ▶ヒント
> ペイント機能では面ごとにマテリアルを設定できますが、変更に手間がかかります。通常は、[アセンブリを編集]ダイアログから壁、床、天井などのオブジェクトにマテリアルを設定します。この方法は **4-2-2** で説明します。

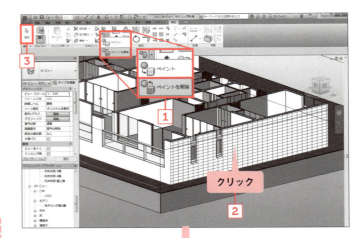

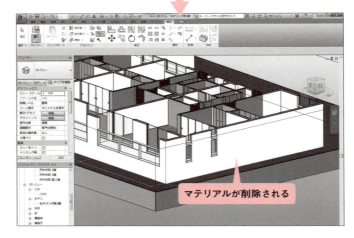

3-1-4 [マテリアルブラウザ]ダイアログの構成

マテリアルの詳しい設定は[マテリアルブラウザ]ダイアログに表示されます。[マテリアルブラウザ]ダイアログの構成を確認しましょう。

1. [管理]タブ−[設定]パネル−[マテリアル]をクリックする。
2. [マテリアルブラウザ]ダイアログの[プロジェクトマテリアル]から[コンクリート]を選択する。[コンクリート]マテリアルの設定が表示される。

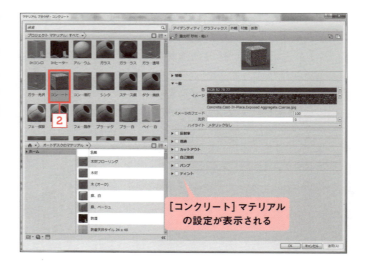

3 [マテリアルブラウザ]ダイアログで、タブによる切り替えで、マテリアルの情報が切り替わる。[アイデンティティ]タブでは、[記述情報]などの情報欄が表示される。マテリアルの名称や製品情報などの情報を適宜入力する。

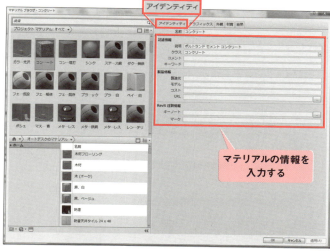

4 [マテリアルブラウザ]ダイアログで、[グラフィックス]や[外観]などのタブをクリックして選択すると、各タブごとに下のプロパティ表示が切り替わる。

▶ヒント
[コンクリート]マテリアルは、[グラフィックス]、[外観]、[材質]、[断熱]の各種タブで構成されています(詳しくは、P.168のポイントを参照)。

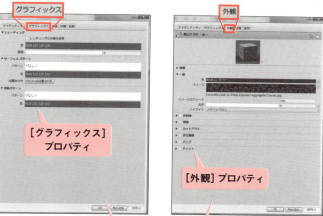

5 [マテリアルブラウザ]ダイアログの[OK]をクリックして、ダイアログを閉じる。

ポイント：[マテリアルブラウザ]ダイアログで設定できるプロパティ

Revitの[マテリアルブラウザ]ダイアログでは、[グラフィックス]や[外観]といったタブのプロパティ値を設定することで、マテリアルの詳細を決定できます。設定できるプロパティはマテリアルによって異なります。ここでは、代表的なものを簡単に紹介します。

[コンクリート]マテリアルで設定できるグラフィックスプロパティ

[グラフィックス]タブのプロパティ

シェーディング表示での色や、サーフェスパターン、平面や断面の切断パターンを設定します（例：このページの左図）。

種類	説明
シェーディング	色と透過率を設定。[レンダリングの外観を使用]にチェックを入れると、外観で設定した色情報が優先される。
サーフェスパターン	サーフェスのパターン、色、位置合わせを設定。スケールに影響する製図パターンと、スケールに影響しないモデルパターンを選択できる。
切断パターン	切断パターンと色を設定。パターンは製図パターンのみ。

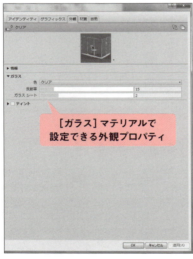

[ガラス]マテリアルで設定できる外観プロパティ

[外観]タブのプロパティ

リアリスティック表示やレンダリング時の質感を設定します（例：このページの左図）。

種類	説明
情報	名前、説明、キーワード等の一般的な情報を指定。
一般	色、イメージ、光沢やハイライトを設定。
反射率	直接光や傾斜（面が斜めのときにマテリアルが反射する光の量）を設定。
透過	透明度の量、イメージ、またイメージのフェード、屈折等を設定。
カットアウト	カットアウトするイメージを設定（イメージ形状にカットできる）。
自己照明	フィルタ色、輝度、色温度を設定。
バンプ	バンプのイメージと量を設定（仕上げ面の凹凸の設定）。
ティント	色を設定。
ガラス	色、反射率、ガラスシートを設定。
レリーフパターン	バンプの仕上げパターンに重ねるパターンのイメージと量を設定。
鏡	鏡面の色を設定。
セラミック	タイプ、色、仕上げを設定。
仕上げバンプ	仕上げバンプのタイプと量を設定。
プラスチック	タイプ、色、仕上げを設定。
壁ペイント	色、仕上げ、塗布方法を設定。
木目	木目のイメージ、ステイン色、仕上げ、用途を設定。
メタル	金属のタイプ、緑青、仕上げを設定。
水	水面のタイプと波の高さを設定。
石材	石材のイメージと仕上げを設定。
組積造	積構造のタイプ、イメージ、仕上げを設定。

3-1-5 マテリアルの作成

マテリアルを自分で作成することもできます。ここでは、Revitに用意されている木目の外観プロパティを利用して、[フローリング]マテリアルを作成します。

1. [管理]タブ-[設定]パネル-[マテリアル]をクリックする。
2. [マテリアルブラウザ]ダイアログの下部にある をクリックし、表示されたメニューから[新しいマテリアルを作成]をクリックする。
3. プロジェクトマテリアルに[既定「新規マテリアル」]という名前のマテリアルが追加され、各設定のタブが右側に表示される。

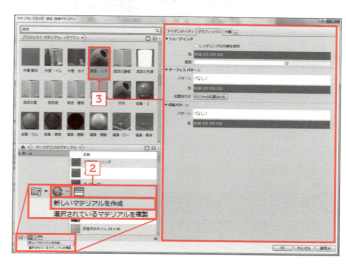

4. [アイデンティティ]タブでマテリアルの名前を「フローリング」に変更する。
5. [マテリアルブラウザ]ダイアログの下部にある をクリックする。

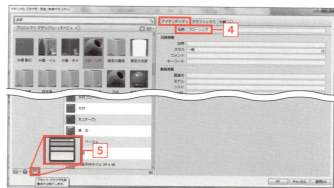

6. [アセットブラウザ]ダイアログが表示される。[ドキュメントアセット]の左側のツリーリストで[外観ライブラリ]-[フローリング]-[木]を選択する。
7. 右側のリストで[ナチュラル カエデ材-アンティーク]を選択し、 をクリックする。
8. 右上の[×]をクリックして[アセットブラウザ]ダイアログを閉じる。

9 [マテリアルブラウザ]ダイアログで、[フローリング]マテリアルの[外観]タブに[ナチュラルカエデ材-アンティーク]外観プロパティが追加されていることを確認する。

10 [適用]をクリックする。

11 [マテリアルブラウザ]ダイアログの[フローリング]マテリアルに木目のサムネイルが表示されることを確認する。

▶ヒント
ここでは新規マテリアルを作成しましたが、Revitには数多くのマテリアルが用意されているので、作成しようとするマテリアルに似たものを探し、それを複製して編集すると簡単です。

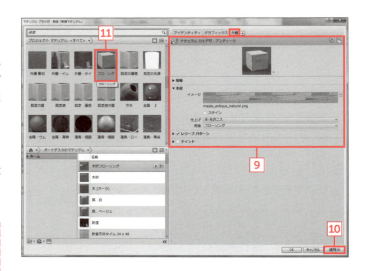

3-1-6 新規ライブラリの作成

よく使うマテリアルは独自のライブラリにまとめておくと便利です。新規ライブラリを作成し、マテリアルを登録してみましょう。

1 [マテリアルブラウザ]ダイアログの下部にある[📁▼]をクリックする。

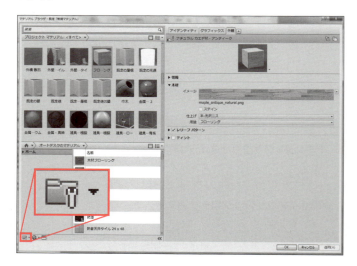

2 表示されたメニューから[新規ライブラリを作成]をクリックする。

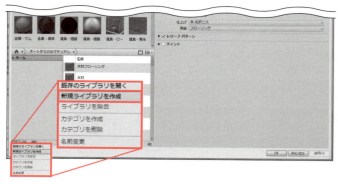

Chapter 3 プレゼンテーション

3 [ファイルを選択]ダイアログで任意の保存先を指定し、[ファイル名]に「Revitプロジェクト」と入力して、[保存]をクリックする。

4 [マテリアルブラウザ]ダイアログの左下のツリーリストで[Revitプロジェクト]ライブラリをクリックして選択する。

▶ヒント
ツリーがたたまれていた場合は、[ホーム]の▶をクリックします。

5 3-1-5で作成した[フローリング]マテリアルをツリーの右のリストにドラッグ＆ドロップする。[Revitプロジェクト]ライブラリにマテリアルが追加される。

6 [OK]をクリックして[マテリアルブラウザ]ダイアログを閉じる。

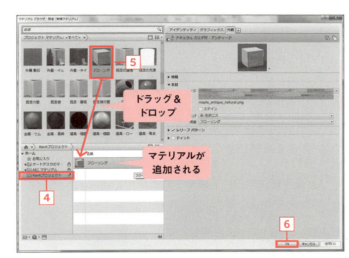

ポイント：ライブラリの利用

作成したライブラリは[マテリアルブラウザ]ダイアログに登録され、別のプロジェクトで[マテリアルブラウザ]ダイアログを開いたときにも同じように表示されます。そのため、独自のライブラリを作成し、よく使用するマテリアルを追加しておくと、さまざまなプロジェクトで同じマテリアルセットを利用できます。
[マテリアルブラウザ]ダイアログの左下にあるメニュー（P.170の手順1～2を参照）を使用すると、登録されているライブラリを削除（除去）したり、ファイルとして保存されている既存ライブラリを開いたりできます。

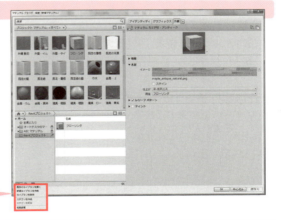

このメニューからライブラリの削除（除去）などができる

3-1 マテリアルの設定　6 新規ライブラリの作成

171

3-2 方角、場所、太陽の設定

📄 3-2.rvt

パースビューのレンダリング時に太陽と影の位置を正確に計算できるように、方角、場所、太陽の設定を行います。これらの設定は、印刷用の平面図ビューに対して行います（印刷用の平面図ビューについてはP.198を参照）。

3-2-1 北向きの設定

平面図の方位記号が北を指すように設定します。

1. 教材データに含まれている「3-2.rvt」を開く。
2. プロジェクトブラウザで[**平面図1階**]ビューに切り替える。
3. プロパティパレットのタイプセレクタで[**平面図**]が選択されていることを確認する。
4. プロパティパレットで[**向き**]を[**真北**]に設定し、[**適用**]をクリックする。

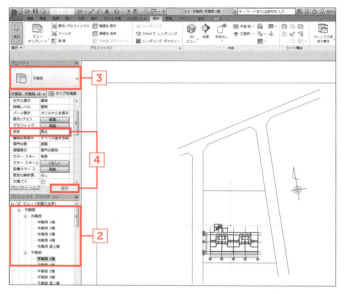

5. [**管理**]タブ−[**プロジェクトの位置**]パネル−[**位置**]−[**真北を回転**]をクリックする。

> ▶ヒント
> [**プロジェクトの位置**]パネルにあるボタンは、上から[**位置**]、[**座標**]、[**位置**]です。[**位置**]が2つありますが、ここでは下のほうをクリックします。

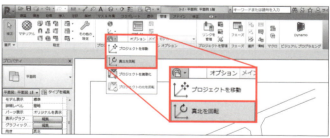

6. 画面中央に回転軸が表示される。回転軸の中心をクリックし、マウスボタンを押したまま方位記号の中心までドラッグして移動する。

> ▶ヒント
> 正確な位置にドラッグするには、ズームしたうえで×（交点のマーク）が表示されたところでドロップするとよいでしょう。

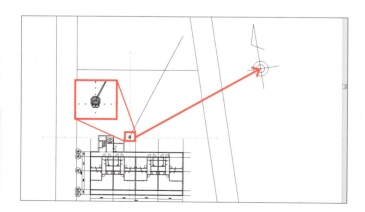

7 方位記号の北向き方向にカーソルを移動し、方位記号の先端をクリックする。

8 カーソルを方位記号の中心から上方向に移動し、垂直の回転軸が表示された位置でクリックする。

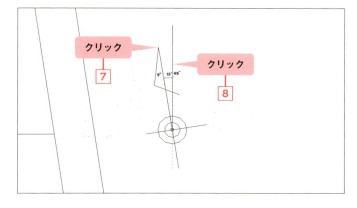

9 作図領域の表示が回転し、方位記号の北が画面の上向きになる。

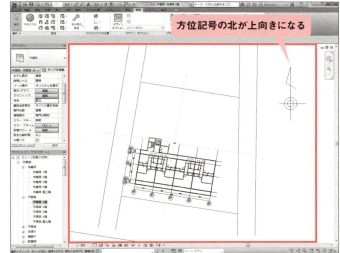

10 プロパティパレットのタイプセレクタで[**平面図**]が選択されていることを確認する。

11 プロパティパレットで[**向き**]を[**プロジェクトの北**]に設定し、[**適用**]をクリックする。作図領域が元の表示に戻る。

▶ヒント
表示は元に戻りますが、方位は正しく設定されたままです。

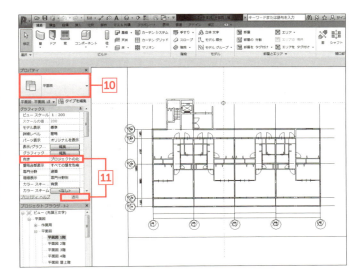

方位が正しく設定されていることを3Dビューで確認しましょう。

12 クイックアクセスツールバーで[**既定の3Dビュー**]をクリックする。

13 ビューキューブの[**上**]をクリックする。コンパスの[**北**]の位置が画面の真上ではなく、方位記号の北の方向に合っていることを確認する。

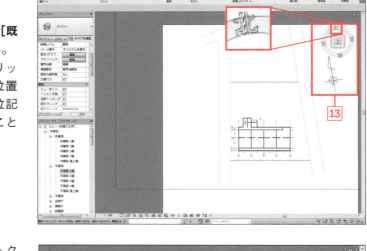

14 ビューキューブを右クリックし、[**ビューで方向指定**]−[**平面図**]−[**平面図：配置図−真北**]をクリックする。方位記号が画面の真上を指すように作図領域の表示が回転する。

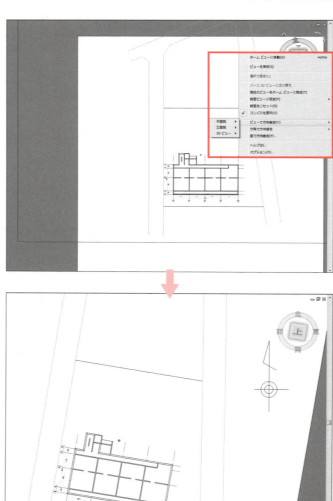

3-2-2 場所と太陽の設定

プロジェクトの地理的な場所を指定し、太陽の設定を行うと、レンダリング時に日照と影の向きを適切に描画できます。

地理的な場所を設定する

1　[管理]タブ－[プロジェクトの位置]パネル－[位置]をクリックする。

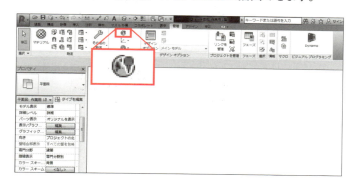

> ▶ヒント
> [プロジェクトの位置]パネルにあるボタンは、上から[位置]、[座標]、[位置]です。[位置]が2つありますが、ここでは上のほうをクリックします。

2　[位置、気象および敷地]ダイアログの[位置]タブで、プロジェクトの位置を指定する。

A インターネットに接続されている場合
① [位置の定義の基準]で[インターネットマッピングサービス]を選択。
② [計画地の住所]に住所を入力して[検索]をクリック。
③ 画面上に正しい場所が表示されていることを確認(複数の候補地が表示された場合は、その中からプロジェクトの場所を選択)。
④ [OK]をクリックしてダイアログを閉じる。

A インターネットに接続されている場合

B インターネットに接続されていない場合
① [位置の定義の基準]で[既定の都市リスト]を選択。
② [都市]からプロジェクトの場所(ここでは[日本、東京])を選択。
③ [OK]をクリックしてダイアログを閉じる。

B インターネットに接続されていない場合

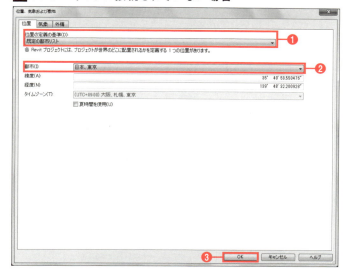

太陽を設定する

1. [管理]タブー[設定]パネルー[その他の設定]ー[太陽の設定]をクリックする。

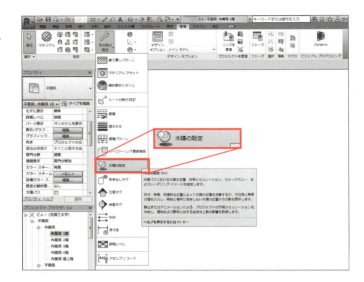

2. [太陽の設定]ダイアログが表示される。必要な設定を行い、[OK]をクリックする。

> ▶ヒント
> 3-3で実際に[太陽の設定]ダイアログを使って太陽の設定を行います。設定できるオプションについては、下記のポイントを参照してください。

ポイント：[太陽の設定]ダイアログ

レンダリングで使用する太陽の高度や角度、日時などを設定できます。[日照シミュレーション]で[静止]、[1日]、[複数日]、[位置指定]のどれを選択するかで、設定できるオプションが変わります。

[日照シミュレーション]の設定	説明
静止	通常の静止画で利用する場合の設定。[位置、気象および敷地]ダイアログ(P.175を参照)の[位置の定義の基準]で指定した位置が場所として使用される。日付と時間を設定することで、正確な日影を得ることができる。太陽の方向を認識しているので、ビューの向きに対して影の位置も変更される。クラウドレンダリング時にも有効。
1日	場所と時間間隔を指定することで、1日の太陽の動きのシミュレーションが可能。 ※ただし、Revit LTではシミュレーション機能が無効。
複数日	場所と時間間隔を指定することで、複数日での太陽の動きのシミュレーションが可能。 ※ただし、Revit LTではシミュレーション機能が無効。
位置指定	Revitの初期設定。太陽の方位角と高度を設定。常に同じ位置から光が当たるので、ビューの向きに対して、影の位置は常に同じ方向になる。

[静止]を選択した場合のオプション

3-3 パースビューの作成

📄 3-3.rvt

Revitで静止画のパース(パースビュー)をレンダリングするには、カメラを設定します。

3-3-1 カメラの設定

レンダリングするパースビューの視点の位置にカメラを配置します。ここでは南東から建物モデルを見る角度で配置します。

カメラを配置する

1. 教材データに含まれている「3-3.rvt」を開く。
2. プロジェクトブラウザで[**平面図 1階**]ビューに切り替える。
3. [**表示**]タブ−[**作成**]パネル−[**3Dビュー**]−[**カメラ**]をクリックする。

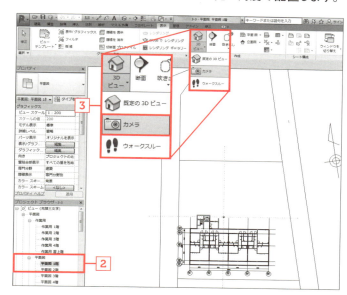

4. 図の❶❷の順にクリックする。❶がカメラの視点(設置場所)、❷がカメラの注視点になる。

▶ヒント
カメラは視点から注視点を見るように配置されます。カメラの設置に関する各種設定はオプションバーで指定できます(下記ポイントを参照)。

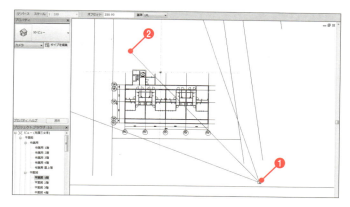

ポイント：カメラのオプションバー

カメラのオプションバーでは次の設定ができます。

オプション	説明
パース	チェックを入れると透視投影になり(初期設定)、チェックを外すと平行投影になる。
スケール	[パース]のチェックを外すと有効になる。立面図や断面図をレンダリングするときのスケールを指定する。
オフセット	基準レベル(フロア)からの高さ(目線の位置)を指定する。
基準	カメラを設置する基準レベル(フロア)を指定する。

☑ パース　スケール: 1 : 100　オフセット: 250.00　基準 1FL

177

5 プロジェクトブラウザの[**3D ビュー**]の下層に[**3Dビュー1**]ビューが作成され、作図領域にパースビューが表示される。

6 プロジェクトブラウザで[**3Dビュー1**]を右クリックし、コンテキストメニューから[**名前変更**]をクリックする。

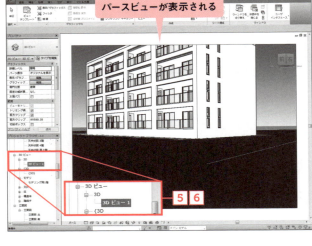

7 [**ビューを名前変更**]ダイアログで[**名前**]に「**パース1**」と入力し、[**OK**]をクリックする。ビューの名前が変更される。

カメラのアングルを調整する

建物モデルの上方がパースビューに収まっていないので、カメラの角度を調整します。パースビューを見ながら調整したいため、パースビューと、カメラを配置した平面図ビューとを並べて表示します。

1 [**表示**]タブ-[**ウィンドウ**]パネル-[**ウィンドウを並べて表示**]をクリックする。[**パース1**]ビューと[**平面図1階**]ビューが左右に並んで表示される。

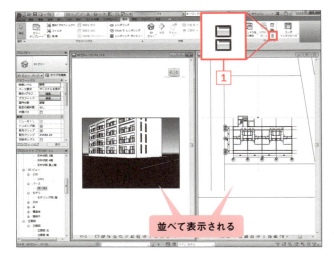

2 [**パース1**]ビューでカメラのトリミング枠をクリックして選択する。[**平面図1階**]ビューにカメラが表示される。

> ▶ヒント
> プロジェクトブラウザでいずれかのビュー名を右クリックし、[**カメラを表示**]を選択してもカメラが表示されます。

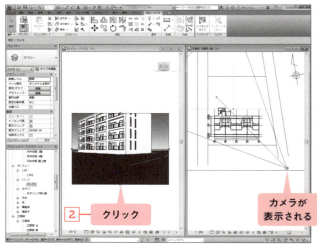

Chapter 3 プレゼンテーション

3 プロパティパレットのタイプセレクタで[**3Dビュー**]が選択されていることを確認する。

4 プロパティパレットで[**目の高さ**]と[**対象の高さ**]に「**1650**」と入力し、[**適用**]をクリックする。[**パース1**]ビューの表示が少し変化することを確認する。

▶ヒント
[**目の高さ**]と[**対象の高さ**]を変更することで、視点と注視点の高さを変更できます。

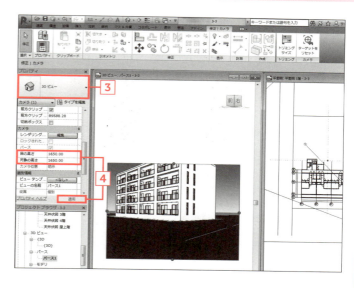

5 [**平面図1階**]ビューに表示されるカメラのコントロールをドラッグして、カメラに表示される奥行きを調整する。

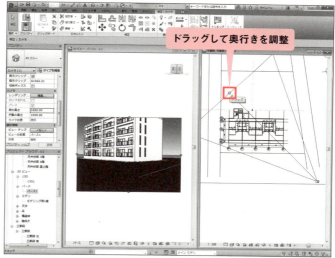

出力したい画像の大きさに合わせて、カメラのトリミング枠の幅と高さを設定します。

6 [**パース1**]ビューのトリミング枠か、[**平面図1階**]ビューのカメラをクリックして選択する。

7 [**修正|カメラ**]タブー[**トリミング**]パネルー[**トリミングサイズ**]をクリックする。

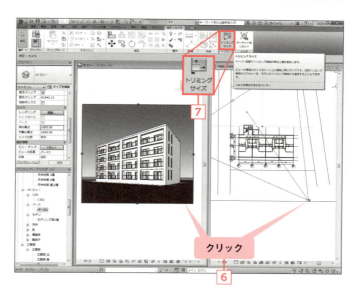

3-3 パースビューの作成　1　カメラの設定

179

8 [トリミング領域のサイズ]ダイアログで出力時の画像の大きさ（A3サイズの場合は横420、縦297）を入力し、[OK]をクリックする。

▶ヒント
一般的に、トリミングサイズ＝出力サイズとするのがよいでしょう。[トリミング領域のサイズ]ダイアログで[変更]の[ビュー範囲]を選択すると、建物の大きさは現状のままで、トリミング枠の範囲（周辺）が広がり（狭まり）ます。[スケール(比率を固定)]を選択すると、トリミング枠の範囲はそのままで、全体のサイズが変更されます。

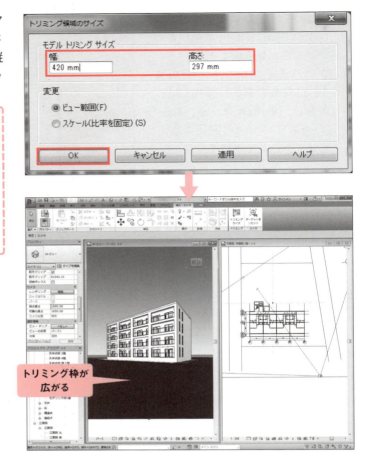

3-3-2 グラフィックス表示オプションの設定

3Dビューの表現をより豊かにするために、グラフィックス表示オプションを設定して背景や影の付け方を変更します。

1 [パース1]ビューの右上の最大化ボタンをクリックして、表示を最大化する。

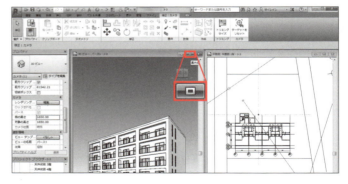

2 ビューコントロールバーの[表示スタイル]から[グラフィックス表示オプション]を選択する。

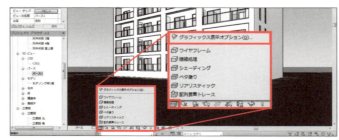

Chapter 3 プレゼンテーション

3 [グラフィックス表示オプション]ダイアログが表示される。[モデルを表示]の[スタイル]が[シェーディング]であることを確認する。

▶ヒント
[グラフィックス表示オプション]ダイアログでは、[モデルを表示]、[影]、[スケッチ風の線]、[デプスキューイング]、[日照]、[フォトグラフィック露出]、[背景]の設定ができます。項目横の▶をクリックすると詳細オプションが表示されます。詳しくはP.182のポイントを参照してください。

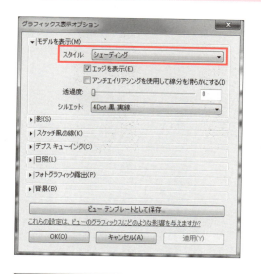

[グラフィックス表示オプション]ダイアログのオプションを試してみましょう。

4 [スタイル]を[リアリスティック]に変更して[適用]をクリックする。ビューがリアリスティック表示で描画される。

▶ヒント
[適用]をクリックすると、[グラフィックス表示オプション]ダイアログを閉じずに、設定の効果を確認できます。

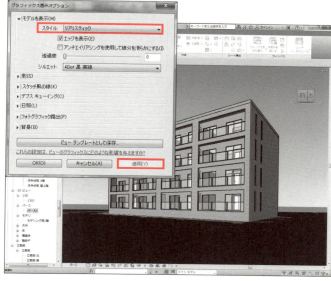

5 [スタイル]を[シェーディング]に戻す。[影]の▶をクリックして展開し、[影付け]にチェックを入れて[適用]をクリックする。ビューが影付きのシェーディング表示で描画される。

3-3 パースビューの作成　2 グラフィックス表示オプションの設定

181

ポイント：[グラフィックス表示オプション]ダイアログのオプション

[グラフィックス表示オプション]ダイアログでは次のようなオプションを設定できます。ダイアログ下部の[ビューテンプレートとして保存]をクリックすると、設定内容をテンプレートとして保存できます。保存した設定は、プロパティパレットの[ビューテンプレート]から選択できます。

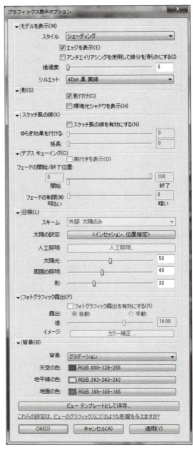

設定		説明
モデルを表示	スタイル	描画スタイルを選択できる。 ・[ワイヤフレーム] 線分とエッジのみ表示。 ・[陰線処理] 面によって陰線処理された表示とエッジ表示。 ・[シェーディング] 間接光や周囲光の状態を表示。 ・[ベタ塗り] 一定の色（同じマテリアルは同じ色）で表示。 ・[リアリスティック] マテリアルの外観で設定したマテリアルを表示。
	アンチエイリアシングを使用して線分を滑らかにする	ビューでの線分の品質を改善し、エッジ表示をより滑らかにするかどうかを指定。 ※このオプションの使用時に最良のパフォーマンスを得るには、[オプション]ダイアログの[グラフィックス]タブでハードウェアアクセラレーションを有効にする。
	透過度	表示全体の透明度を調整できる。
	シルエット	エッジ表示に使用する線種と線分を選択できる。
影	影付け	太陽の設定に基づき影を付けるかどうかを指定。
	環境光シャドウを表示	環境光シャドウ（散光）により擬似的に陰影を表示するかどうかを指定。
スケッチ風の線	スケッチ風の線を有効にする	現在のビューでスケッチ風の線をオンにするかどうかを指定。
	ゆらぎ効果を付ける	スケッチ風の線分の度合いを指定。
	延長	モデル線分の終端が、線分の交点をどの程度越えて延長するかを指定。
デプスキューイング	奥行きを表示	現在のビューでデプスキューイング（立面図と断面図の奥行き感を視覚的に確認できるようにするための機能）をオンにする。
	フェードの開始/終了位置	2つのスライダ（[開始]コントロールと[終了]コントロール）を移動して、グラデーション効果の境界を指定する。
	フェードの制限	終了位置の要素の輝度を指定するには、[フェードの制限]スライダを移動する。
日照	スキーム	スタイルの設定がリアリスティックモードのときに利用。太陽光や、人工照明の組み合わせを選択できる。
	太陽の設定	定義済みの設定から選択できる。
	人工照明	スキームで人工照明の選択時に利用可能。照明器具の設置時にON、OFF等の設定変更ができる。
	太陽光	太陽光の強度を設定。
	周囲の照明	散光の強度を設定。立面図や断面図でも利用可。
	影	影付けを有効にしたときに、影の暗さを設定。
フォトグラフィック露出		自動露出と、手動の設定を切り替えることができる。また、カラーによる設定変更も可能。
背景	背景	背景のタイプを選択できる。 ・[天空] 天空に太陽光の設定を反映し、地面の色のみ指定する。 ・[グラデーション] 天空、地平線、地面の色を指定してグラデーションを作成する。 ・[イメージ] 背景のイメージ写真を選択する。

太陽光の設定をしてみましょう。

6 [**日照**]の▶をクリックして展開し、[**太陽の設定**]の右にあるボタンをクリックする。

7 [**太陽の設定**]ダイアログの[**日照シミュレーション**]で[**静止**]を選択し、[**プリセット**]から[**冬至**]を選択して、[**OK**]をクリックする。冬至の太陽の角度が計算され、それに基づいて影が適用される。

8 [**OK**]をクリックして[**グラフィックス表示オプション**]ダイアログを閉じる。

冬至の太陽の角度が反映される

▶ヒント

[**グラフィックス表示オプション**]ダイアログの[**位置指定**]と[**背景**]を使用して、例えば夕景のビューを作成できます。次のように設定します。

❶ 上記の手順**7**で[**日照シミュレーション**]から[**位置指定**]を選択する。
❷ [**プリセット**]から[**南西45°からの太陽光**]を選択する。
❸ [**OK**]をクリックして[**グラフィックス表示オプション**]ダイアログに戻る。
❹ [**背景**]で[**グラデーション**]を選択する。
❺ [**天空の色**]をオレンジ系の色に設定する。
❻ [**適用**]をクリックしてビューを確認する。

3-3-3 ビューの書き出し

作成したビューを画像として書き出すことができます。ここではJPEG形式の画像として書き出します。

1. ビューコントロールバーの[**表示スタイル**]から[**リアリスティック**]を選択する。

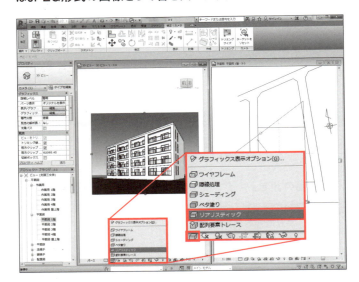

2. アプリケーションメニューから[**書き出し**]−[**イメージおよびアニメーション**]−[**イメージ**]をクリックする。

3. [**イメージを書き出し**]ダイアログが表示される。[**書き出し範囲**]で[**現在のウィンドウ**]を選択し、[**イメージサイズ**]を[**フィット**]、[**形式**]を[**JPEG（高画質）**]とする。[**名前**]に出力先を指定し、[**OK**]をクリックする。

▶ヒント
[**書き出し範囲**]で[**選択されたビュー/シート**]を選択し、[**選択**]をクリックすると、書き出すビューを選択できます（複数選択可）。

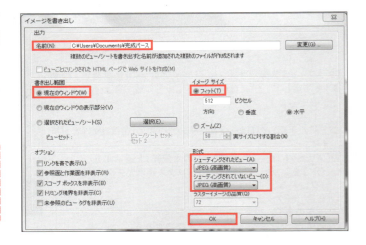

Chapter 3 プレゼンテーション

3-4 クラウドレンダリング

📄 3-4.rvt

「Autodesk 360 Rendering」というクラウドサービスを使用して、高品質のレンダリングを行うことができます。このサービスを利用するには**Autodeskアカウント**が必要です。

※ここで紹介するWebページのURL、画面、操作手順、Autodeskアカウントの作成方法などは、2016年10月現在のものです。予告なく変更になる場合がありますが、当社、著作権者、オートデスク社は一切の責任を負いません。予めご了承ください。
また、ここではAutodesk 360 Renderingを使ったレンダリング処理についてのみ説明します。それ以外のAutodesk 360の各種サービスの利用方法などは解説しません。Autodesk 360の詳細については、オートデスク社までお問い合わせください。

3-4-1 Autodeskアカウントの作成

まずAutodeskアカウントを作成します。すでにアカウントを持っている場合は、**3-4-2**に進んでください。

1. WebブラウザでAutodeskサインインのサイトにアクセスする。
   https://accounts.autodesk.com/
2. [**アカウントを作成**]をクリックする。
3. 画面の指示に従って、メールアドレスなど必要事項を記入し、Web上での手続きを完了する。

4. 登録したメールアドレスにAutodeskアカウントの確認メールが届く。メール内の指示に従ってリンクをクリックし、登録完了する。
5. 登録完了すると、Revitの[**Cloudでレンダリング**]機能を使ってレンダリングすることができる。

> ▶ヒント
> 図は2016年10月現在の画面表示です。表示内容は変更される可能性があります。

ポイント：クラウドレンダリングの利点

クラウドレンダリングとは、Revitで作成したビューを、インターネット経由でAutodesk 360 Renderingというクラウドサービスに送信し、オンラインでレンダリングすることです。クラウドレンダリングの利点は、高性能なグラフィック処理環境を自前で用意しなくても、オンラインのリソースを利用して、リアルな画像を生成できることです。また、処理速度が速く、レンダリングと並行して設計作業を進められるので、制作時間の大幅な短縮が期待できます。さらに、最新のレンダリング結果をクラウド経由でオーナーや関係者に提供できます。最新のリアルな画像（可視化情報）を伝えることで、より具体的なイメージを共有しながら設計を進めることができます。

6 [表示]タブー[グラフィックス]パネルー[Cloudでレンダリング]をクリックする。

7 Autodeskサインインのダイアログが表示される。作成したアカウントでサインインする。

8 サインインが完了すると、クラウドレンダリングができる状態になる。

▶ヒント
画面右上のアカウント名の横にある▼をクリックし、[アカウント詳細]を選択すると、アカウントの設定変更ができます。サインアウトするには、同じメニューから[サインアウト]を選択します。

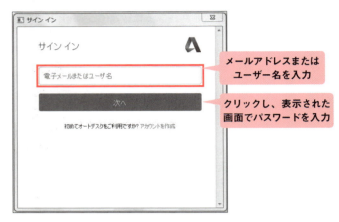

メールアドレスまたはユーザー名を入力

クリックし、表示された画面でパスワードを入力

ポイント：Autodesk 360のクラウドクレジット

Autodesk 360で高画質のクラウドレンダリングを実行するには、「**クラウドクレジット**」が必要です。クラウドクレジットとは、Autodesk 360で行うタスクの費用を示す単位です。実行するタスクが複雑になるほど、必要なクラウドクレジットが多くなります。クラウドクレジットの詳細や入手方法については、販売店にお問い合わせいただくか、オートデスク社のWebサイト（www.autodesk.co.jp）をご覧ください。

3-4-2 クラウドレンダリングの実行

3-3-1で作成した[パース1]ビューのクラウドレンダリングを実行してみます。

1 教材データに含まれている「3-4.rvt」を開く。

2 プロジェクトブラウザで[パース1]ビューに切り替える。

▶ヒント
図では表示スタイルが[陰線処理]になっています。

3 [表示]タブー[グラフィックス]パネルー[Cloudでレンダリング]をクリックする。

4 サインイン画面が表示された場合は、サインインする。

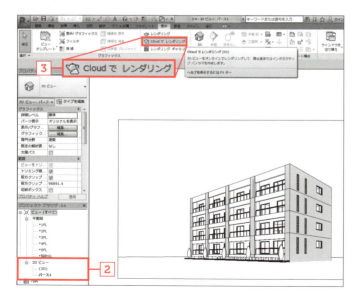

5 ［**Cloud**でレンダリング］ダイアログの概要説明が表示される場合は、［**続行**］をクリックする。

▶ヒント
［今後このメッセージを表示しない］にチェックを入れると、以降、概要説明は表示されなくなります。

6 ［**Cloud**でレンダリング］ダイアログの設定が表示される。次の設定をする。
❶ ［**3Dビュー**］で［**パース1**］を選択。
❷ ［**出力タイプ**］で［**静止イメージ**］を選択。
❸ ［**レンダリング品質**］で［**標準**］を選択。
❹ ［**イメージサイズ**］で［**中（1メガピクセル）**］を選択（このサイズがないときは近いサイズを選択）。
❺ ［**露出**］で［**アドバンスド**］を選択。
❻ ［**ファイル形式**］で［**PNG（ロスレス）**］を選択。
❼ ［**完了したら私に電子メールで通知する**］にチェックを入れる。

7 ［**レンダリング開始**］をクリックする。レンダリングが開始される。

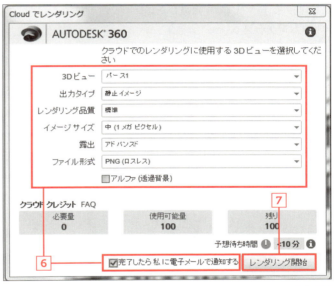

▶ヒント
［**Cloud**でレンダリング］ダイアログに、レンダリングに必要なクラウドクレジットの数が表示されています。クラウドクレジットの詳細については、販売店またはオートデスク社にお問い合わせください。

ポイント：[Cloudでレンダリング]ダイアログの設定

[Cloudでレンダリング]ダイアログでは、クラウドレンダリングのためのオプションを設定します。表の設定ができます。

設定	説明
3Dビュー	レンダリングするビューを選択する。
出力タイプ	静止画を出力する際は[静止イメージ]、360度の画像を作成する場合は[パノラマ]、バーチャルリアリティゴーグル用の画像を作成する場合は[ステレオパノラマ]を選択する。
レンダリング品質	標準と最高の選択ができる。
イメージサイズ	レンダリング結果のイメージサイズを選択する。A4サイズ出力では[大]、A3サイズ出力では[最大]がたえられる画質サイズ。
露出	初期設定の正しい光源状態をシミュレートする場合は[アドバンスド]、Revitの露出コントロール設定を使用する場合は[ネイティブ]を選択する。
ファイル形式	[PNG(ロスレス)]、[JPEG(高画質)]、[TIFF(非圧縮)]から選択する。
アルファ(透過背景)	チェックを入れておくと、背景画像が透明になる。
完了したら私に電子メールで通知する	チェックを入れておくと、レンダリング完了後に、アカウントに登録したメールアドレスに通知が届く。

8 レンダリングが完了すると、情報センターのメニューに[完成したレンダリングを見る]という項目が表示される。[完成したレンダリングを見る]をクリックする。

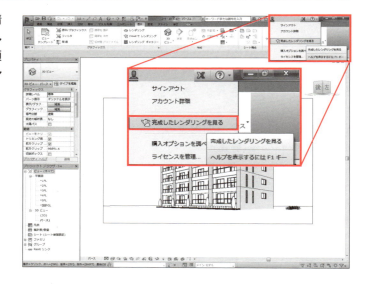

9 WebブラウザにAutodesk 360のページが表示され、レンダリング結果のサムネイルが表示される。サムネイルにカーソルを合わせると、手順6で設定した内容が表示される。

▶ヒント
未サインイン状態で英語のページが表示された場合は、右上の[SIGN IN]をクリックしてサインインしてください。[サービス利用規約]ウィンドウが表示され、Autodesk Online Galleryサービス利用規約に同意することを求められたら、規約を確認のうえ同意のチェックボックスにチェックを入れ、[続行]をクリックします。

10 サムネイルをクリックする。画像が拡大表示される。

Chapter 3 プレゼンテーション

11 拡大表示された画像上を右クリックし、[**イメージをダウンロード**]を選択する。
12 Webブラウザでレンダリング結果の画像をダウンロードする。

> ▶ヒント
> 図は、木を配置し、マテリアルを設定して完成度を高めた3Dビューのレンダリング結果です。マテリアルの設定についてはP.162を参照してください。

ポイント：Autodesk 360のレンダリング結果のコンテキストメニュー

Autodesk 360でクラウドレンダリングした結果を右クリックして表示されるコンテキストメニューには、次の項目が表示されます。

メニュー	説明
パノラマとしてレンダリング	360度のレンダリングを実行する（**3-5**を参照）。
露出を調整	選択すると右図のような設定パネルが表示され、露出を調整して再レンダリングできる。
イメージをダウンロード	レンダリング結果のイメージをダウンロードできる。
イメージを削除	レンダリング結果をAutodesk 360から削除する。一度削除すると復元できないので注意が必要。

3-4 クラウドレンダリング 2 クラウドレンダリングの実行

189

3-5 家具を配置したショットパースの作成

📄 3-5.rvt

部屋に家具類を配置することで、よりリアリティのある空間を演出できます。また、設定後にクラウドレンダリングを実行することで、高画質のショットパース（完成予想図）を作成できます。

3-5-1 家具の配置

Chapter 2のエレベータと同様に、キャビネットとテレビのファミリを読み込んで、部屋に配置します。

1. 教材データに含まれている「**3-5.rvt**」を開く。
2. プロジェクトブラウザで[**平面図 1階**]ビューに切り替える。
3. [**建築**]タブ－[**ビルド**]パネル－[**コンポーネント**]－[**コンポーネントを配置**]をクリックする。

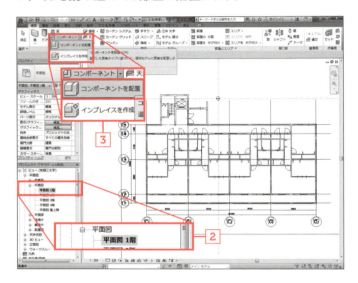

キャビネットを配置します。

4. P.70の手順**3～5**と同様にして、下記フォルダにある[**キャビネット1**]ファミリをロードする。
   フォルダ：
   Japan¥家具¥キャビネット

5. スペースキーを何回か押して図のような向きにし、左端の住戸の左下の部屋に配置する（2つの嵌殺し窓の中間に配置する）。

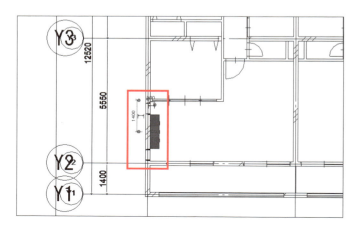

Chapter 3 プレゼンテーション

テレビを配置します。

6 P.70の手順**3**〜**5**と同様にして、下記フォルダにある[**TV-フラットスクリーン**]ファミリをロードする。
フォルダ：
Japan¥家電、機械¥住宅系

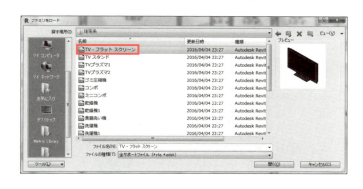

7 プロパティパレットで[**オフセット**]に「**530**」と入力し、[**適用**]をクリックする。
8 スペースキーを押して図のような向きにし、キャビネットの上に配置する。

▶ヒント
キャビネットの上にテレビを置くので、手順**7**でキャビネットの高さ「**530**」を[**オフセット**]に指定しています。

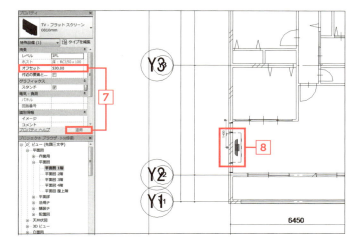

3-5-2 カメラの設定

キャビネットとテレビを配置した部屋のショットパースを作成するために、部屋の中にカメラを設定します。

1 [**表示**]タブ−[**作成**]パネル−[**3Dビュー**]−[**カメラ**]をクリックする。

2 オプションバーの[**オフセット**]に「**1650**」と入力し、カメラの高さを設定する。
3 図の❶❷を順にクリックしてカメラを配置する。

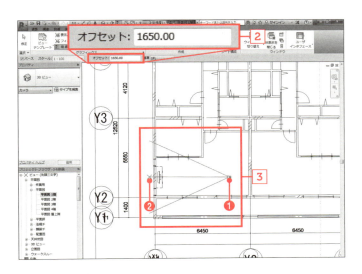

4 作図領域にカメラビューが表示され、プロジェクトブラウザの[3Dビュー]の下層に[3Dビュー1]が作成される。

5 P.178の手順6～7と同様にして、プロジェクトブラウザでビューの名前を「3Dビュー1」から「1階リビング」に変更する。

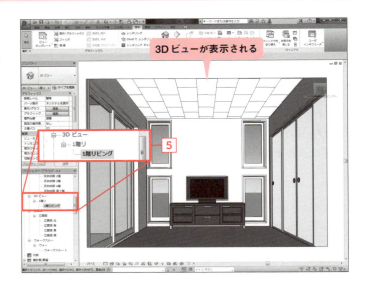

3-5-3 レンダリング

室内のショットパースをクラウドレンダリングします。ここでは360度のパノラマレンダリングを試してみます。

1 [表示]タブ－[グラフィックス]パネル－[Cloudでレンダリング]をクリックする。

2 [Cloudでレンダリング]ダイアログで次の設定をする。
❶ [3Dビュー]で[1階リビング]を選択。
❷ [出力タイプ]で[静止イメージ]を選択。
❸ [レンダリング品質]で[標準]を選択。
❹ [イメージサイズ]で[中(1メガピクセル)]を選択。
❺ [露出]で[アドバンスド]を選択。
❻ [ファイル形式]で[PNG(ロスレス)]を選択。
❼ [完了したら私に電子メールで通知する]にチェックを入れる。

3 [レンダリング開始]をクリックする。

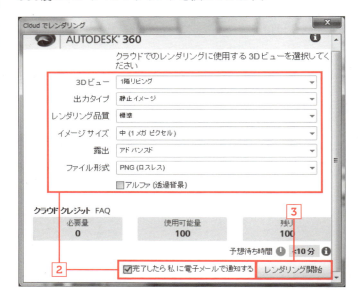

Chapter 3 プレゼンテーション

4 レンダリングが完了したら、情報バーから[**完成したレンダリングを見る**]を選択して結果を確認する。

> ▶ヒント
> [**表示**]タブ-[**グラフィックス**]パネル-[**レンダリングギャラリー**]をクリックしても確認できます。

5 レンダリング結果をクリックして拡大表示し、右クリックして[**パノラマとしてレンダリング**]をクリックする。

6 [**レンダリング設定**]ダイアログが表示される。[**レンダリング開始**]をクリックすると、パノラマレンダリングが実行される。

> ▶ヒント
> パノラマレンダリングには、やや時間がかかります。レンダリングの進行状況は、サムネイルの下の進捗バーで確認できます。

7 パノラマレンダリングが完了する。画像をドラッグすることで、室内を360度見回すことができる。

> ▶ヒント
> 図は床や壁にマテリアルを適用し、家具や照明器具を追加したビューをレンダリングした結果です。これらのコンポーネントを追加することで、より本物らしいレンダリング結果が得られます。

193

3-6 3Dビューを利用した外観パースの作成

📄 3-4.rvt

3Dビューを利用して、外観パースを作成しましょう。カメラ設定で作成した、「パース1」を使ってレンダリングします。

外観パースを作成する

1. 教材データに含まれている「**3-4.rvt**」を開く。
2. プロジェクトブラウザから[**パース1**]ビューを表示する。
3. [**表示**]タブ―[**グラフィックス**]パネル―[**レンダリング**]をクリックする。

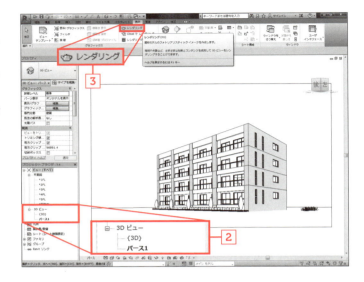

4. [**レンダリング**]ダイアログが表示される。[**品質**]の[**設定**]を[**中**]にする。

▶ヒント
[**品質**]の設定を上げるほど、光はより拡散されて明るくなり、影はシャープになります。ただし、レンダリングの時間は長くなります。
また印刷が前提のときは、[**出力設定**]の[**解像度**]で[**プリンタ**]を選択します。

5. [**照明**]の[**スキーム**]を[**外部：太陽のみ**]に設定し、[**太陽の設定**]を[**北東45度からの太陽光**]に設定する（[**太陽の設定**]についてはP.195のポイントを参照）。
6. [**背景**]の[**スタイル**]を[**天空：曇りなし**]に設定する。

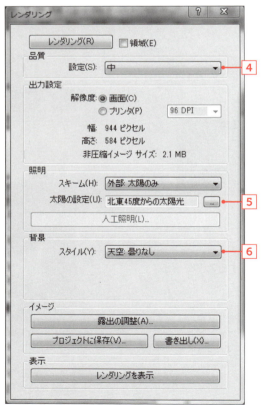

ポイント：［太陽の設定］のプリセット

［レンダリング］ダイアログで［太陽の設定］の右端にある［...］をクリックすると［太陽の設定］ダイアログが表示され、［北東45度からの太陽光］などのプリセットを選択できます。［太陽の設定］については、P.176のポイントも参考にしてください。

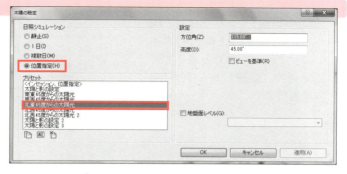

7 ［レンダリング］ダイアログの［レンダリング］ボタンをクリックすると、レンダリングが開始される。

▶ヒント
［レンダリング］ボタンの横にある［領域］にチェックを入れると、部分レンダリングも可能です。部分レンダリングでは、レンダリング処理したい領域を囲むことで必要な部分のみをレンダリングすることができます。

8 レンダリングが完了したら、［イメージ］の［プロジェクトに保存］をクリックする。

▶ヒント
［イメージ］の［書き出し］をクリックして、BMP、JPEG、TIFF、PNG形式で書き出すこともできます。

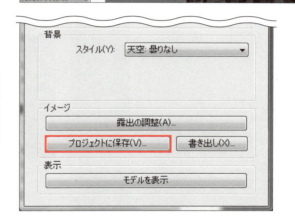

9 ［プロジェクトに保存］ダイアログで［名前］に「パース1」と入力し、［OK］をクリックする。

10 プロジェクトブラウザに［レンダリング］が追加され、保存される。

11 レンダリング後に[**イメージ**]の[**露出の調整**]をクリックし、表示される[**露出コントロール**]ダイアログで明るさや影の濃さを変更できる。変更したら手順**7**を再度実行する。

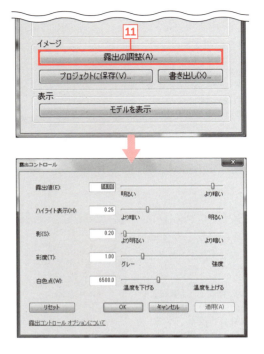

12 外観パースが完成する。

ポイント：レンダリング品質のカスタム設定

[**レンダリング**]ダイアログ（P.194参照）の[**品質**]の[**設定**]で[**編集**]を選択すると、[**レンダリング品質設定**]ダイアログ（図）が表示され、カスタム設定が可能になります。カスタム設定は、レンダリング時間を基準にしたり、品質を重視したりしてレンダリングを行うなどの設定が可能です。

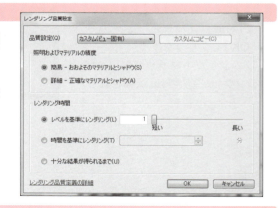

Chapter 4
図面作成

基本設計モデルを基に、さまざまな図面を作成します。AutoCADで使用していたシンボル等の部品をRevitで流用し、図面の詳細を仕上げた後で、A2サイズで印刷できる1/100および1/50の図面を作成します。

4-1 **1階平面図の作成**
印刷用の平面図ビューの設定／部品の挿入
／平面図の作成

4-2 **住戸平面図の作成**
住戸平面図の作成／壁の詳細の書き込み／
詳細線分と寸法・文字記入／2Dシンボルの
配置と集計表

4-3 **専有・共有面積図の作成**
専有・共有設定の仕上げ／壁仕上げの修正／
専有・共有面積図の作成

4-4 **断面図の作成**
断面線の作図／断面図の作成

4-1 1階平面図の作成

📄 4-1-1.rvt〜4-1-3.rvt

Chapter 2で作成したモデルを利用して、新しいシートに1階平面図（A2サイズ 1/100）を作成します。Chapter 2の復習も交えながら部品挿入、寸法、文字の書き込みを行い、図面作成と印刷の流れを確認しましょう。

4-1-1 印刷用の平面図ビューの設定

テンプレートに定義されている印刷用の平面図ビューを使用して、印刷用の設定を行います。　📄 4-1-1.rvt

本書で使用しているテンプレートには、モデリングで使用する[**作業用○階**]ビューと、印刷用の[**平面図○階**]ビューがあらかじめ用意されています。ここでは[**平面図1階**]ビューを使用して印刷用の設定を行います。

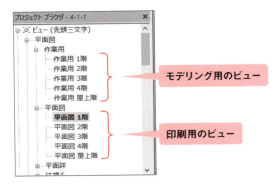

表示の違いを確認する

[**作業用1階**]ビューと[**平面図1階**]ビューの表示の違いを確認します。

1. 教材データに含まれている「4-1-1.rvt」を開く（または、Chapter 2の続きから作業する）。
2. プロジェクトブラウザで[**作業用1階**]ビューに切り替える。室名や面積などの文字が表示されることを確認する。
3. プロジェクトブラウザで[**平面図1階**]ビューに切り替える。文字が表示されないことを確認する。

▶ヒント
図では、比較しやすいように[**平面図1階**]ビューと[**作業用1階**]ビューを並べて表示しています。並べて表示するには[**表示**]タブ→[**ウィンドウ**]パネル→[**ウィンドウを並べて表示**]をクリックします。

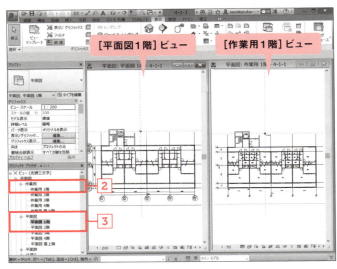

ポイント：3D／2Dデータとビュー

Revitで作成した3Dデータはすべてのビューに共通で表示されますが、2Dデータはビューごとに保存されます。文字は2Dデータであり、Chapter 2ではこれらを[**作業用1階**]ビューに記入したので、[**平面図1階**]ビューには表示されません（寸法も同様の扱いになります）。一方、建物のモデルは3Dデータなので、すべてのビューに表示されます。

本書では、この特性を利用して、印刷用の図面を専用のビューに作成していきます。用途の異なる印刷用図面を作成するときは、ビューをコピーして増やすことができます。

下書きを非表示にする

Chapter 2で下書きとして使用した敷地図は2Dデータですが、P.40の下の手順2で挿入するときに[**現在のビューのみ**]のチェックを外していたので、すべてのビューに表示されています。しかし、印刷用の平面図([**平面図1階**]ビュー)には敷地図を含めたくないので、非表示にします。

1 [**表示**]タブ-[**グラフィックス**]パネル-[**表示/グラフィックス**]をクリックする。

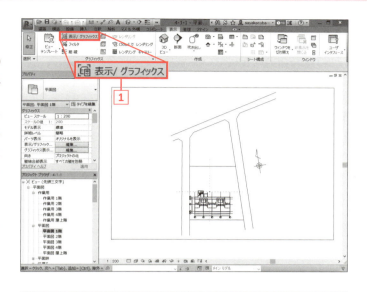

2 [**表示/グラフィックスの上書き**]ダイアログが表示される。[**読み込みカテゴリ**]タブをクリックする。

3 [**2Dデータ.dwg**]のチェックを外し、[**OK**]をクリックする。下書きの敷地図が非表示になる。

▶ヒント
P.149の手順2〜3と同様に、[**一時的に非表示/選択表示**]から[**要素を非表示**]を選択して下書きを非表示にしてもかまいません。

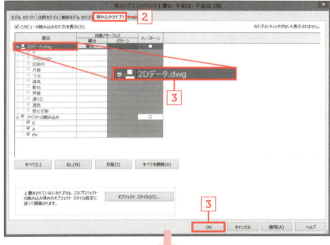

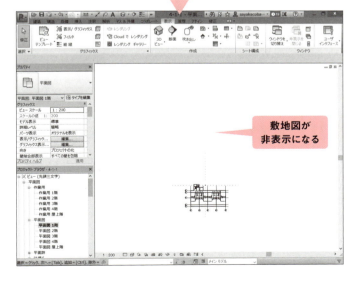

スケールを変更する
現在、このビューのスケール(縮尺、尺度)は1/200になっています。スケールを1/100に変更します。

1. ビューコントロールバーの[**スケール**]から[**1:100**]を選択する。

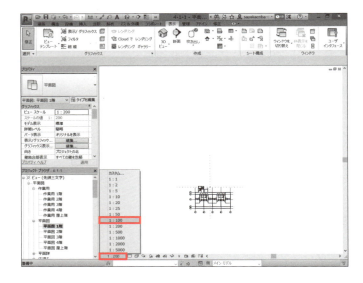

4-1-2
部品の挿入

キッチンやトイレなどの部品を挿入します。**各住戸には基本間取りグループをコピーしているので、基本間取りに部品を追加すると、各住戸に反映されます。**

📄 4-1-2.rvt

グループ編集モードを開始する
基本間取りに部品を挿入するために、編集モードを開始します。

1. 左端住戸の基本間取りグループ([**モデルグループ：基本間取り**])をクリックして選択する。
2. [**修正|モデルグループ**]タブ−[**グループ**]パネル−[**グループを編集**]をクリックする。

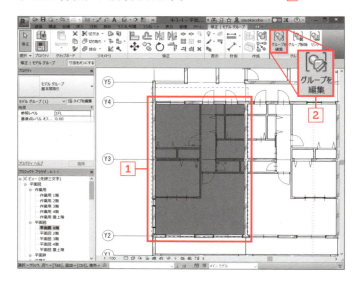

3. [**グループを編集**]パネルが表示される。

> ▶ヒント
> グループ編集モードに入ると、[**グループを編集**]パネルが表示され、作図領域の色がクリーム色に変わります。

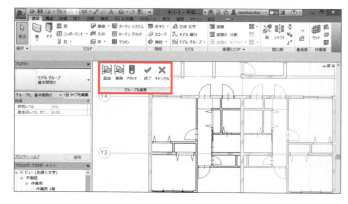

システムキッチンを挿入する

システムキッチンを挿入します。まず、システムキッチン前の袖壁を追加します。

1 [建築]タブー[ビルド]パネルー[壁]をクリックする。
2 プロパティパレットのタイプセレクタから[標準壁 (L1)LGS 100]を選択する。
3 オプションバーで次の設定をする。
❶ [見上げ]を[指定][2500]に設定。
❷ [連結]のチェックを外す。

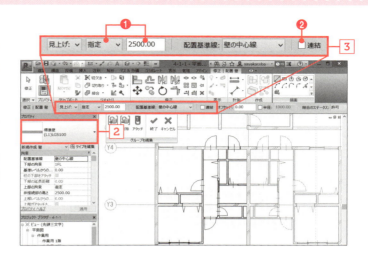

4 おおよそ図のような位置に、直接距離入力でX2から長さ700mmの袖壁を作成する。
5 [選択]パネルー[修正]をクリックして、コマンドを終了する。
6 手順4で作成した袖壁をクリックして選択する。
7 仮寸法を修正して、袖壁を上の壁から2000mm（またはY2から2600mm）の位置に変更する。

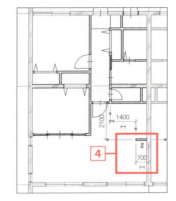 

システムキッチンを挿入します。

8 [建築]タブー[ビルド]パネルー[コンポーネント]をクリックする。
9 プロパティパレットのタイプセレクタから[システムキッチンIH]を選択する。
10 プロパティパレットで[オフセット]に[100]と入力し、[適用]をクリックする。

▶ヒント
床の天端がFLより100mm上がっているので、オフセットを指定する必要があります。

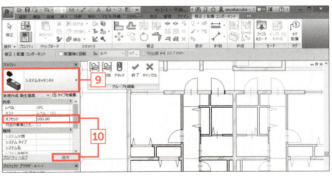

11 スペースキーを何回か押して図のような向きにし、任意の位置をクリックして配置する。
12 [選択]パネルー[修正]をクリックして、コマンドを終了する。

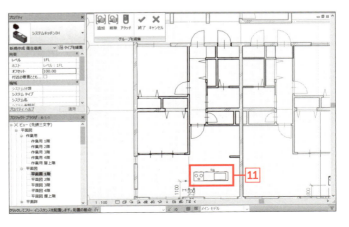

13 手順**11**で配置したシステムキッチンをクリックして選択する。

14 フリップ記号が表示されるので、クリックして反転する。

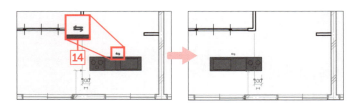

15 システムキッチンをドラッグして、壁と袖壁に吸着させる。

▶ヒント
このファミリには吸着面があらかじめ設定されているので、壁の付近までドラッグすると自動的に吸着します。

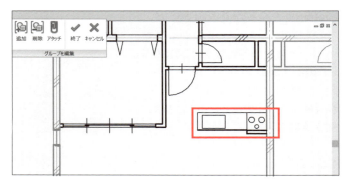

キッチンパネルとカウンターを追加する

まず、システムキッチンの前に腰壁を追加します。

1 [**建築**]タブ−[**ビルド**]パネル−[**壁**]をクリックする。

2 プロパティパレットのタイプセレクタで[**標準壁 (L1)LGS100**]が選択されていることを確認する。

3 オプションバーで次の設定をする。

❶ [**見上げ**]を[**指定**][**1160**]に設定。

❷ [**配置基準線**]を[**仕上げ面：外部**]に設定。

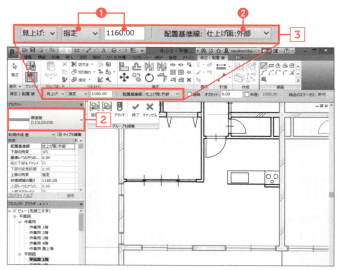

4 図のように、キッチンの左下角から袖壁まで腰壁を作成する。

5 [**選択**]パネル−[**修正**]をクリックし、コマンドを終了する。

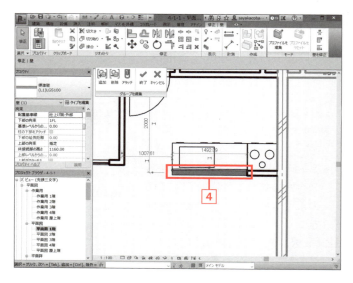

30mmのキッチンパネルを追加します。

6 [**建築**]タブ−[**ビルド**]パネル−[**壁**]をクリックする。
7 プロパティパレットのタイプセレクタから[**標準壁 (F)30**]を選択する。
8 プロパティパネルで次の設定をする。
❶ [**基準レベルからのオフセット**]に「**100**」と入力。
❷ [**非接続部の高さ**]に「**1060**」と入力。
❸ [**適用**]をクリック。

9 図のように、キッチンの左上角から腰壁までパネルを作成する。
10 [**選択**]パネル−[**修正**]をクリックし、コマンドを終了する。

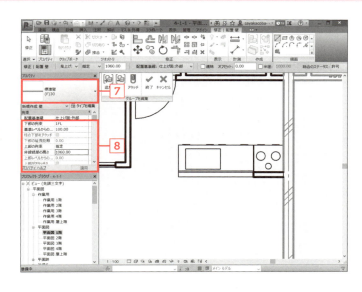

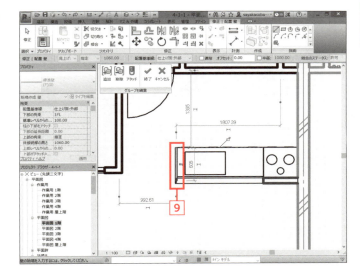

カウンターを挿入します。

11 [**建築**]タブ−[**ビルド**]パネル−[**コンポーネント**]をクリックする。
12 プロパティパレットのタイプセレクタから[**キッチンカウンター**]を選択する。
13 キッチンカウンターを図の位置に配置する。
14 [**選択**]パネル−[**修正**]をクリックし、コマンドを終了する。

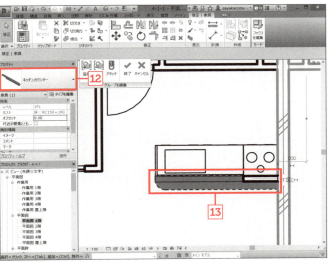

トイレを挿入する

1. [建築]タブー[ビルド]パネルー[コンポーネント]をクリックする。
2. プロパティパレットのタイプセレクタから[洋便器 洗浄便座付]を選択する。
3. プロパティパレットで[オフセット]に「100」と入力し、[適用]をクリックする。
4. スペースキーを何回か押して図のような向きにし、図の位置に配置する。

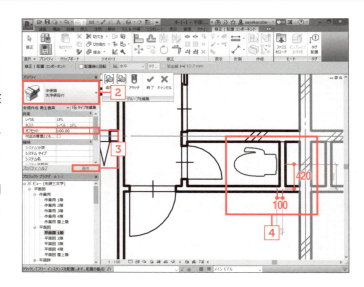

洗面化粧台を挿入する

1. プロパティパレットのタイプセレクタから[洗面化粧台]を選択する。
2. プロパティパレットで[オフセット]に「100」と入力し、[適用]をクリックする。
3. スペースキーを何回か押して図のような向きにし、図の位置に配置する。

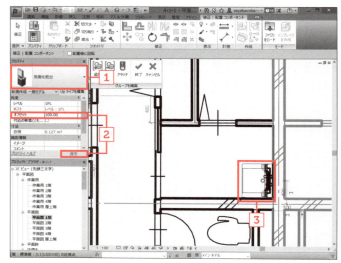

ユニットバスを挿入する

1. [修正|配置 コンポーネント]タブー[モード]パネルー[ファミリをロード]をクリックする。
2. P.70の手順3〜5と同様にして、下記フォルダにある[UB5]ファミリをロードする。
   フォルダ:
   Japan_RUG¥06設備¥02衛生機器¥03浴室¥01UB

3 スペースキーを何回か押して図のような向きにし、図の位置に配置する。

4 [選択]パネル−[修正]をクリックし、コマンドを終了する。

5 [グループを編集]パネル−[終了]をクリックする。グループ編集モードが終了する。

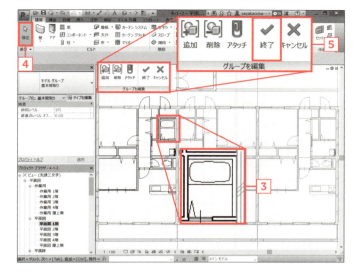

6 他の住戸にもキッチンなどの部品が配置されていることを確認する。

▶ヒント
基本間取りグループに部品を挿入したので、同じグループを使用している他の住戸にも自動的に反映されます。

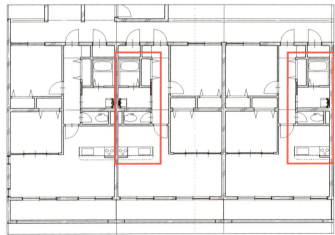

右端の住戸に部品をコピーする

右端の住戸はグループを解除してあるので、基本間取りグループに挿入した部品が反映されません。そのため、部品を別途コピーする必要があります。

1 左から2つ目の住戸の基本間取りグループをクリックして選択する。

2 [修正|モデルグループ]タブ−[グループ]パネル−[グループを編集]をクリックする。

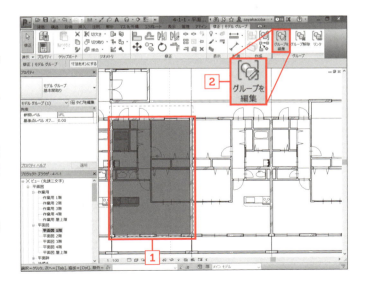

3 窓選択と、[Ctrl]キー＋クリックによる複数選択を組み合わせて、図のようにキッチン周り、トイレ、洗面化粧台、ユニットバスを選択する。

4 [修正｜複数選択]タブ－[クリップボード]パネル－[クリップボードにコピー]をクリックする。

5 [グループを編集]パネル－[終了]をクリックする。

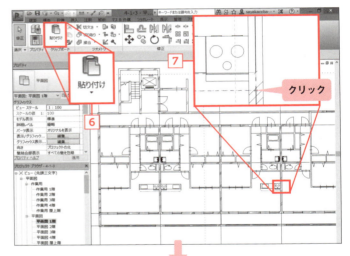

6 [修正]タブ－[クリップボード]パネル－[貼り付け]をクリックする。

7 右端の住戸の図の位置を、目的点としてクリックする。右端の住戸に部品がコピーされる。

▶ヒント
目的点までマウスを動かすと、ガイド線が表示されます。ガイド線と通芯X4の交点をクリックします。

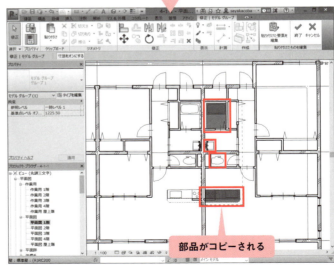

206

8 プロジェクトブラウザで[モデリング用1階]ビューに切り替え、3Dビューで確認する。

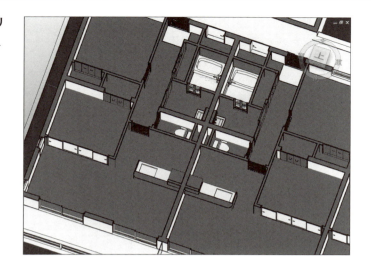

4-1-3 平面図の作成

A2サイズで縮尺1/100の平面図を作成します。寸法や文字などを書き込んで仕上げ、印刷してみましょう。　4-1-3.rvt

外壁と耐力壁を塗りつぶす
[平面図1階]ビューで外壁と耐力壁を印刷用に黒く塗りつぶします。

1 プロジェクトブラウザで[平面図1階]ビューに切り替える。
2 [標準壁 (R)RC200]として作成した壁のいずれかをクリックして選択する。
3 プロパティパレットで[タイプを編集]をクリックする。
4 [タイププロパティ]ダイアログで[簡略スケール塗り潰しパターン]の[値]欄をクリックし、表示された[...]ボタンをクリックする。

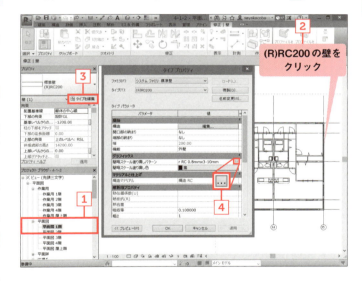

5 [塗り潰しパターン]ダイアログで[塗り潰し]を選択し、[OK]をクリックする。

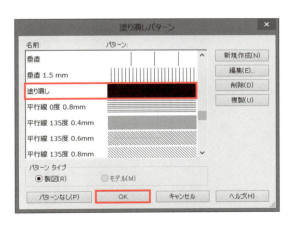

6 [簡略スケール塗り潰し色]が[黒]
に設定されていることを確認
し、[OK]をクリックする。

▶ヒント
「結合された壁との矛盾を挿入します」と
いう警告が表示された場合は、そのま
ま[×]をクリックして閉じます。

7 (R)RC200の壁が塗りつぶされ
たことを確認する。

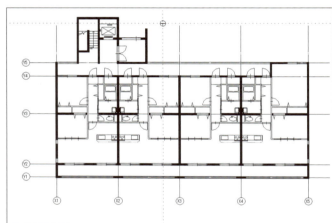

寸法を記入する

1 P.44の手順1～3と同様にして、
図のように寸法を記入する。
2 [選択]パネル-[修正]をクリッ
クして、寸法コマンドを終了する。

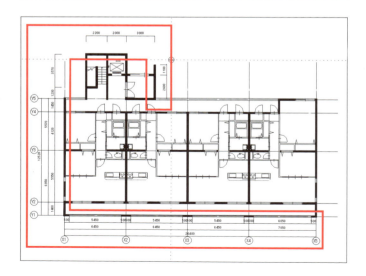

方位記号を記入する

方位の向きを確認するために、非表示になっている2Dの敷地図データを表示します。

1 ビューコントロールバーの[**非表示要素の一時表示**]をクリックする。非表示要素の一時表示モードになり、2Dデータが表示される。

> ▶ヒント
> 非表示要素の一時表示モードに切り替えると、作図領域の左上に「**非表示要素の一時表示**」と表示されます。このモードでは、現在非表示になっている要素を確認できます。

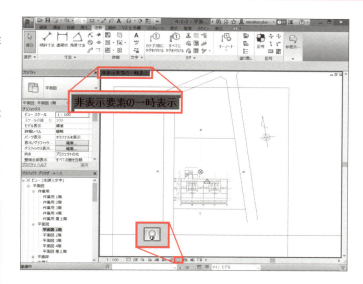

2 2Dデータをクリックし、[**修正|2Dデータ.dwg**]タブ－[**非表示要素の一時表示**]パネル－[**カテゴリを非表示解除**]をクリックする。

3 ビューコントロールバーの[**非表示要素の一時表示を終了**]をクリックする。

4 2Dデータが表示されたことを確認する。

5 [**注釈**]タブ－[**記号**]パネル－[**記号**]をクリックする。

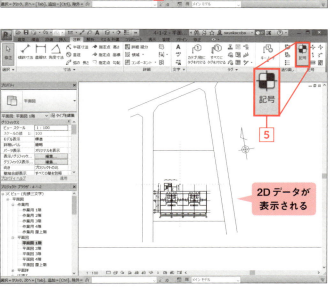

6 プロパティパレットのタイプセレクタから[**r方位 黒**]を選択する。
7 2Dデータの方位記号の近くでクリックし、方位記号を挿入する。

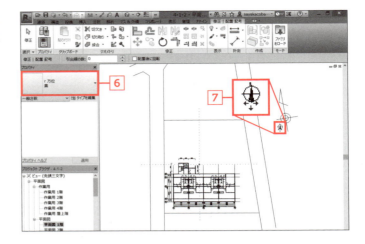

8 [**修正|配置 記号**]タブー[**修正**]パネルー[**位置合わせ**]をクリックする。
9 図の❶❷の順にクリックして、方位記号の方向を合わせる。
10 [**選択**]パネルー[**修正**]をクリックし、コマンドを終了する。

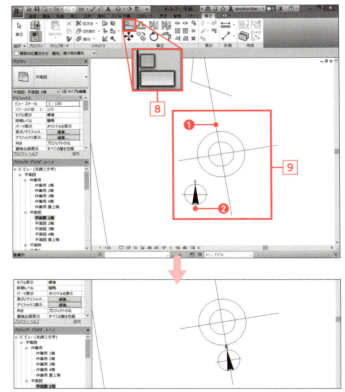

11 P.199の手順**1**〜**3**と同様にして、再び2Dデータを非表示にする。
12 方位記号をドラッグして図の位置に移動する。

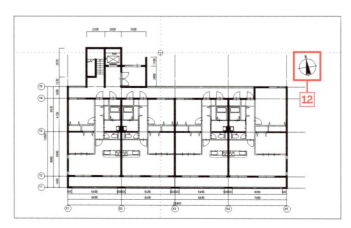

Chapter 4 図面作成

住戸の名称を記入する

住戸の名称を文字で記入します。記入した文字を見やすくするため、文字の背景が白く塗りつぶされるように設定します。

1 [**注釈**]タブ－[**文字**]パネル－[**文字**]をクリックする。

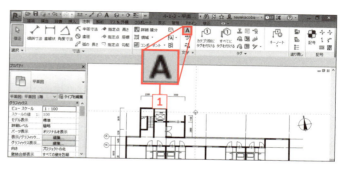

2 プロパティパレットのタイプセレクタから[**文字 5mm**]を選択する。

3 文字記入位置として、左端住戸の任意の位置をクリックし、「**101号室**」と入力する。

4 [**配置　文字を編集**]タブ－[**文字を編集**]パネル－[**閉じる**]をクリックし確定する。

5 [**選択**]パネル－[**修正**]をクリックし、コマンドを終了する。

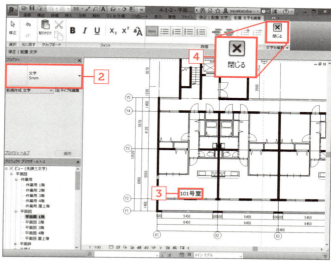

6 入力した文字をクリックして選択する。

7 プロパティパレットで[**タイプを編集**]をクリックする。

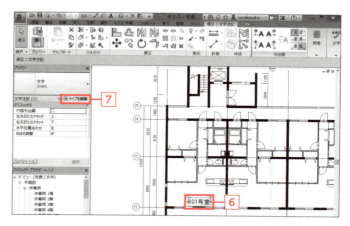

8 [**タイププロパティ**]ダイアログで[**背景**]から[**不透明**]を選択し、[**OK**]をクリックする。文字の背景が不透明になる（白く塗りつぶされる）。

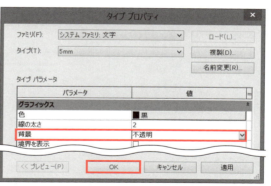

「101号室」の文字を他の住戸にコピーします。

9 文字記入枠の左上に表示される移動マーク⊕の位置にカーソルを合わせ、ドラッグして、文字を図の位置に移動する。

10 [修正|文字注記]タブ−[修正]パネル−[コピー]をクリックする。

11 オプションバーの[複数]にチェックを入れる。

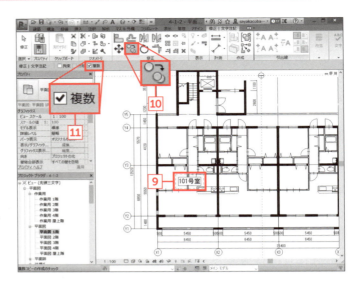

12 基点として、文字上の任意の位置をクリックする。

13 目的点として、他の住戸の中央あたりを順にクリックする。文字が各住戸にコピーされる。

14 [選択]パネル−[修正]をクリックし、コマンドを終了する。

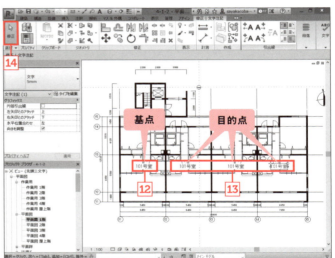

各住戸の文字を編集します。

15 左から2つ目の住戸の文字「101号室」をクリックする。

> ▶ヒント
> 文字が選択しづらいときは、文字周りにカーソルを合わせ、青い枠が出たときにクリックします。また、[Tab]キーの循環選択機能を使用すると、より確実にすばやく選択できます(循環選択は文字上をポイントし、[Tab]キーを何度か押すことで起動します)。

16 文字が青く表示されたら、再度クリックする。

17 カーソルが表示され、文字編集が可能になるので、「102号室」に修正する。文字記入枠の外をクリックして確定する。

18 同様にして、「103号室」、「104号室」に修正する。

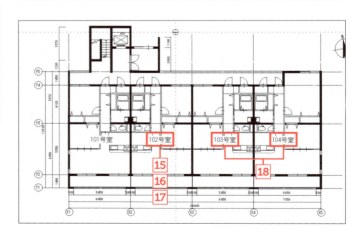

共用部分の室名を記入する

住戸以外の共用部分に[部屋]コマンドで室名を記入します。

1 [建築]タブ−[部屋とエリア]パネル−[部屋]をクリックする。すでに部屋が設定されている部分が青く表示される。

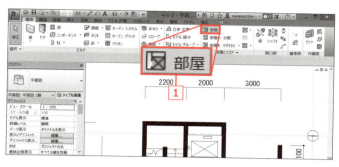

2 プロパティパレットのタイプセレクタから[r室名 標準]を選択する。
3 図の2カ所に部屋を挿入する。
4 [選択]パネル−[修正]をクリックし、コマンドを終了する。

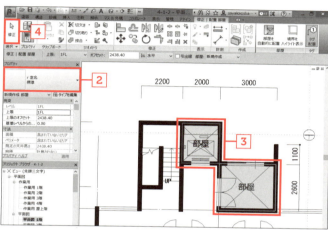

5 手順3で風除室に設定した部屋のタグをクリックし、文字が青くなったら、再度クリックする。
6 [パラメータ値を変更]ダイアログで[名前]の[値]を「風除室」に書き換え、[OK]をクリックする。

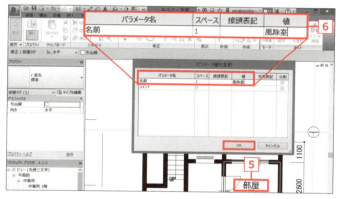

7 手順5〜6と同様にして、エレベータシャフトの部屋のタグを「EV」に変更する。

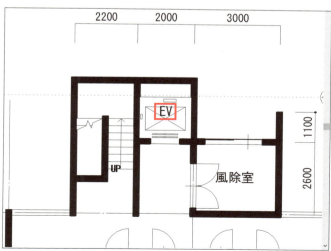

階段とエレベータホールに部屋を挿入する

階段とエレベータホールをそれぞれ独立した部屋として認識させるために、外廊下との間に部屋の分割線を作成します。

1 [**建築**]タブ－[**部屋とエリア**]パネル－[**部屋の分割**]をクリックする。

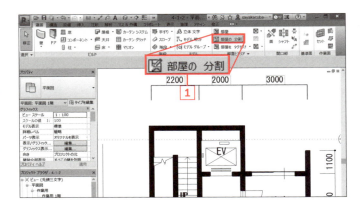

2 オプションバーの[**連結**]のチェックを外す。
3 図の赤の線で示した2カ所に分割線を作成する。

部屋を挿入します。

4 P.213の手順**1**～**4**と同様にして、図の2カ所に部屋を挿入する。
5 P.213の手順**5**～**6**と同様にして、部屋のタグをそれぞれ「**EVホール**」、「**屋外階段**」に変更する。

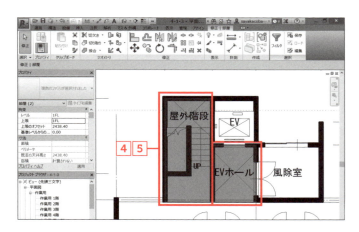

[平面図1階]ビューをシートに配置する

新規シートを作成して、[**平面図1階**]ビューを配置します（シートの機能についてはP.216のポイントを参照）。

1 [**表示**]タブ－[**シート構成**]パネル－[**シート**]をクリックする。

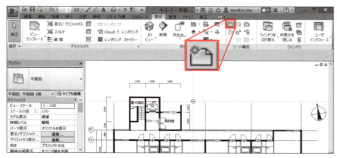

2 [**新規シート**]ダイアログで[**ロード**]ボタンをクリックする。

> ▶ヒント
> [**rタイトルブロックA1:標準**]などはRevitユーザー会が作成したテンプレートで、図面枠に「**RUG**」というロゴが入っています。独自の図面枠を作成する方法については、Revit 2017のヘルプを参照してください。

3 [**ファミリをロード**]ダイアログで[**図面枠**]フォルダを開き、[**A2 メートル単位**]を選択し[**開く**]をクリックする。

4 [**新規シート**]ダイアログに戻り、ロードされた[**A2 メートル単位**]を選択し[**OK**]をクリックする。

5 A2サイズの図面枠シートが作成され、図面枠が表示される。

6 プロジェクトブラウザで[シート]の下層に[A-02 - 無題]というシートが作成されていることを確認する。

▶ヒント
新規シートの名前には、直前に作業していたシートの番号に基づく連番が振られます。ここでは、テンプレート作成時に最後に作業したのがシート[A-01 - 表紙 図面リスト]だったため、その連番で[A-02 - 無題]となります。

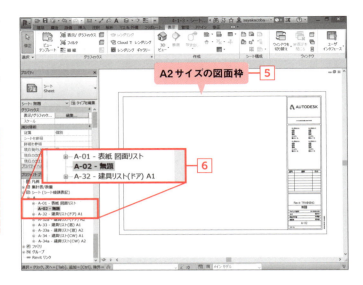

ポイント：シートとは

シートとは、設計図書セットの個々のページを作成するために使用する特殊なビューです。図面枠入りのシートビューを作成し、プロジェクトブラウザからビューや集計表などをドラッグ＆ドロップして配置することで、図面を作成および管理できます。必要に応じて、1つのシートに複数のビューや集計表を配置することができます。

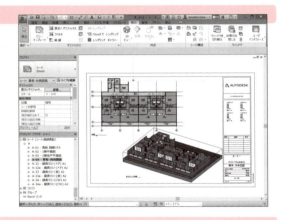

7 プロジェクトブラウザで[平面図 1階]ビューをクリックし、作図領域にドラッグする。任意の位置でクリックして配置する。

▶ヒント
プロジェクトブラウザからシートにビューをドラッグすると、ビューの内容を表示するビューポートが作成されます。ビューポートの位置を修正したいときは、カーソルでドラッグして移動するか、キーボードの矢印キーで微調整します。

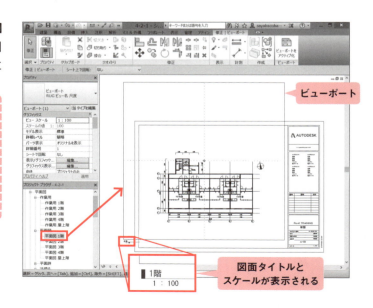

ビューポートの左下に図面タイトルとスケール（縮尺、尺度）が表示されているので、これを非表示にします。

8 プロパティパレットのタイプセレクタから[**ビューポート なし**]を選択する。
9 ビューポートの周囲の枠の外をクリックする。ビューポートの枠とスケールが非表示になる。

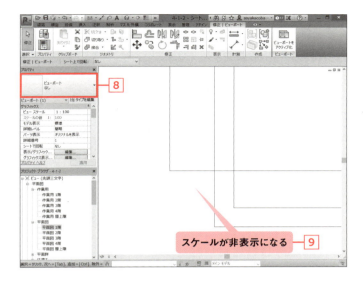

図面枠の内容を修正する
1 図面枠をクリックして選択する。
2 [**無題**]をクリックし、「**1階平面図**」と入力する。Enter キーを押して確定する。
3 図面枠を選択解除する。

4 プロジェクトブラウザで、シート名が「**A-02 - 1階平面図**」に変更されていることを確認する。

▶ヒント
図面枠の内容とシートの設定はリンクしています。図面枠の内容を修正すると、それがシートの設定に自動的に反映されます。逆も同様です。

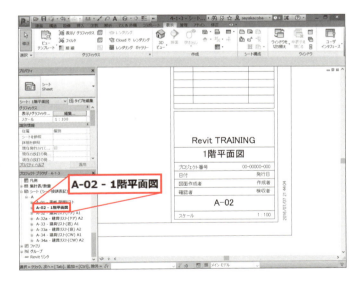

1階平面図を印刷する

1 アプリケーションメニューから[出力]-[出力設定]をクリックする。

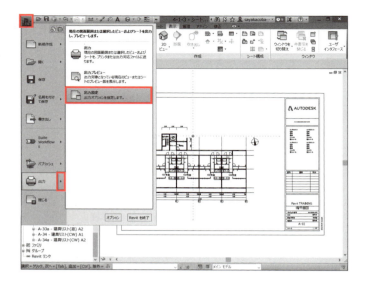

2 [出力設定]ダイアログで次の設定をする。

❶ [用紙]の[サイズ]を[A2]に設定。
❷ [向き]を[横]に設定。
❸ [ズーム]で[ズーム]を選択。サイズを[100%]に設定。
❹ [OK]をクリック。

> ▶ヒント
> 希望図面を印刷する1回目に下記のメッセージが表示されます。
>
>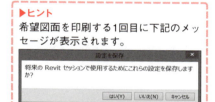
>
> 連続で印刷する場合は[はい]、1回きりの場合は[いいえ]をクリックします。

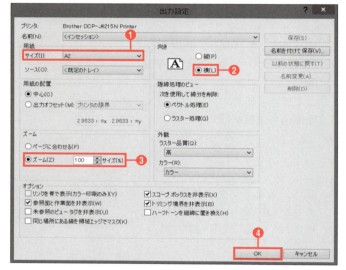

> ▶ヒント
> 平面図1階に事前設定されている参照面(デザイン時のガイドライン)は、[出力設定]の[オプション]で[参照面と作業面を非表示]にチェックを入れているので、印刷されません。図面の原点の代わりに図面中央に配置されている女性の点景は、初期設定では印刷されるので、必要に応じて非表示にしてください(P.199のダイアログの[モデルカテゴリ]タブで[点景]のチェックを外す)。

3 アプリケーションメニューから[**出力**]-[**出力**]をクリックする。

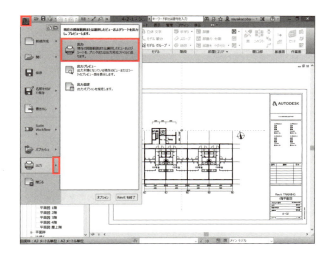

4 [**出力**]ダイアログで[**OK**]をクリックし、印刷する。

▶ヒント
4-1を完了した時点のプロジェクトが、教材データに次のファイル名で収録されています。参考としてご利用ください。
📄 **4-2-1.rvt**

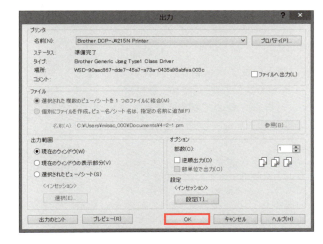

4-2 住戸平面図の作成

📄 4-2-1.rvt〜4-2-4.rvt

4-1で作成した1階平面図（A2サイズ 1/100）を利用して、A2サイズ 1/50の住戸平面図を作成します。この住戸平面図には壁の詳細や電気器具のシンボルを追加し、電気器具の集計表を挿入します。

4-2-1 住戸平面図の作成

A2サイズ 1/50の住戸平面図を作成します。4-1で作成した［平面図1階］ビューをコピーし、トリミング領域を調整してからシートに配置します。

📄 4-2-1.rvt

住戸平面図ビューの作成

［平面図1階］ビューをコピーして、住戸平面図のためのビューを作成します。

1. プロジェクトブラウザで［平面図1階］を右クリックし、コンテキストメニューから［ビューを複製］－［詳細を含めて複製］をクリックする。ビューが複製される。

> ▶ヒント
> 一度シートに配置したビューを他のシートに使用することはできません。同様のビューを他のシートで使用したい場合は、ビューを複製します。このとき、寸法や記号、文字などの書き込みデータを含めて複写したい場合は、［詳細を含めて複製］を選択します。寸法などの書き込みデータを必要としない場合は、［複製］を選択します。

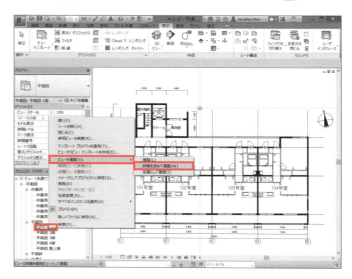

2. プロジェクトブラウザで［平面図1階］の下層に［平面図1階 コピー 1］が作成されていることを確認する。

3. プロジェクトブラウザで［平面図1階 コピー1］を右クリックし、コンテキストメニューから［名前変更］をクリックする。

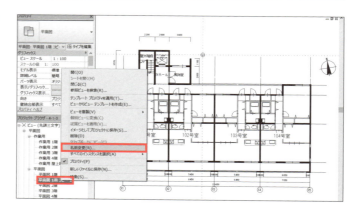

4 [ビューを名前変更]ダイアログで[名前]に「住戸平面図1階」と入力し、[OK]をクリックする。

5 ビュー名が変更されたことを確認する。

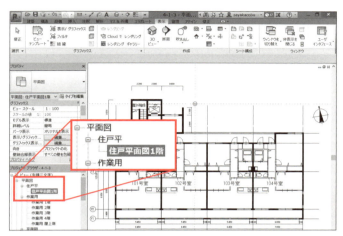

6 ビューコントロールバーの[スケール]から[1:50]を選択する。

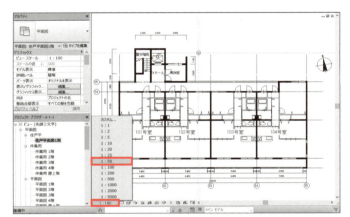

不要な部分を非表示にする

住戸平面図に必要ない部分を非表示にします。

1 ビューコントロールバーの[トリミング領域を表示]をクリックする。図面の周りにトリミング領域の枠が表示される。
2 トリミング領域の枠をクリックして選択する。青いコントロールが表示される。

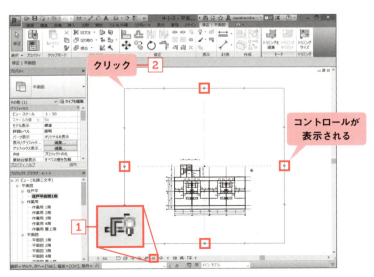

3 トリミング領域のコントロール
をドラッグし、図のように左端
住戸の部分のみを表示する。
4 ビューコントロールバーの[**トリ
ミング領域を非表示**]をクリック
する。トリミング領域の枠が非
表示になる。

▶ヒント
ビューコントロールバーの[**ビューをトリ
ミングしない**]をクリックすると、図面
全体が表示されます。

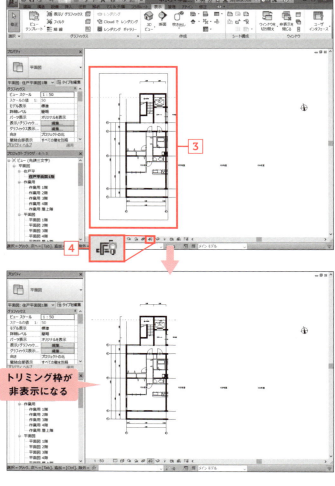

不要な文字を削除する
この図面に必要ない文字などを削
除します。

1 「**101号室**」〜「**104号室**」の文字
を削除する。
2 方位マークを削除する。
3 風除室の部屋タグを削除する。

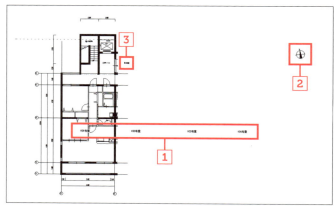

4 「**部屋タグが削除されましたが、
対応する部屋はまだ存在します。**」
という警告が表示される。ここ
では特に問題ないので、[**×**]を
クリックして閉じる。

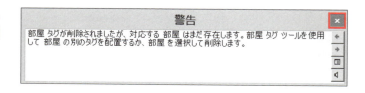

室名と面積を表示する

各部屋の室名と面積のタグを表示します。

1 [**注釈**]タブ−[**タグ**]パネル−[**すべてにタグを付ける**]をクリックする。

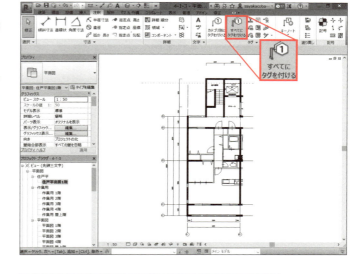

2 [**すべてのタグなし要素にタグを付ける**]ダイアログで、[**現在のビューのすべてのオブジェクト**]が選択されていることを確認する。[**部屋タグ**]の[**r室名 面積：面積あり**]を選択し、[**OK**]をクリックする。

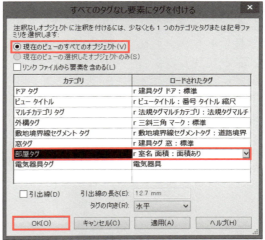

3 室名と面積のタグが表示されることを確認する。タグが部品などに重なって見にくい場合は、適宜ドラッグして移動する。また、隣の部屋の室名が表示される場合は、部屋タグを削除する。その際、表示されるP.222の警告もそのまま[**×**]をクリックして閉じる。

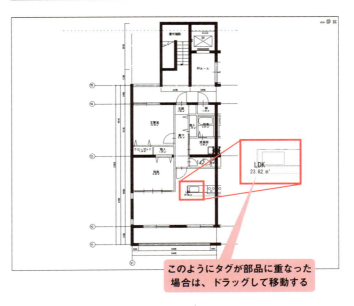

このようにタグが部品に重なった場合は、ドラッグして移動する

[住戸平面図1階]ビューを
シートに配置する

新規シートを作成して、[住戸平面図1階]ビューを配置します。

1. P.214の下の手順 **1〜4** と同様にして、[**A2 メートル単位**]の新規シートを作成する。
2. プロジェクトブラウザで[**シート**]の下層に[**A-03 - 無題**]というシートが作成されていることを確認する。

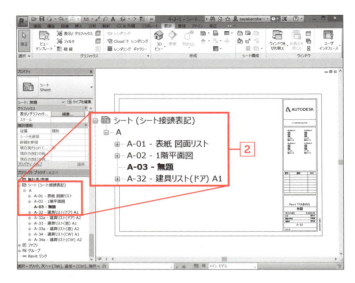

3. プロジェクトブラウザで[**住戸平面図1階**]ビューをクリックし、作図領域にドラッグする。任意の位置でクリックしてビューを配置し、外壁が図面枠内に収まるようにビューポートの位置を調整する。

> ▶ヒント
> X通芯と寸法が図面枠からはみ出しますが、この部分は後で修正します。

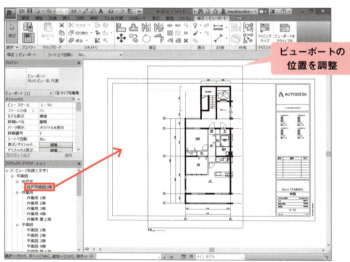

4. P.217の手順**8**と同様にして、ビューの左下の図面タイトルとスケールを非表示にする。ビューの周囲の枠の外をクリックすると、ビューの枠が非表示になる。

通芯と寸法が図面枠内に収まるように調整します。

5 ビューの中でダブルクリックし、アクティブ化する。

> ▶ヒント
> ビューを右クリックし、コンテキストメニューから[**ビューをアクティブ化**]をクリックしてもよいです。
>
>
>
> ビューをアクティブ化すると、そのビューが編集モードになり、ビュー内のモデルや寸法などを修正することができます。

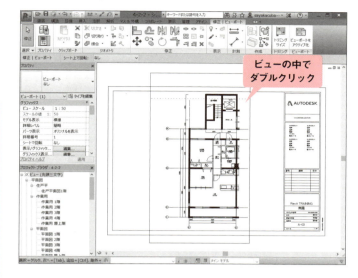

ビューの中で
ダブルクリック

6 X通芯間の「**500**」「**5450**」「**500**」の寸法を選択し、ドラッグして壁のすぐ近くまで移動する。

7 X通芯間の「**6450**」の寸法をドラッグし、スナップするところまで移動する。

8 同様にして、Y通芯間の寸法も壁のすぐ近くまで移動する。

9 図面枠外にあった階段とエレベータホールの寸法を図の位置に移動する。

10 X1通芯をクリックして選択する。通芯記号の上端に表示される小さい白丸をドラッグして、通芯記号を図面枠内に収める。

> ▶ヒント
> 手順**10**では図の位置にある白丸をドラッグします。
>
>

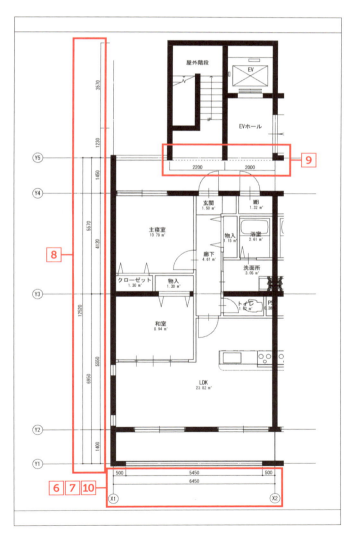

11 ビューの外でダブルクリックし、アクティブ解除する。

> ▶ヒント
> ビューを右クリックし、コンテキストメニューから[**ビューをアクティブ解除**]をクリックしてもよいです。

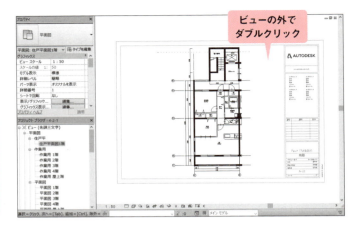

シート名を変更する

シート名が「無題」のままなので、適切な名前に変更します。

1. プロジェクトブラウザで[**A-03 - 無題**]シートを右クリックし、コンテキストメニューから[**名前変更**]をクリックする。

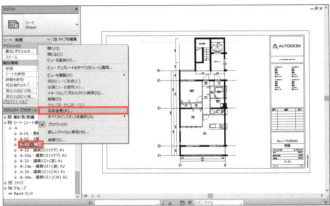

2. [**シートのタイトル**]ダイアログで[**名前**]に「**1階住戸平面図**」と入力し、[**OK**]をクリックする。

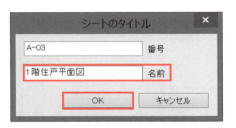

3. プロジェクトブラウザで、シート名が[**A-03 - 1階住戸平面図**]に修正されたことを確認する。
4. 図面枠の図面タイトルも[**1階住戸平面図**]に変更されていることを確認する。

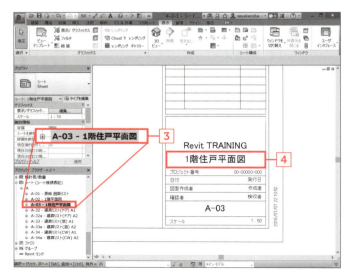

4-2-2 壁の詳細の書き込み

住戸平面図に詳細を表示させるために、基本設計モデルに壁の詳細を書き込みます。プレゼン用図面としても使えるように、壁の仕上げも設定します。

📄 4-2-2.rvt

標準壁の構成を設定する

タイプ[**標準壁 (R)RC200**]の外側と内側の仕上げを設定します。

1. プロジェクトブラウザで[**作業用1階**]ビューに切り替える。
2. [**建築**]タブ−[**ビルド**]パネル−[**壁**]をクリックする。
3. プロパティパレットのタイプセレクタから[**標準壁 (R)RC200**]を選択する。
4. プロパティパレットの[**タイプを編集**]をクリックする。
5. [**タイププロパティ**]ダイアログで[**構造**]の[**編集**]をクリックする。

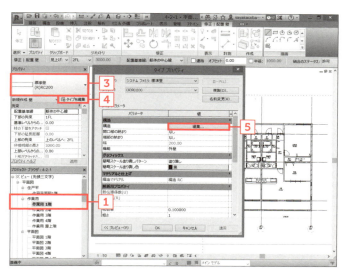

6. [**アセンブリを編集**]ダイアログが表示される。一番上のレイヤ（レイヤ1）の番号[**1**]をクリックしてその行を選択し、[**挿入**]をクリックする。

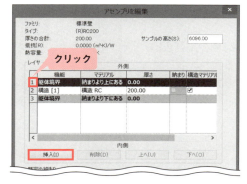

7. 一番上に新しい「**構造[1]**」レイヤが追加される。

8. 上から3番目のレイヤ（レイヤ3）の番号[**3**]をクリックしてその行を選択し、[**挿入**]をクリックする。

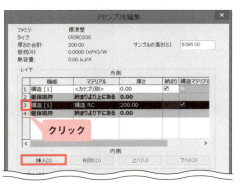

9 レイヤ3に新しい「**構造[1]**」レイヤが追加される。
10 [**下へ**]を2回クリックし、レイヤ5の位置まで移動する。

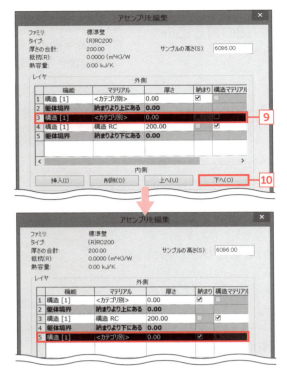

11 レイヤ1の[**機能**]列から[**仕上げ1[4]**]を選択する。
12 レイヤ5の[**機能**]列から[**仕上げ2[5]**]を選択する。
13 レイヤ1の[**マテリアル**]列で[**<カテゴリ別>**]をクリックし、右端の[**…**]ボタンをクリックする。

14 マテリアルブラウザが表示される。[**プロジェクトマテリアル**]のリストから[**外壁仕上 レンガタイル**]を選択し、[**OK**]をクリックする。壁の外側に[**外壁仕上 レンガタイル**]マテリアルが適用される。

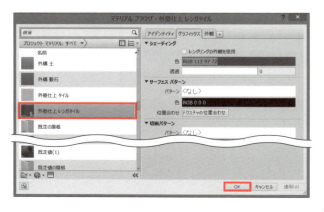

Chapter 4 図面作成

15 手順13~14と同様にして、レイヤ5に[**壁下地 モルタル(t10)**]マテリアルを適用する。

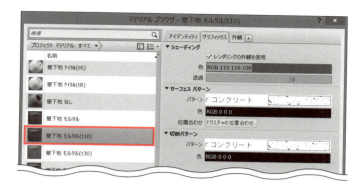

16 レイヤ1の[**厚さ**]列に「**10**」と入力する。
17 レイヤ3の[**厚さ**]列に「**180**」と入力する。
18 レイヤ5の[**厚さ**]列に「**10**」と入力する。
19 [**OK**]をクリックする。

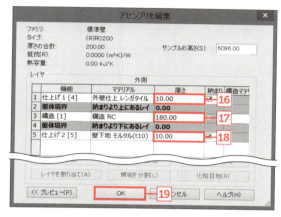

外壁用のタイプを作成する

タイプ[**標準壁(R)RC200**]を複製して、外壁用のタイプ[**外壁(R)RC200**]を作成します。

1 [**タイププロパティ**]ダイアログで[**複製**]をクリックする。

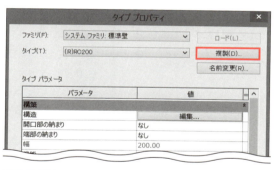

2 [**名前**]ダイアログで[**名前**]に「**外壁(R)RC200**」と入力し、[**OK**]をクリックする。

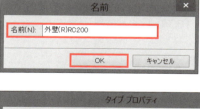

3 [**タイププロパティ**]ダイアログで[**構造**]の[**編集**]をクリックする。

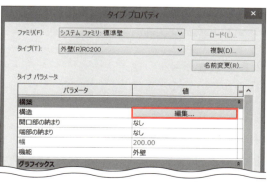

229

4 [アセンブリを編集]ダイアログでレイヤ5を選択し、[挿入]をクリックする。レイヤ5に「**構造[1]**」という新しいレイヤが追加される。

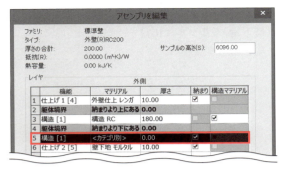

5 レイヤ5の[**機能**]列から[**断熱層または通気層[3]**]を選択する。

6 P.228の手順**13〜14**と同様にして、レイヤ5に[**壁仕上 グラスウール(t50)**]マテリアルを適用する。

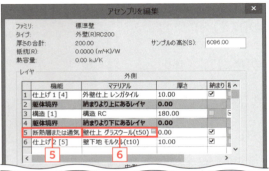

レイヤ6にはモルタルのマテリアルが適用されていますが、これを石膏ボードのマテリアルに変更します。

7 レイヤ6の[**マテリアル**]列の[**...**]ボタンをクリックする。

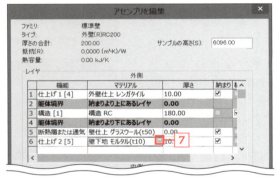

8 [**マテリアルブラウザ**]ダイアログで左下のリストから[**AECマテリアル**]−[**石膏**]を選択する(リストの表示方法はP.163のポイントを参照)。

9 右下のリストで[**石膏ボード 壁用**]をクリックして選択し、🔼 をクリックする。[**石膏ボード 壁用**]マテリアルが上のリストに追加される。

10 上のリストで[**石膏ボード 壁用**]が選択されていることを確認する。

11 [**OK**]をクリックする。レイヤ6に[**石膏ボード 壁用**]マテリアルが適用される。

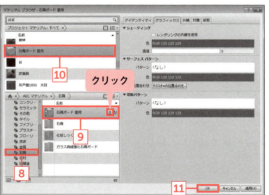

Chapter 4 図面作成

12 レイヤ3の[**厚さ**]列に「**127.5**」と入力する。
13 レイヤ5の[**厚さ**]列に「**50**」と入力する。
14 レイヤ6の[**厚さ**]列に「**12.5**」と入力する。
15 [**OK**]をクリックする。
16 [**タイププロパティ**]ダイアログで[**OK**]をクリックする。

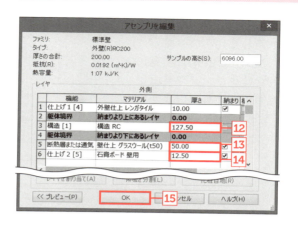

内壁用のタイプを作成する

タイプ[**外壁(R)RC200**]を複製して、内壁用のタイプ[**内壁(R)RC200**]を作成します。

1 P.229の手順**1**～**2**と同様にして、「**内壁(R)RC200**」という名前のタイプを作成する。
2 [**タイププロパティ**]ダイアログで[**構造**]の[**編集**]をクリックする。

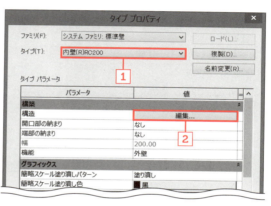

3 [**アセンブリを編集**]ダイアログでレイヤ5を選択し、[**削除**]をクリックする。

▶ヒント
レイヤ5は外壁用に作成した断熱層です。ここで作成している内壁用のタイプには不要なので削除します。

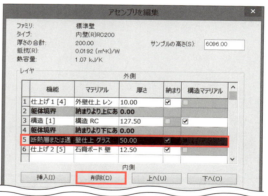

4 レイヤ1に[**石膏ボード 壁用**]マテリアルを適用する。「**同じ名前の外観が既に存在します**」というエラーが発生するので、[**両方を保持**]をクリックする。
5 レイヤ1の[**厚さ**]列に「**12.5**」と入力する。
6 レイヤ3の[**厚さ**]列に「**175**」と入力する。
7 [**OK**]をクリックする。
8 [**タイププロパティ**]ダイアログで[**OK**]をクリックする。
9 [**選択**]パネル-[**修正**]をクリックし、コマンドを終了する。

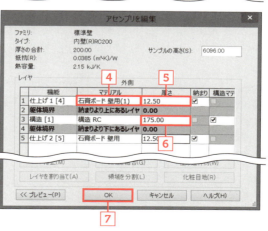

壁を分割する

図の赤い線で示した住戸の外壁だけをタイプ[**外壁(R)RC200**]に変更します。この壁はベランダや外廊下の壁と結合しているので、まず適切な位置で分割します。

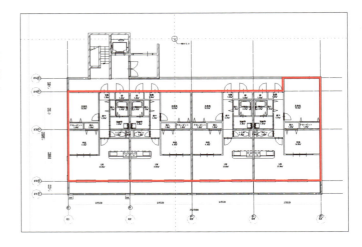

1. [**修正**]タブ−[**修正**]パネル−[**要素を分割**]をクリックする。
2. 図に示す3カ所(上で示した赤い線の外側)をクリックし、壁を分割する。

> ▶ヒント
> ここでクリックする位置は、おおよその位置でかまいません。

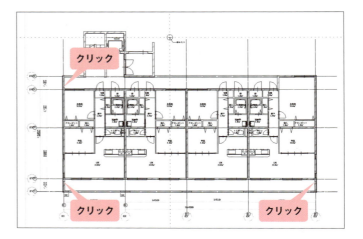

3. [**修正**]タブ−[**修正**]パネル−[**コーナーへトリム/延長**]をクリックする。
4. 図の3カ所をコーナーに仕上げる。
5. [**選択**]パネル−[**修正**]をクリックし、コマンドを終了する。

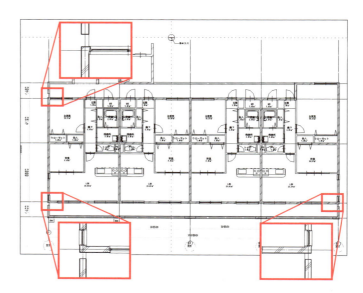

外壁のタイプを変更する

1. X1上の外壁をクリックして選択する。
2. プロパティパレットのタイプセレクタから[**外壁(R)RC200**]を選択する。壁のタイプが[**外壁(R)RC200**]に変更される。
3. 壁の選択を解除する。

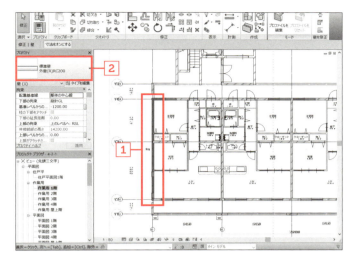

4. [**修正**]タブ－[**クリップボード**]パネル－[**タイププロパティを一致させる**]をクリックする。
5. コピー元として、手順2でタイプ[**外壁(R)RC200**]に変更したX1上の壁をクリックする。
6. コピー先として、図に示した外壁を順にクリックしていく。
7. [**選択**]パネル－[**修正**]をクリックし、コマンドを終了する。

> ▶ヒント
> 壁の作成時に、配置基準線を[**躯体の中心線**]にしておくと、後で仕上げを追加した場合にも、常に通芯上に躯体の中心線が揃うので便利です。また、仕上げを追加してから、壁の外内が逆であることに気づいた場合は、フリップ記号をクリックして反転させましょう。

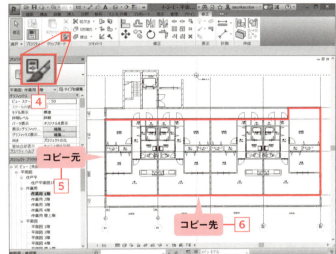

外壁の仕上げ位置を合わせる

住戸の外壁が躯体芯の中心にずれたので、ベランダと外廊下の壁の仕上げ位置を合わせます。

1. [**修正**]タブ－[**修正**]パネル－[**位置合わせ**]をクリックする。
2. 図の❶❷を順にクリックし、外壁の位置に外廊下の壁の仕上げ位置を合わせる。

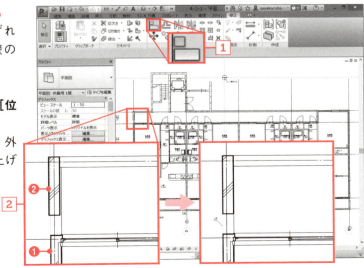

3 同様にして、図で囲んだ個所をそれぞれ❶❷の順にクリックし、壁の仕上げ位置を合わせる。

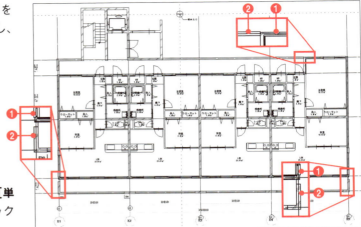

4 [修正]タブー[修正]パネルー[**単一要素をトリム/延長**]をクリックする。

5 P.232の手順2で分割した3カ所の壁を延長し、外壁をつなげる。

▶ヒント
例えば左上の個所では、図の❶❷を順にクリックします。延長すると壁は自動的に包絡します。

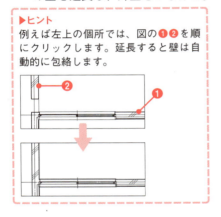

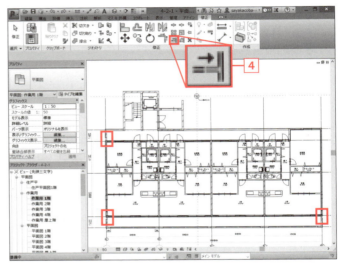

6 [選択]パネルー[修正]をクリックし、コマンドを終了する。

内壁のタイプを変更する

界壁と耐力壁をタイプ[**内壁(R) RC200**]に変更します。

1 基本間取りグループをクリックして選択する。

2 [修正|モデルグループ]タブー[グループ]パネルー[**グループを編集**]をクリックする。

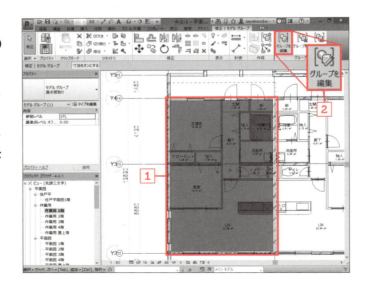

3 [Ctrl]キー＋クリックで、和室と物入の間の壁と、トイレと洗面所の間の壁を複数選択する。

4 プロパティパレットのタイプセレクタから[**内壁(R)RC200**]を選択する。壁のタイプが変更される。

5 [**グループを編集**]パネル－[**終了**]をクリックする。

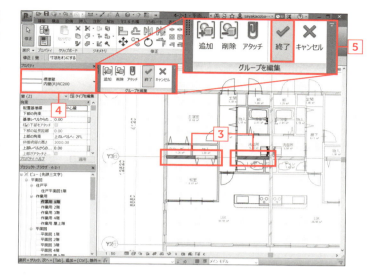

6 手順**3**～**4**と同様にして、右端の住戸の耐力壁をタイプ[**内壁(R)RC200**]に変更する。

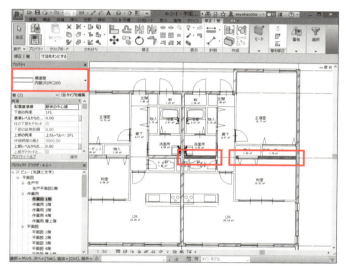

7 同様にして、住戸間の界壁をタイプ[**内壁(R)RC200**]に変更する。

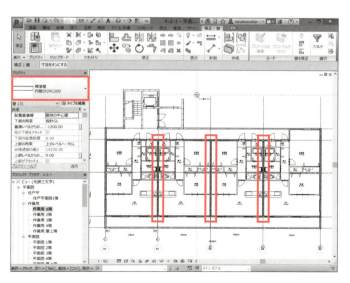

外壁の端部の納まりを調整する

風除室の壁の端部の納まりを調整します。

1. 風除室の右側の壁をクリックして選択する。
2. プロパティパレットで[**タイプを編集**]をクリックする。

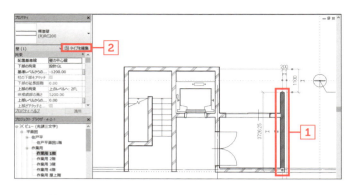

3. [**タイププロパティ**]ダイアログで[**端部の納まり**]から[**外壁**]を選択し、[**OK**]をクリックする。

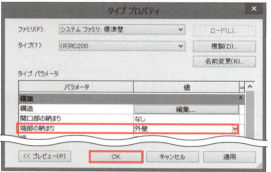

シートに反映させる

基本設計モデルに追加した詳細を、シート[**A-03 - 1階住戸平面図**]に反映させます。

1. プロジェクトブラウザで[**A-03 - 1階住戸平面図**]をダブルクリックする。
2. ビューの中でダブルクリックし、アクティブ化する。

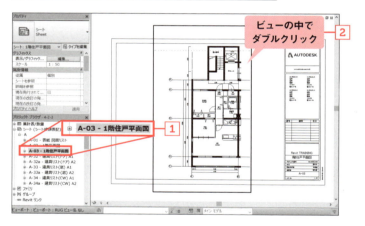

3. ビューコントロールバーから[**詳細レベル**]−[**詳細**]をクリックする。壁が詳細表現に変更される。

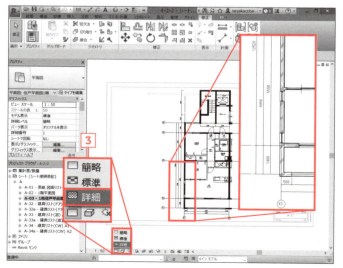

Chapter 4 図面作成

4-2-3 詳細線分と寸法・文字記入

作成した住戸平面図に詳細の書き込みをします。畳、上り框、点検口を追加し、詳細線分、寸法、文字などを記入します。

📄 4-2-3.rvt

畳を挿入する

和室に畳を挿入します。部屋のサイズに合わせたいので、和室の内サイズを測定します。

1. クイックアクセスツールバーの[**2点間を計測**]をクリックする。
2. 和室の内側の2点(❶❷)をクリックする。計測値が表示され、縦が2600であることがわかる。

> ▶ヒント
> 正確な距離を測るには、1点目をクリックした後に、垂直下方向にカーソルを動かし、垂直のガイドを利用して2点目をクリックします。

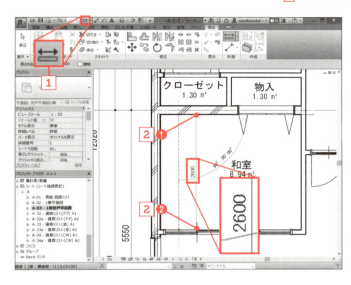

3. 同様にして、横が3073.75であることを確認する。

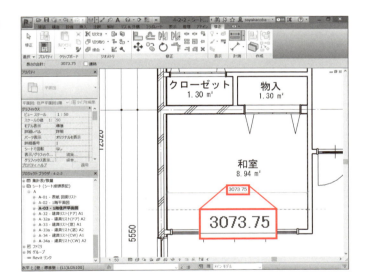

4. [**建築**]タブー[**ビルド**]パネルー[**コンポーネント**]をクリックする。
5. P.70の手順**3～5**と同様にして、下記フォルダにある[**畳_6畳**]ファミリをロードする。
   フォルダ:
   Japan¥家具¥和室用家具

6 スペースキーを何回か押して図のような向きにし、図の位置をクリックして畳を配置する。

7 [選択]パネル−[修正]をクリックし、コマンドを終了する。

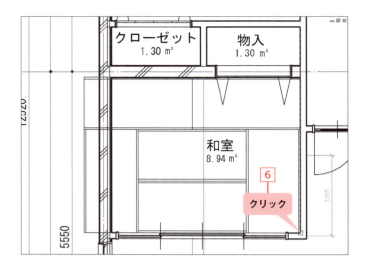

8 畳をクリックして選択する。

9 プロパティパレットで[幅]に「2600」、[奥行]に「3073.75」と入力し、[適用]をクリックする。

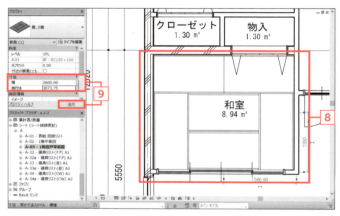

上り框を追加する

住戸の玄関に上り框を追加します。

1 [注釈]タブ−[詳細]パネル−[詳細線分]をクリックする。

▶ヒント
詳細線分とは、3Dモデルを構成する線分（モデル線分）とは異なり、それを作成したビューにのみ表示される線分です。

2 [修正|配置 詳細線分]タブ−[線種]パネル−[1Dot黒 実線]を選択する。

3 オプションバーの[連結]のチェックを外す。

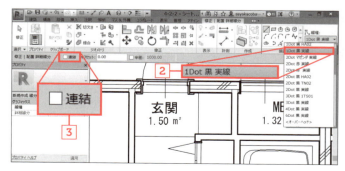

4 玄関に図の赤い線で示した線を追加する。
5 [注釈]タブ−[文字]パネル−[文字]をクリックする。

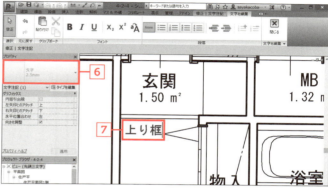

6 プロパティパレットのタイプセレクタから[文字 2.5mm]を選択する。
7 任意の位置をクリックし、「上り框」と入力して確定する。

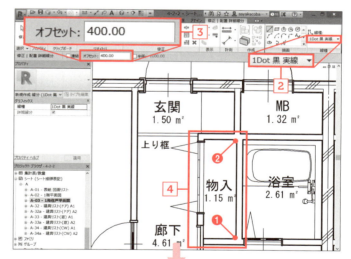

収納の棚を追加し、注記を加筆する

収納の棚を追加し、注記を加筆します。

1 [注釈]タブ−[詳細]パネル−[詳細線分]をクリックする。
2 [修正|配置 詳細線分]タブ−[線種]パネルで[1Dot黒 実線]が選択されていることを確認する。
3 オプションバーの[オフセット]に「400」と入力する。
4 図の❶❷を順にクリックする。クリックした点から左方向に400離れた位置に棚の線が作成される。

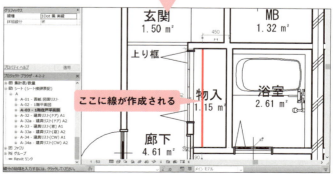

5 [修正|配置 詳細線分]タブー[線種]パネルー[1Dot黒 1TS03]（黒の一点鎖線）を選択する。

6 オプションバーの[オフセット]に「0」と入力する。

7 図のように斜めの一点鎖線を作成する。

8 [選択]パネルー[修正]をクリックし、コマンドを終了する。

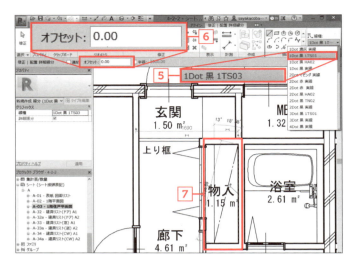

9 Ctrlキーを押しながら「上り框」の文字をドラッグし、図の位置にコピーする。

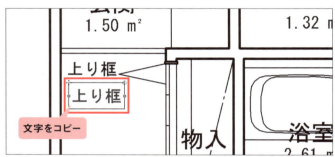

10 コピーした「上り框」の文字をクリックし、「中段×2」と入力し、Enterキーを押す。2行目が入力できる状態になるので、「FL+1800/875」と入力し、確定する。

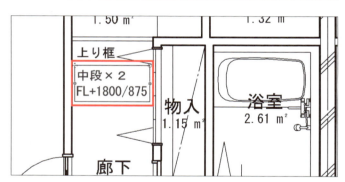

11 「中段×2…」の文字を選択した状態で、[修正|文字注記]タブー[引出線]パネルー[右側に直線の引出線を追加]をクリックする。右側に引出線が追加される。

12 [中央右の引出線]をクリックする。文字の右側に引出線が追加される。

13 引出線の先端と折れ曲がる位置をドラッグして、図のように調整する。

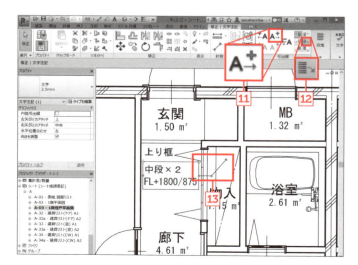

和室物入とクローゼットに加筆する

1. P.239の手順**1**〜**10**と同様にして、和室の物入に図のように棚の線、斜めの線、文字を加筆する。
2. 同様にして、クローゼットに1本の実線と2本の破線を加筆する。破線には[1Dot黒 HA02]を使用する。

> ▶ヒント
> 手順**1**では右から左の順、手順**2**では左から右の順にクリックすると、適切な位置に詳細線分を作成できます。

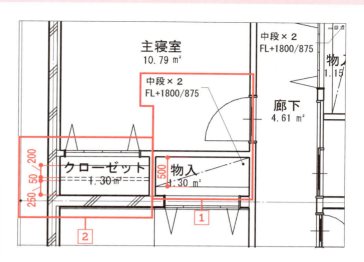

天井点検口を作成する

詳細線分を使って天井点検口の部品を作成します。

1. [注釈]タブ−[詳細]パネル−[詳細線分]をクリックする。
2. [修正|配置 詳細線分]タブ−[線種]パネル−[1Dot黒 HA02]（黒の破線）を選択する。
3. [描画]パネル−[長方形]を選択する。
4. 洗面所の任意の位置に、450×450の長方形を作成する。

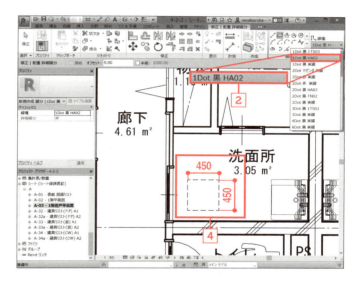

5. [描画]パネル−[線分]を選択する。
6. 長方形に図のような開き勝手の線を加筆する。
7. [選択]パネル−[修正]をクリックし、コマンドを終了する。

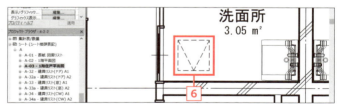

作成した長方形と線分を「**天井点検口**」という名前のグループにします。

8. 手順**1**〜**6**で作成した長方形と線分を窓選択する。
9. [修正|線分]タブ−[作成]パネル−[グループを作成]をクリックする。

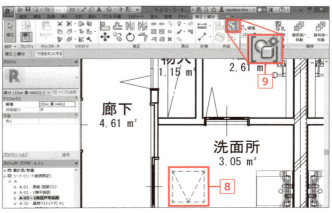

10 [詳細グループを作成]ダイアログで[名前]に「天井点検口」と入力し、[OK]をクリックする。

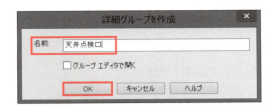

11 天井点検口をクリックして選択する。
12 [修正|詳細グループ]タブ−[修正]パネル−[コピー]をクリックする。
13 オプションバーの[複数]にチェックを入れる。
14 図のように2カ所にコピーする。
15 [選択]パネル−[修正]をクリックし、コマンドを終了する。

16 和室物入の天井点検口をクリックして選択する。
17 [修正|詳細グループ]タブ−[修正]パネル−[回転]をクリックする。

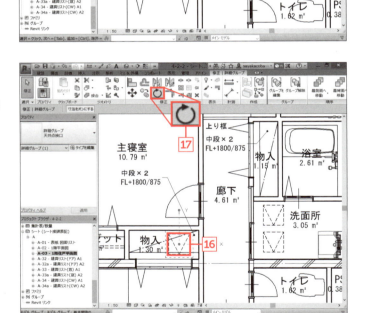

18 図の❶をクリックして現在の方向を指定し、❷をクリックして回転後の方向を指定する。天井点検口が反時計回りに90度回転する。

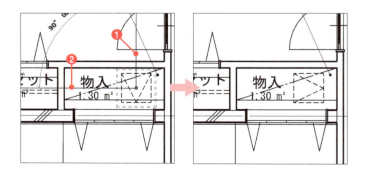

19 [**注釈**]タブ−[**文字**]パネル−[**文字**]をクリックする。
20 洗面所の下側の天井点検口近くの任意の位置をクリックし、「**天井点検口**」と入力して確定する。
21 [**選択**]パネル−[**修正**]をクリックし、コマンドを終了する。
22 Ctrl キーを押しながら「**天井点検口**」の文字をドラッグして、和室物入の天井点検口近くにコピーする。

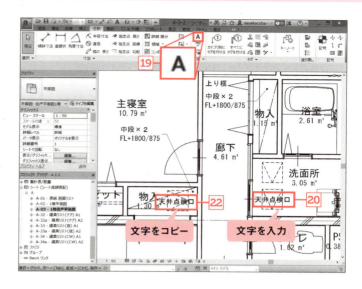

床下点検口を作成する

洗面所の天井点検口を編集して、床下点検口にします。

1 洗面所の上側の点検口をクリックして選択する。
2 P.242の手順**17**〜**18**と同様にして、図のように回転する。

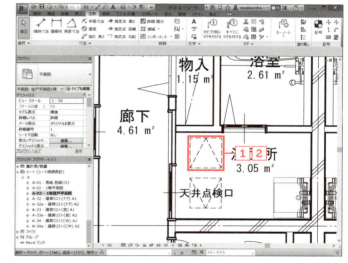

このグループの線を破線から実線に変更します。

3 [**修正|詳細グループ**]−[**グループ**]パネル−[**グループ解除**]をクリックする。
4 [**修正|線分**]タブ−[**線種**]パネル−[**1Dot黒 実線**]を選択する。線が実線に変更される。
5 Ctrl キーを押しながら「**天井点検口**」の文字を上にドラッグしてコピーし、「**床下点検口**」に修正する。

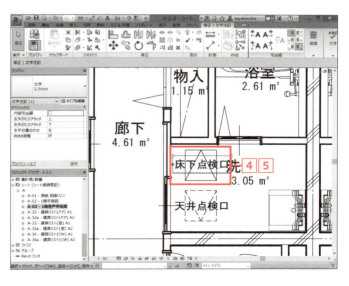

ポイント：2D図形のグループ

2D図形をグループとして登録すると、プロジェクトブラウザの[**グループ**]－[**詳細図**]の下層に保存されます。グループを作図領域から削除しても、プロジェクトブラウザからドラッグ＆ドロップして再度配置できます。また、グループ名の変更や、グループの削除もプロジェクトブラウザで行います。

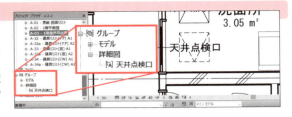

寸法を記入する

1. 図に示す赤い寸法を参考に、必要な個所に寸法を記入する。
2. [**選択**]パネル－[**修正**]をクリックし、コマンドを終了する。

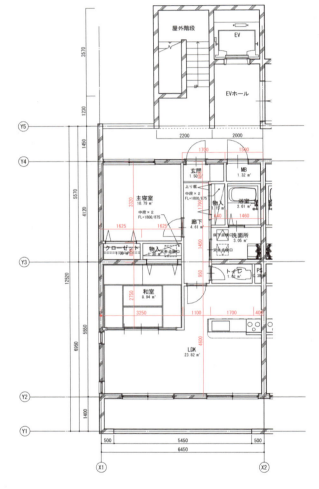

3. ビューの外でダブルクリックし、アクティブ解除する。

住戸平面図が完成しました。

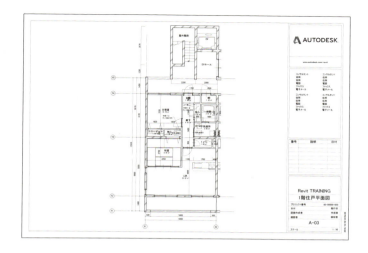

4-2-4 2Dシンボルの配置と集計表

AutoCADなどで使用する2Dシンボルは、Revitのファミリとして流用できます。ここでは、コンセントなどの2Dシンボルを配置し、集計表でシンボルを集計してみます。　4-2-4.rvt

シンボルを配置する

本書のテンプレートにあらかじめ登録されているファミリを使用して、コンセント、分電盤、換気扇のシンボルを配置します。

1. ビューの中でダブルクリックし、アクティブ化する。
2. [**建築**]タブ−[**ビルド**]パネル−[**コンポーネント**]をクリックする。
3. プロパティパレットのタイプセレクタから[**コンセント専用　専用アース付**]を選択する。
4. スペースキーを何回か押して図の向きにし、トイレの壁の内側をクリックして配置する。

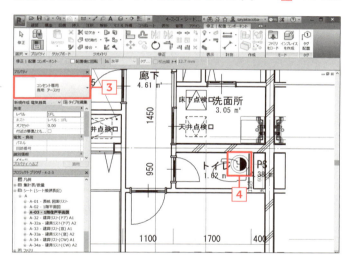

5. プロパティパレットのタイプセレクタから[**コンセント専用　電子レンジ用**]を選択する。
6. キッチンの壁の内側をクリックして配置する。

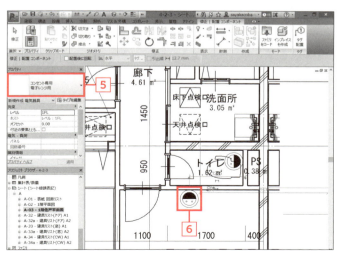

7 プロパティパレットのタイプセレクタから[**コンセント専用 専用アースなし**]を選択する。
8 スペースキーを何回か押して図の向きにし、洗面所の壁の内側をクリックして配置する。

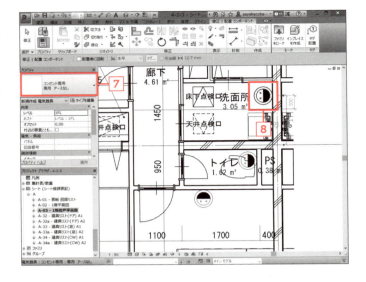

9 プロパティパレットのタイプセレクタから[**コンセント専用 エアコン用**]を選択する。
10 それぞれスペースキーを何回か押して図の向きにし、LDK、和室、主寝室の壁の内側をクリックして配置する。

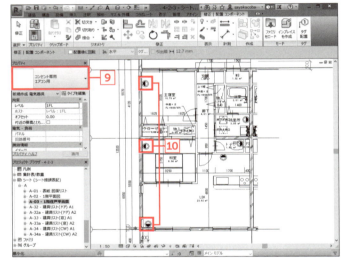

11 プロパティパレットのタイプセレクタから[**コンセント 冷蔵庫用**]を選択する。
12 キッチンの壁の内側をクリックして配置する。

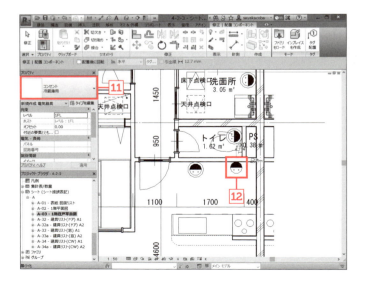

13 プロパティパレットのタイプセレクタから[コンセント アース付]を選択する。

14 スペースキーを何回か押して図の向きにし、システムキッチンのシンクとコンロの間の壁をクリックして配置する。

▶ヒント
このコンセントの2D記号は、床、つまりシステムキッチンの下に配置されるので、配置後すぐに見えなくなります(表示スタイルが[陰線処理]のため)。これは後で修正します。

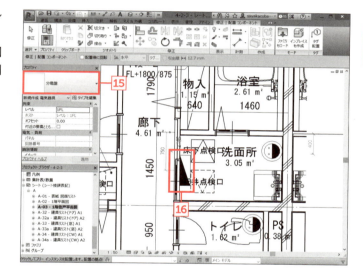

15 プロパティパレットのタイプセレクタから[分電盤]を選択する。

16 スペースキーを何回か押して図の向きにし、洗面所の壁の内側をクリックして配置する。

17 プロパティパレットのタイプセレクタから[換気扇]を選択する。

18 浴室と洗面所の任意の位置をクリックして配置する。

▶ヒント
浴室の換気扇の2D記号は、床、つまり浴槽の下に配置されるので、配置後すぐに見えなくなります(表示スタイルが[陰線処理]のため)。これは後で修正します。

19 [選択]パネル-[修正]をクリックし、コマンドを終了する。

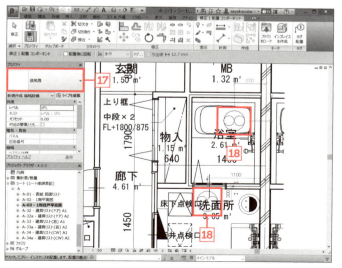

食器洗浄機用のコンセントと浴室の換気扇が非表示になっているので、システムキッチンとユニットバスより高い位置に配置することで表示されるように修正します。

20 ビューコントロールバーの[**表示スタイル**]から[**ワイヤフレーム**]をクリックする。

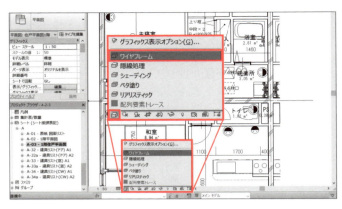

21 図のコンセントと換気扇を、Ctrl キーを押しながらクリックして複数選択する。

22 プロパティパレットで[**オフセット**]に「**1000**」と入力し、[**適用**]をクリックする。

23 ビューコントロールバーの[**表示スタイル**]から[**隠線処理**]をクリックする。食器洗浄機用のコンセントと浴室の換気扇が表示されることを確認する。

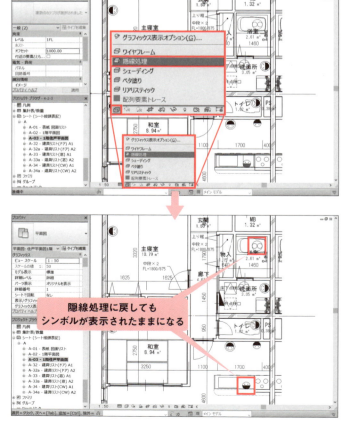

隠線処理に戻してもシンボルが表示されたままになる

シンボルに注記を入れる
配置したシンボルに注記を入れます。

1 [**注釈**]タブ-[**タグ**]パネル-[**すべてにタグを付ける**]をクリックする。

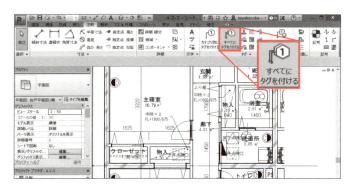

2 [**すべてのタグなし要素にタグを付ける**]ダイアログで[**現在のビューのすべてのオブジェクト**]が選択されていることを確認する。[**電気器具**]タグを選択し、[**引出線**]のチェックを外す。[**OK**]をクリックする。

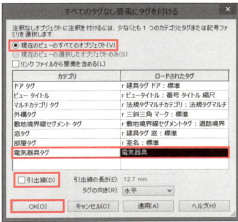

3 電気器具のシンボルに注記(タグ)が記入されていることを確認する。注記(タグ)がシンボルと重なっている場合は、ドラッグして見やすい位置に移動する。

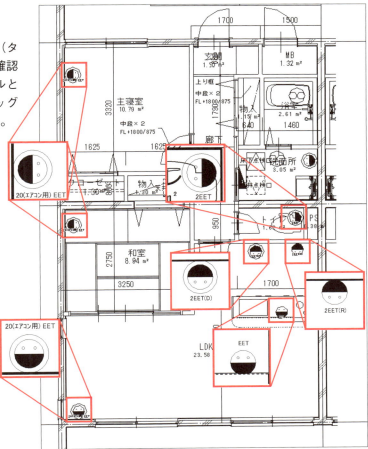

4 分電盤と洗濯機用のコンセントには注記が登録されていないので、タグに「?」が表示される。2つの「?」を選択し、Delete キーを押して削除する。

▶ヒント
タグを付けたいシンボルが多数あるときは、このように[すべてにタグを付ける]コマンドでまとめてタグを付けてから、不要なものを削除すると効率的です。

▶ヒント
ここではテンプレートに事前に登録しておいた2Dファミリとタグを使用しましたが、2Dファミリやタグを自作することもできます。詳しくはRevitのヘルプを参照してください。また、ファミリの自作については、本書の**Chapter 6**でも解説しています。

5 ビューの外でダブルクリックし、アクティブ解除する。

シンボルを集計する

配置した電気器具のシンボルを集計し、図面に貼り付けます。

1 プロジェクトブラウザで[**集計表/数量**]の下層にある[**2-電気器具集計**]をダブルクリックする。作業領域に集計表が表示される。

▶ヒント
集計表はあらかじめテンプレートに用意してあります。集計表の作成についてはRevitのヘルプを参照してください。

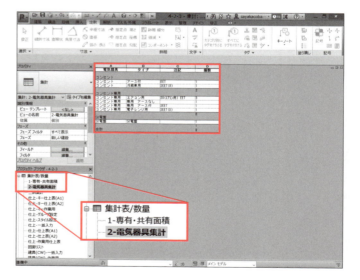

2 プロジェクトブラウザで[**A-03 - 1階住戸平面図**]をダブルクリックする。作図領域に1階住戸平面図が表示される。

3 プロジェクトブラウザで[**2-電気器具集計**]をクリックし、作図領域にドラッグする。任意の位置でクリックして集計表を配置する。

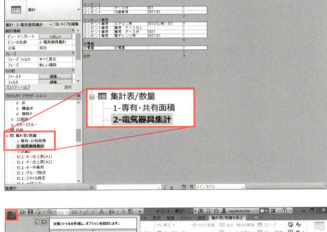

集計表を書き出す

Revitで作成した集計表をタブ区切りのテキストデータとして書き出し、Excelで開いてみます（ここではWindows 7でExcel 2010を使用します）。

1 プロジェクトブラウザで[**2-電気器具集計**]をダブルクリックする。

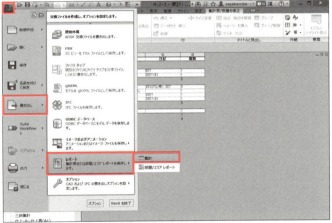

2 アプリケーションメニューから[**書き出し**]－[**レポート**]－[**集計**]をクリックする。

3 [**集計表を書き出し**]ダイアログで[**保存先**]を[**デスクトップ**]に指定する。[**ファイル名**]が「**2-電気器具集計(.txt)**」になっていることを確認し、[**保存**]をクリックする。

4 [集計表を書き出し]ダイアログが表示される。[集計表の外観]の[列見出しを書き出し]にチェックが入っていることを確認し、[OK]をクリックする。

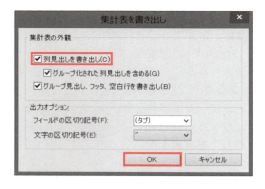

5 Excelを起動し、[ファイル]タブ-[開く]をクリックする。

6 [ファイルを開く]ダイアログで、ファイルの種類として[すべてのファイル]を選択し、デスクトップに保存した「2-電気器具集計(.txt)」を選択して[開く]をクリックする。

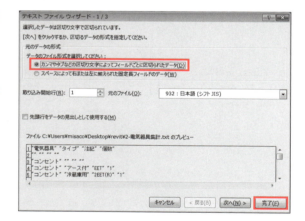

7 [テキストファイルウィザード]ダイアログで、[カンマやタブなどの区切り文字によってフィールドごとに区切られたデータ]が選択されていることを確認して[完了]をクリックする。

8 集計表の内容がExcelに表示される。必要に応じてExcelファイル(*.xlsxまたは*.xls)として保存する。

▶ヒント
集計表をExcelに読み込むと、Excelの機能を使ってデータの計算や加工をすることができ、データを幅広く活用できます。

▶ヒント
4-2を完了した時点のプロジェクトが、教材データに次のファイル名で収録されています。参考としてご利用ください。
 4-3-1.rvt

4-3 専有・共有面積図の作成

4-3-1.rvt～4-3-3.rvt

Chapter 2で確認した専有・共有面積図の修正と仕上げをします。また、1階のアイソメ図を作成し、専有・共有面積表と併せて1つの図面を作成します。

4-3-1 専有・共有設定の仕上げ

外廊下とバルコニーに部屋を設定し、エントランスやホール部分の専有・共有の設定を確認します。

4-3-1.rvt

面積図用のビューを作成する

[平面図1階]ビューを複製して、面積図用のビューを作成します。

1 プロジェクトブラウザで[平面図1階]ビューを右クリックし、コンテキストメニューから[ビューを複製]－[複製]をクリックする。

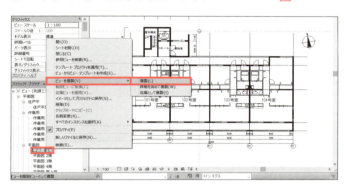

2 プロジェクトブラウザの[平面図]の下層に[平面図1階 コピー1]が作成される。寸法や記号、文字などはコピーされていないことを確認する。

3 P.220の手順3～4と同様にして、このビューの名前を「専有・共有平面図1階」に変更する。

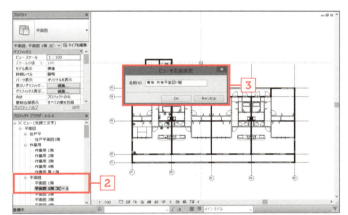

外廊下とバルコニーに部屋を設定する

1 [建築]タブ－[部屋とエリア]パネル－[部屋の分割]をクリックする。

2 [修正|配置 部屋を分割]タブ－[描画]パネル－[長方形]をクリックする。

3 図に示した赤い線のように、外廊下の内側に長方形を作成する。

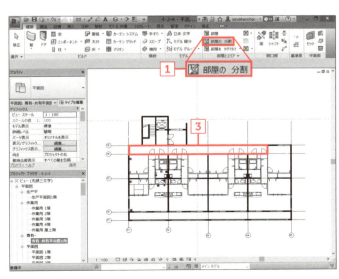

4 「ハイライト表示された部屋の分割線が重なっています。」という警告が表示される。ここでは特に問題ないので、右上の[×]をクリックして閉じる。

5 同様にして、図に示した赤い線のように、バルコニーの内側に長方形を作成する。

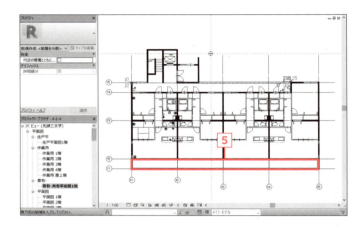

6 「壁と部屋分割線が重なっています。」という警告が表示される。ここでは特に問題ないので、右上の[×]をクリックして閉じる。

7 [選択]パネル−[修正]をクリックし、コマンドを終了する。

8 [建築]タブ−[部屋とエリア]パネル−[部屋]をクリックする。

9 プロパティパレットのタイプセレクタから[r室名 面積 面積あり]を選択する。

10 外廊下とバルコニー4カ所に部屋を設定する。

11 [選択]パネル−[修正]をクリックして、コマンドを終了する。

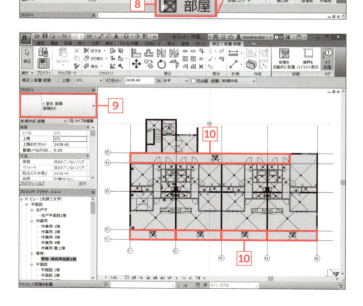

12 外廊下の部屋タグをクリックして選択する。文字が青く表示されたら、再度クリックする。

13 [**パラメータ値を変更**]ダイアログで[**名前**]の[**値**]列に「**廊下**」と入力し、[**OK**]をクリックする。

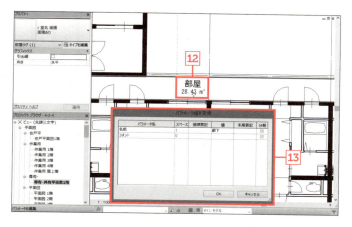

14 同様にして、4カ所のバルコニーの部屋タグを「**バルコニー**」に修正する。

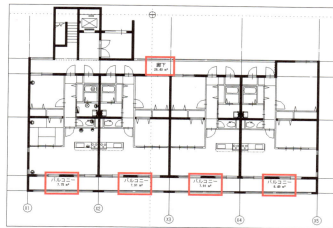

他の部屋の室名を表示する

部屋タグを追加して、他の部屋の室名を表示します。

1 [**注釈**]タブー[**タグ**]パネルー[**すべてにタグを付ける**]をクリックする。

2 [**すべてのタグなし要素にタグを付ける**]ダイアログで[**現在のビューのすべてのオブジェクト**]が選択されていることを確認する。[**部屋タグ**]の[**r室名 面積：面積あり**]を選択し、[**OK**]をクリックする。

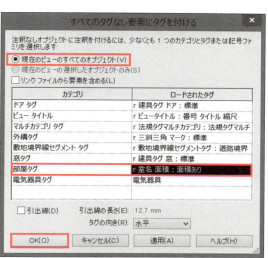

3 各部屋に室名と面積が表示されることを確認する。

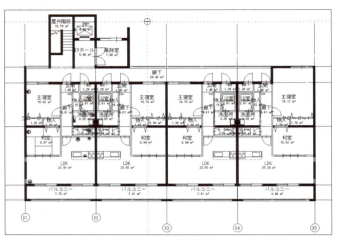

専有・共有の設定を確認する

1 プロパティパレットで[**カラースキーム**]の[**<なし>**]をクリックする。

2 [**カラースキームを編集**]ダイアログで[**カテゴリ**]から[**部屋**]－[**専有／共有**]を選択し、[**OK**]をクリックする。Chapter 2で設定した専有(オレンジ色)・共有(緑色)部分が色分けして表示される。

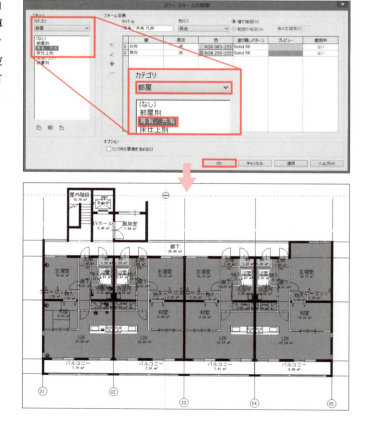

トイレ奥のPS（パイプスペース）が専有設定（オレンジ色）になっているので修正します。

3 窓選択と[Ctrl]キー＋クリックによる複数選択を組み合わせて、4カ所のPSの部屋を選択する。

> ▶ヒント
> PS周辺を窓選択した後に、[フィルタ]コマンドを使用して部屋だけを選択すると効率的です（P.102の手順**1**〜**3**を参照）。

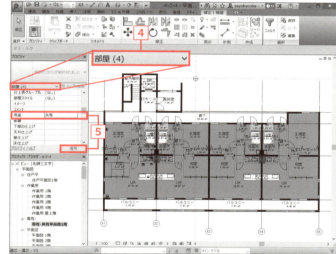

4 プロパティパレットで「**部屋(4)**」と表示されていることを確認する。

5 プロパティパレットで[**用途**]から[**共有**]を選択し、[**適用**]をクリックする。

6 選択解除して、PSが共有設定（緑色）になったことを確認する。

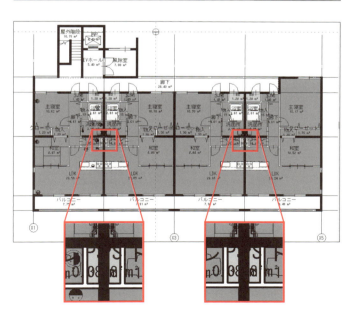

バルコニー、廊下、屋外階段、EV、EVホール、風除室を共有に設定します。

7 窓選択と Ctrl キー＋クリックによる複数選択を組み合わせて、バルコニー（×4）、廊下、屋外階段、EV、EVホール、風除室の9カ所の部屋を選択する。

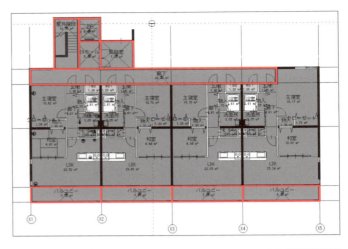

8 プロパティパレットで「**部屋(9)**」と表示されていることを確認する。

9 プロパティパレットで[**用途**]から[**共有**]を選択し、[**適用**]をクリックする。

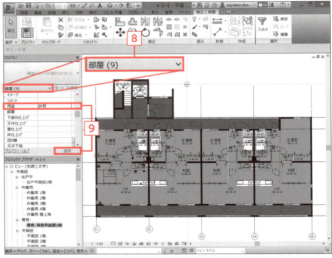

10 選択解除して、手順**7**で選択した部屋が共有設定（緑色）になったことを確認する。

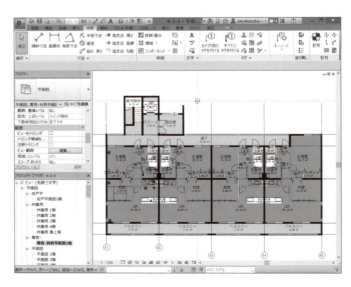

Chapter 4 図面作成

4-3-2 壁仕上げの修正

1階のエントランス、階段、エレベータ部分の壁の仕上げを修正します。

　4-3-2.rvt

1. プロジェクトブラウザで[**モデリング用1階**]ビューに切り替える。
2. 風除室、階段、エレベータ部分を拡大表示し、図のように壁の東側がレンガタイル仕上げ、西側がモルタル仕上げになっていることを確認する。壁の向きが違っている場合は、その壁を選択し、スペースキーを押して反転させる。

> ▶ヒント
> 壁は時計回りに作成するというルールがあり、反時計回りに作成すると壁の仕上げの内側／外側が正しく表示されません。手順**2**で指示していない壁についても、図と見比べて仕上げを確認し、内側／外側が間違っている場合は反転させて修正します。

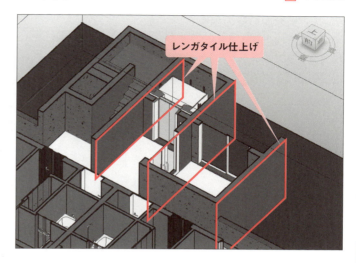

エントランスと風除室の壁の両面をレンガタイルに変更します。

3. [**修正**]タブ－[**ジオメトリ**]パネル－[**ペイント**]をクリックする。
4. [**マテリアルブラウザ**]ダイアログで[**外壁仕上 レンガタイル**]を選択する。

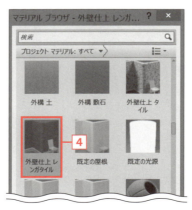

259

5 [マテリアルブラウザ]ダイアログを画面端に寄せ、図のように2カ所をクリックし、エントランスと風除室の壁の内側をレンガタイル仕上げにする。

6 [マテリアルブラウザ]ダイアログの[完了]をクリックして閉じる。

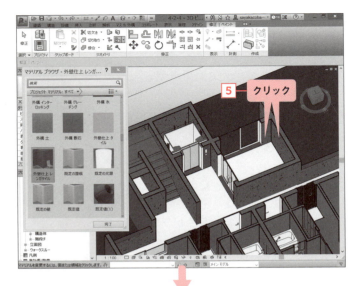

エレベータホールの壁はエレベータ室とつながっていますが、ホール側の面はレンガタイル仕上げ、エレベータ室の面はモルタル仕上げにしたいので、壁の面を分割します。

7 [修正]タブ－[ジオメトリ]パネル－[面を分割]をクリックする。

8 図のように、分割する面をクリックする。

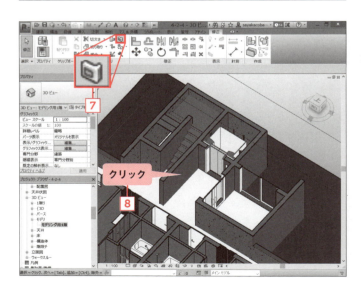

9 [修正|面を分割 > 境界を作成]
タブー[描画]パネルー[線分]を
クリックする。

10 オプションバーの[連結]に
チェックを入れる。

11 図に示した赤い線のように、面
を分割する線を作成する。

12 [モード]パネルー[編集モードを
終了]をクリックする。

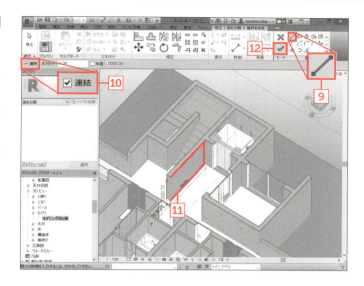

13 手順7～12と同様にして、反対
側の壁も面を分割する。

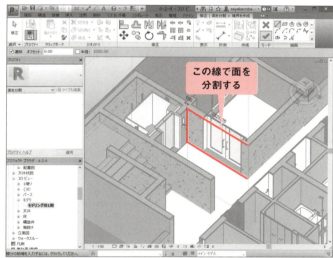

14 P.259の手順3～5と同様にし
て、図の壁に[外壁仕上 レンガ
タイル]マテリアルを適用する。

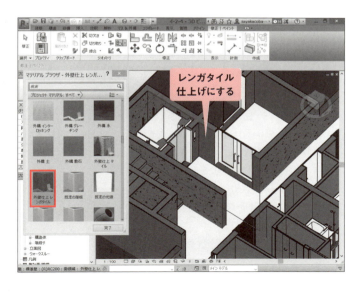

15 同様にして、図の壁に[**壁下地モルタル(t10)**]マテリアルを適用する。

16 [**完了**]をクリックし、[**マテリアルブラウザ**]ダイアログを閉じる。

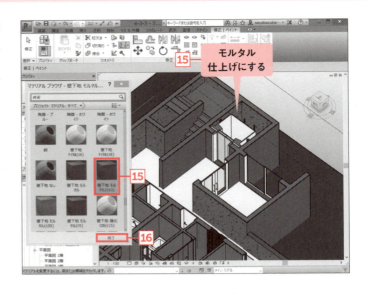

4-3-3 専有・共有面積図の作成

これまでに作成した専有・共有平面図ビュー、3Dビュー、集計表を組み合わせて、専有・共有面積図を作成します。

📄 4-3-3.rvt

1 [**表示**]タブ—[**シート構成**]パネル—[**シート**]をクリックする。

2 P.215の手順**2**〜**4**と同様にして、[**A-04 - 無題**]シートを作成する。

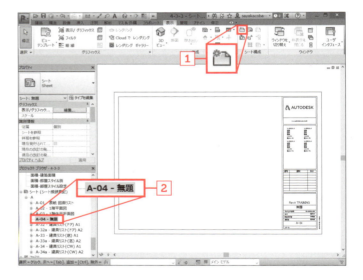

3 プロジェクトブラウザから[**専有・共有平面図1階**]ビュー、[**モデリング用1階**]ビュー、[**1ー専有・共有面積**]集計表を作図領域にドラッグ＆ドロップする。ビューと集計表の配置を図のように調整する。

4 各ビューの左下の図面タイトルをドラッグして図の位置に移動する。

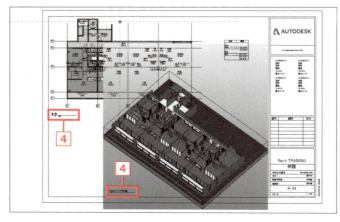

3Dビューが図面枠に収まっていないので、3Dビューの向きを固定し、背景を調整します。

5 [モデリング用1階]ビューの中でダブルクリックし、アクティブ化する。

6 モデルを回転させ、図のように方向を整える。

7 ビューの外でダブルクリックし、アクティブ解除する。

8 ビューをドラッグして、モデルが図面枠内に収まるように調整する。うまく収まらない場合は、手順5～7を繰り返して調整する。

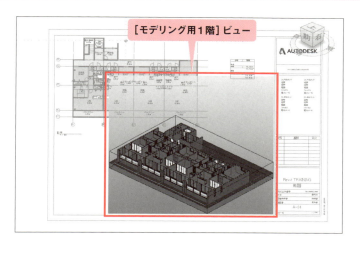

9 ビューの中でダブルクリックし、アクティブ化する。

10 ビューコントロールバーの[ロック解除された3Dビュー]から[方向を保存し、ビューをロック]をクリックする。

▶ヒント
シート上の[モデリング用1階]ビューをロックしなかった場合、今後、プロジェクトブラウザから[モデリング用1階]ビューを表示してモデリングデータを回転させたときに、シート上のビューも回転してしまいます。そのため、ビューをロックし、現在の表示状態を変更できないようにしておきます。

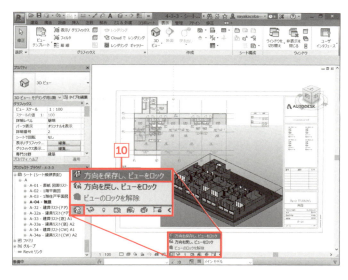

11 ビューコントロールバーの[表示スタイル]から[グラフィックス表示オプション]をクリックする。

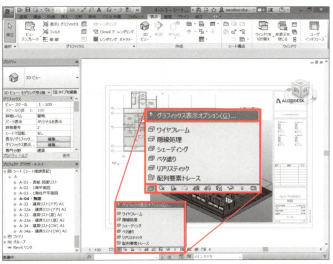

12 [グラフィックス表示オプション]ダイアログが表示される。[背景]の▶をクリックして展開する。[背景]から[なし]を選択し、[OK]をクリックする。3Dビューの背景がなくなる。

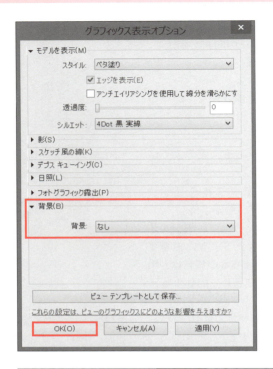

13 ビューの外でダブルクリックし、アクティブ解除する。
14 P.226の手順**1**～**2**と同様にして、プロジェクトブラウザでシート名を「無題」から「専有・共有図面」に変更する。

▶ヒント
図面枠の表題欄を直接編集してもかまいません。

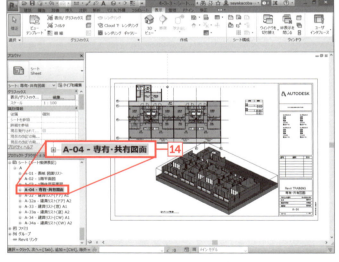

専有・共有面積図が完成しました。

▶ヒント
4-3を完了した時点のプロジェクトが、教材データに次のファイル名で収録されています。参考としてご利用ください。

📄 **4-4-1.rvt**

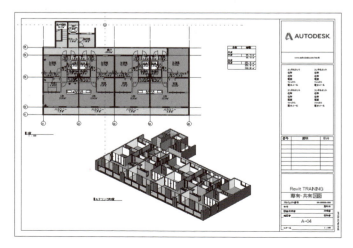

4-4 断面図の作成

4-4-1.rvt、4-4-2.rvt

Revitの断面線の機能を使用すると、3Dモデルの断面図を簡単に作成できます。ここでは2つの断面線を作成し、それぞれの方向から見た断面を1枚のシートに並べた断面図を作成します。

4-4-1 断面線の作図

3Dモデルを東西方向と南北方向に横切る断面線を作図します。断面線を配置した位置で断面図を作成できます。

4-4-1.rvt

1. プロジェクトブラウザで[**平面図1階**]ビューに切り替える。
2. [**表示**]タブー[**作成**]パネルー[**断面**]をクリックする。

3. 図の❶❷の位置を順にクリックし、断面線を作成する。

▶ポイント
断面線の調整方法については、P.268のポイントを参照してください。

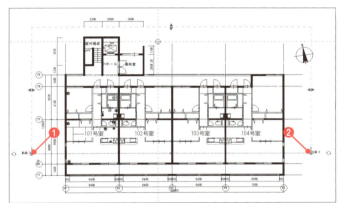

4. プロジェクトブラウザの[**断面図**]の下層に[**断面0**]が作成されることを確認する。
5. [**断面0**]をダブルクリックする。[**断面0**]ビューが表示される。

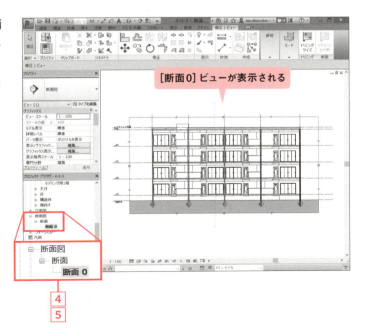

6 トリミング枠が表示されているので、枠をクリックし、コントロールをドラッグして範囲を調整する。

7 ビューコントロールバーの[**トリミング領域を非表示**]をクリックし、トリミング枠を非表示にする。

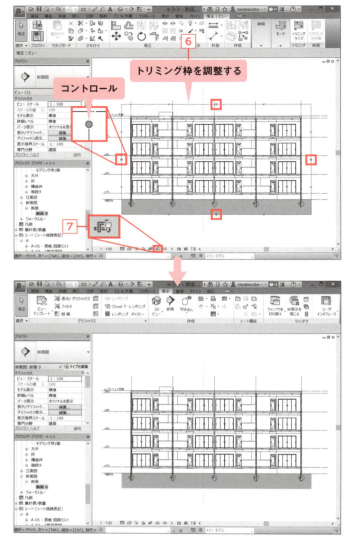

もう1つ、別方向の断面図を作成します。

8 プロジェクトブラウザで[**平面図1階**]ビューに切り替える。

9 [**表示**]タブー[**作成**]パネルー[**断面**]をクリックする。

10 図の❶❷の位置を順にクリックし、断面線を作成する。

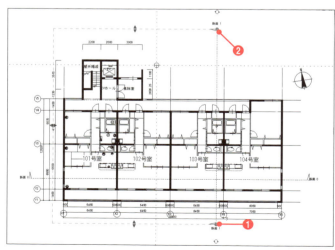

11 プロジェクトブラウザの[**断面図**]の下層に[**断面1**]が作成されることを確認する。

12 [**断面1**]をダブルクリックする。

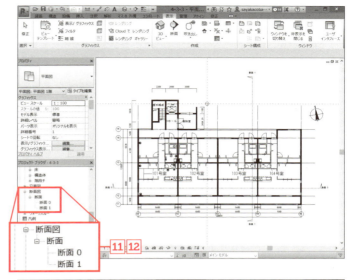

13 [**断面1**]ビューが表示されるので、トリミング枠のコントロールをドラッグして、範囲を調整する。

14 ビューコントロールバーの[**トリミング領域を非表示**]をクリックする。トリミング枠が非表示になる。

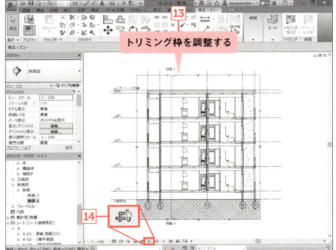

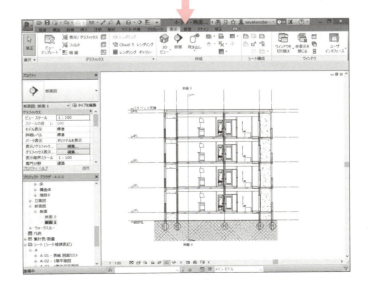

4-4-2
断面図の作成

新しいA2サイズのシートを作成し、4-4-1で作成した2つの断面図を並べて配置します。

📄 4-4-2.rvt

1. P.214の下の手順1～4と同様にして、A2サイズの新規シートを作成する。
2. プロジェクトブラウザから[断面0]ビューと[断面1]ビューを作図領域にドラッグ＆ドロップする。2つのビューを図のように調整する。

▶ヒント
2枚のビューを並べるときは、水色のガイド線が表示されるので、それを参考にして高さを合わせます。通芯やレベルの線の長さを調整するときは、それぞれのビューをアクティブにして編集します。

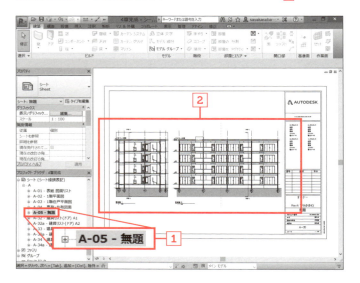

3. P.226の手順1～2と同様にして、プロジェクトブラウザでシート名を「無題」から「断面図」に変更する。

▶ヒント
図面枠の表題欄を直接編集してもかまいません。

断面図が完成しました。

▶ヒント
4-4を完了した時点のプロジェクトが、教材データに次のファイル名で収録されています。参考としてご利用ください。

📄 4章完成.rvt

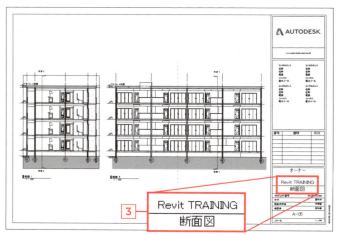

ポイント：断面線の調整

断面線は作成後にドラッグして自由に位置変更できます。断面線を作成したとき（または断面線をクリックしたとき）に表示される青い三角形の形状コントロールをドラッグすると、幅や奥行きなどを変更できます。同様に、フリップ記号をクリックすると、断面方向を変更できます。

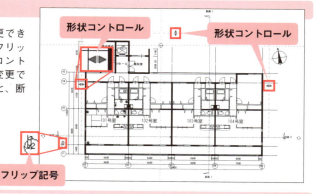

Chapter 5
シート設定と図面の書き出し／読み込み

Revitで作成したビューや図面をDWG形式で書き出し、AutoCAD LTなどの2D CADで編集することができます。また、編集後に再びRevitに読み込むことができます。
3Dモデリングに慣れるまでは、この方法で2D CADを併用しながら作業を進めたほうが効率的です。
慣れてきたら、3Dモデリングの比率を増やしていきましょう。

5-1 **DWG形式への書き出しとリンク読み込み**
DWG形式への書き出し／図面のリンク読み込み

5-1 DWG形式への書き出しとリンク読み込み

5-1.rvt

Chapter 4で作成したビューをDWG形式で書き出し、AutoCAD LTで編集してから、もう一度Revitに読み込んで図面を作成します。この際「リンク読み込み」をすると、DWGファイルをRevitに読み込んだ後に、再度AutoCAD LTで編集できます。

5-1-1 DWG形式への書き出し

Revitで作成した図面をAutoCAD LTなどの2D CADで編集するために、DWG形式で書き出します。

4-2で作成した[住戸平面図1階]ビューを書き出します。

1. 教材データに含まれる「5-1.rvt」を開く(または、**Chapter 4**の続きから作業する)。
2. プロジェクトブラウザで[住戸平面図1階]ビューに切り替える。

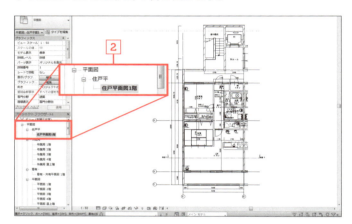

3. アプリケーションメニューから[書き出し]－[CAD形式]－[DWG]を選択する。

4. [DWGを書き出す]ダイアログで[次へ]をクリックする。

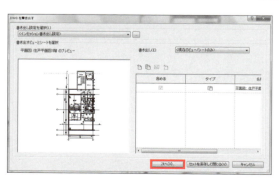

5 [CAD形式書き出し－コピー先フォルダに保存]ダイアログで、保存先として任意のフォルダを選択する。

6 [ファイル名/接頭表記]に「5-1 - 平面図 - 住戸平面図1階」と入力する。

7 [ファイルの種類]を[AutoCAD 2013 DWGファイル(*.dwg)]に設定する。

8 [名前]を[自動－長い形式(接頭表記を指定)]に設定する。

9 [シートとリンクのビューを外部参照ビューとして書き出す]のチェックを外す。

10 [OK]をクリックする。図面が「5-1 - 平面図 - 住戸平面図1階(.dwg)」というファイル名で保存される。

11 AutoCAD LTで「5-1 - 平面図 - 住戸平面図1階(.dwg)」を開き、任意の修正を加えて保存する。

▶ヒント
練習なので、ここではオブジェクトの削除や移動など、どのような修正を加えてもかまいません。

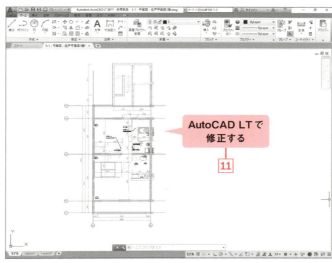

5-1-2 図面のリンク読み込み

5-1-1で書き出したDWGファイルをRevitにリンク読み込みして、凡例と詳細シートを作成します。

DWGを凡例ビューにリンクする

1 Revitのプロジェクトブラウザで[凡例]を右クリックし、[新しい凡例]を選択する。

▶ヒント
Revitでは、図面内の記号や符号、カラー設定などの意味を示す凡例を、凡例ビューとして作成できます。「凡例ビュー」には図面データを読み込むことができます。詳細図面などは、凡例ビューに整理しておくと便利です。

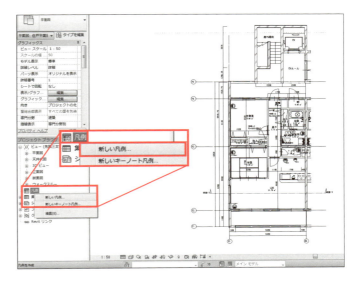

2 [新しい凡例ビュー]ダイアログで[名前]に「住戸詳細図1階」と入力し、[スケール]を[1:50]に設定して[OK]をクリックする。

3 プロジェクトブラウザで[凡例]の下層に凡例[住戸詳細図1階]が作成されたことを確認する。

4 [挿入]タブー[リンク]パネルー[CADをリンク]をクリックする。

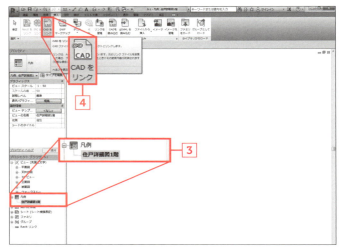

5 [CAD形式をリンク]ダイアログで、5-1-1で保存した「5-1 - 平面図 - 住戸平面図1階(.dwg)」ファイルを選択する。

▶ヒント
必要に応じて、リンク時に適用するカラー、レイヤ、単位を設定できます。ここでは初期設定のままとします。

6 [開く]をクリックする。凡例[住戸詳細図1階]にAutoCAD LTで修正済みのDWGファイルが読み込まれ、作図領域に表示される。

▶ヒント
ここでは、住戸平面図のDWGファイルを凡例として読み込みましたが、同様に平面図や立面図、断面図、さらにはディテールのDWGデータの読み込みとしても利用できます。

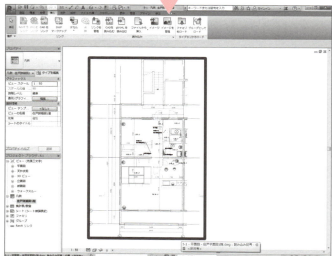

リンクした凡例から図面を作成する

1 P.214の手順**1**〜**4**と同様にして、A2サイズの新規シートを作成する。

> ▶ヒント
> Revitではシート番号が自動的に付けられます。図ではシート名が「**000-無題 - 詳細**」となっていますが、それまでの作業の進め方によって、「**A-14 - 無題**」などとなる場合があります。

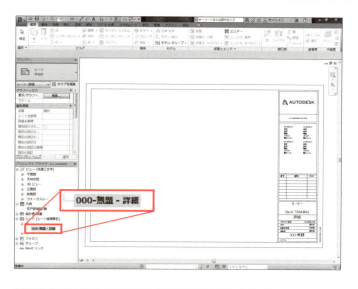

2 P.226の手順**1**〜**2**と同様にして、プロジェクトブラウザでシート名を「**無題**」から「**詳細**」に変更する。

3 プロジェクトブラウザから凡例 **[住戸詳細図1階]** を作図領域にドラッグ＆ドロップする。凡例の位置を図のように調整する。外部のDWGファイルを読み込んだ図面ができる。

> ▶ヒント
> この図面は外部のDWGファイルとリンクしているため、DWGファイルをAutoCAD LTで修正した後に、この図面をRevitで開くと、修正結果が図面に反映されます。AutoCAD LTとRevitで同時に編集を進めている場合は、P.274に示す**[リンクを管理]**ダイアログで**[再ロード]**をクリックすることで、AutoCAD LTでの修正結果をRevitの図面に反映できます。

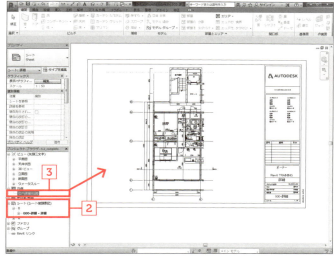

リンクを管理する

リンクしたファイルの情報は、**[リンクを管理]**ダイアログで確認できます。

1 **[挿入]**タブ－**[リンク]**パネル－**[リンクを管理]**をクリックする。

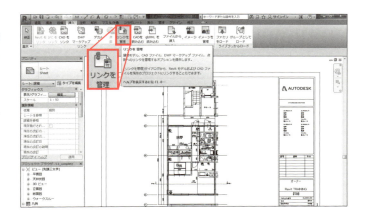

2 [リンクを管理]ダイアログの[CAD形式]タブをクリックすると、リンクした「5-1 - 平面図 - 住戸平面図1階(.dwg)」の保存パスなどの情報が表示される。

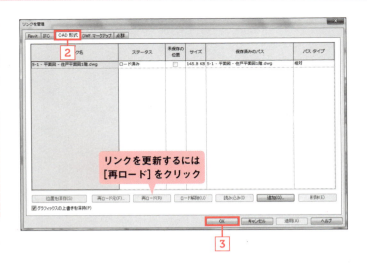

リンクを更新するには[再ロード]をクリック

▶ヒント
[リンクを管理]ダイアログには、現在のプロジェクトにリンクしているファイルの情報がファイルの種類別のタブに表示されます。下部のボタンを使用すると、リンクファイルの再ロードやロード解除などができます。

3 情報を確認したら、[OK]をクリックする。

▶ヒント
Chapter 5を完了した時点のプロジェクトが、教材データに次のファイル名で収録されています。参考としてご利用ください。
📄 5章完成.rvt

ポイント：複数のビューとシートを一括で書き出す／印刷する

1つのプロジェクト内に作成したビューやシートをまとめて書き出し／印刷することができます。一連の設計図書をまとめて出力できるので、作業の効率化につながります。

複数のシートを書き出す
① アプリケーションメニューから[書き出し]－[CAD形式]－[DWG]を選択する。
② [DWGを書き出す]ダイアログの[書き出し]から[＜インセッションビュー/シートセット＞]を選択。
③ [一覧に表示]から[モデル内のシート]を選択。
④ 下の一覧から書き出したいシートを選択。
⑤ P.270の手順4以降と同様。

複数のビュー／シートを印刷する
① アプリケーションメニューから[出力]－[出力]を選択。
② [出力]ダイアログの[出力範囲]で[選択されたビュー／シート]を選択し、[選択]ボタンをクリック。
③ [ビュー/シートセット]ダイアログで必要なシートとビューを選択し、[OK]をクリック。
④ [出力]ダイアログで[OK]をクリック。

Chapter 6
ファミリの作成

Revitでは「ファミリ」と呼ばれる部品を使用できます。Revitには建具や家具など、さまざまな種類のファミリが付属していますが、インターネットからダウンロードしたり、自作したりして登録することもできます。
Revitで作業する上で、ファミリを自分で作成できるようになることは、とても大切です。この章では、簡単な棚を例に、ファミリを作成する際の基本的な工程と操作を解説します。

6-1 **テンプレートの準備**
6-2 **本体の作成**
　　参照面の作成／本体の作成
6-3 **パラメータの設定**
　　EQの設定／パラメータの設定（幅・奥行き）／パラメータの動作確認／パラメータの設定（高さ）
6-4 **参照面の設定**
　　名前を付ける／基準点の定義／参照の定義
6-5 **ボイドの作成**
6-6 **棚板の作成**
6-7 **ファイルの保存**
6-8 **プロジェクトへのロード**
　　プロジェクトファイルの新規作成／壁の作成／ファミリのロード／パラメータの確認／インスタンスパラメータとタイプパラメータの違い
6-9 **マテリアルの設定**
　　マテリアルの作成／マテリアルの設定／マテリアルパラメータの設定／プロジェクトへの再ロード
6-10 **完成**

6-1 テンプレートの準備

📄 教材データなし

ファミリを作成するときは、まずテンプレート（ひな型）を選択します。今回は家具カテゴリとして棚を作成するので、テンプレートは[家具（メートル単位）]を選択します。

> ▶ヒント
> ファミリ作成時に選んだテンプレートは、そのファミリがプロジェクトにロード（読み込み）されたときのカテゴリに影響します。これから作成したいオブジェクトをどのカテゴリとして分類したいのかを考えてテンプレートを選択します。
> 例えば窓を家具テンプレートで作成すると家具として分類されるので、窓として集計したり建具表に書き出したりといったことができません。
> また、選択するテンプレートによって事前に設定されているパラメータが違います。

テンプレートを選択

1. Revitの起動後に表示される[最近使用したファイル]画面で[ファミリ]の[新規作成]をクリックする。

> ▶ヒント
> アプリケーションメニューから[新規作成]－[ファミリ]をクリックしてもかまいません。

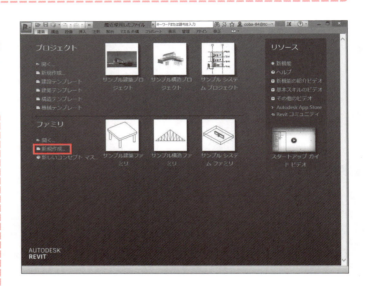

2. [新しいファミリ - テンプレートファイルを選択]ダイアログから[家具（メートル単位）]を選択し、[開く]をクリックする。

Chapter 6 ファミリの作成

3 プロジェクトブラウザで[平面図]を展開する。[参照レベル]が選択されていることを確認する。

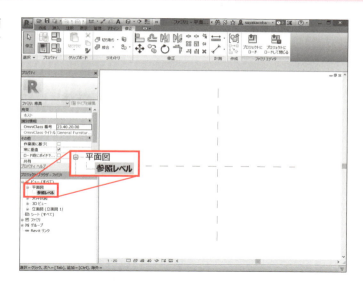

ポイント：参照面

[参照レベル]には、最初から[参照面：参照面：中心(正面/背面)]と[参照面：参照面：中心(左/右)]の参照面が用意されていることを確認しましょう。
参照面は、2D CADでの基準線や中心線と同じような役割を持つと考えてください。3D CADなので参照「面」と呼びます。

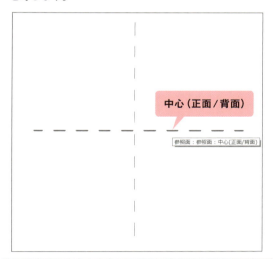
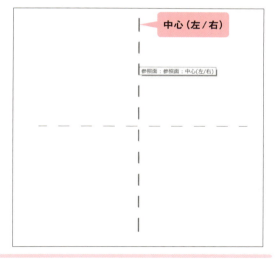

6-1 テンプレートの準備

277

6-2 本体の作成

📄 6-2.rfa

パラメータを設定することを考慮して本体を作成します。パラメータの設定を考慮したファミリを作成する場合、作成した参照面間にパラメータを持たせ、形状は参照面に紐付けすることで動作するようにします。

6-2-1 参照面の作成

ここでは、幅方向の参照面2つと奥行き方向の参照面1つを作成します。

1 [作成]タブ－[基準面]パネル－[参照面]をクリックする。

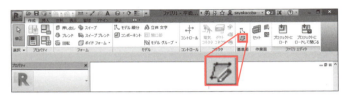

2 [参照面：参照面：中心（左/右）]の左側で始点と終点をクリックし、垂直の参照面を作成する。同様に右側にも垂直の参照面を作成する。

▶ヒント
位置は後で整えるので、参照面（垂直/水平）を作成するのはだいたいの位置でかまいません。

3 [参照面：参照面：中心（正面/背面）]の下で始点と終点をクリックし、水平の参照面を作成する。

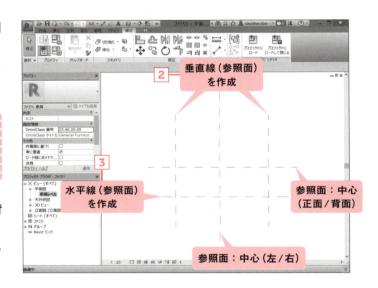

6-2-2 本体の作成

参照面を作成したら、次に棚の本体を作成します。本体のスケッチラインは、先に作成している参照面とロックして紐付けします。

1 [作成]タブ－[フォーム]パネル－[押し出し]をクリックする。

2 ［修正｜作成　押し出し］タブ－［描画］パネル－［長方形］をクリックする。

3 図の❶と❷をクリックし、参照面をなぞるように長方形のスケッチラインを作成する。

4 それぞれの南京錠のマーク（以降ロックマーク）をクリックし、参照面をロックする。

> ▶ヒント
> スケッチライン（画面上ピンクの線）を参照面にロックすると、参照面の移動にともないスケッチラインも移動します。
> ロックを忘れてスケッチラインの作成を終了してしまったときは、各参照面とスケッチラインをそれぞれ［位置合わせ］することでロックが可能です。

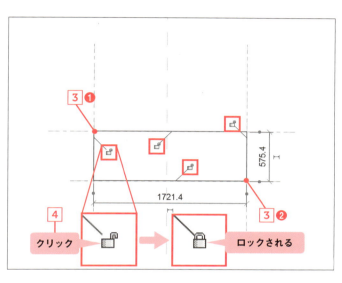

5 プロパティパレットで［押し出し終端］に「880」、［押し出し始端］に「0」と入力し、［適用］をクリックする。

6 ［モード］パネル－［編集モードを終了］をクリックする。

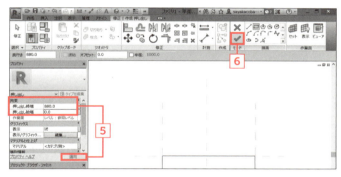

7 クイックアクセスツールバーの［既定の3Dビュー］をクリックし、3Dビューで形状を確認する。

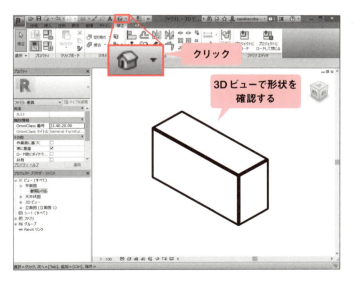

6-3 パラメータの設定

📄 6-3.rfa

パラメータを設定することで、サイズを自由に変更できるファミリが作成できます。幅のパラメータは均等に増減し、奥行きのパラメータは手前一方向、高さは棚天端が上下方向に増減するように設定します。

6-3-1 EQの設定

まず、寸法間隔が均等にサイズ変更するように均等テキストラベル（EQ）の設定をしましょう。

1. プロジェクトブラウザで[平面図]の[参照レベル]をダブルクリックする。
2. [注釈]タブー[寸法]パネルー[傾斜寸法]をクリックする。
3. 図の❶❷❸の順に参照面をクリックする。

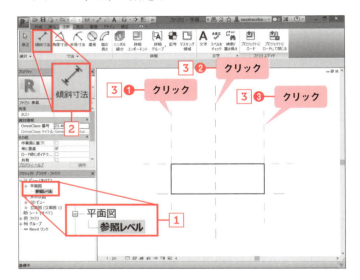

4. 現在の寸法が入力されるので、任意の位置でクリックして表示位置を確定する。

▶ヒント
参照面は任意の位置で作成しているため、寸法値は図のとおりではありません。

5. 中心を基準として均等にサイズ変更するために、寸法値の上にある[EQ]マークをクリックする。寸法値が「EQ」に変わり、左右の寸法が対称に変更される。

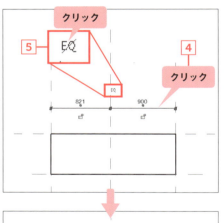

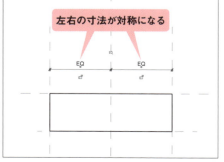

6 図の❶❷の順に左端の参照面、右端の参照面をクリックする。
7 全体の寸法が入力されるので、任意の位置でクリックして表示位置を確定する。
8 [選択]パネル−[修正]をクリックし、コマンドを終了する。

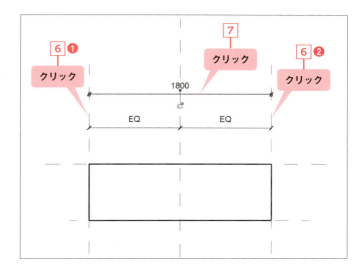

6-3-2 パラメータの設定（幅・奥行き）

幅と奥行きのパラメータを設定します。

まず、幅のパラメータを設定します。

1 6-3-1で入力した全体の寸法をクリックして選択する。
2 [修正|寸法]タブ−[寸法にラベルを付ける]パネル−[パラメータを作成]をクリックする。

▶ヒント
寸法は参照面間に作成します。オブジェクトをクリックして寸法を作成すると、パラメータ動作時のエラーの原因になることがあります。

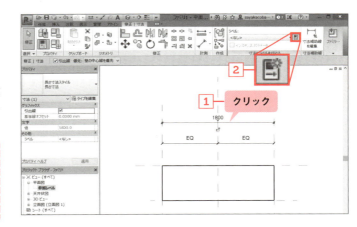

3 [パラメータプロパティ]ダイアログが表示される。次の設定をする。
❶ [パラメータデータ]の[名前]に「幅」と入力。
❷ [インスタンス]をクリック。
❸ [パラメータグループ]が[寸法]であることを確認。
❹ [OK]をクリック。

▶ヒント
[インスタンス]を選ぶとインスタンスパラメータが、[タイプ]を選ぶとタイプパラメータが設定されます。両者の違いについては6-8-5で説明します。

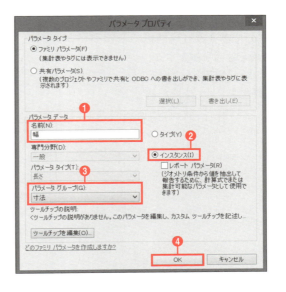

4 選択した寸法値に、「幅＝」と追加されたことを確認する。

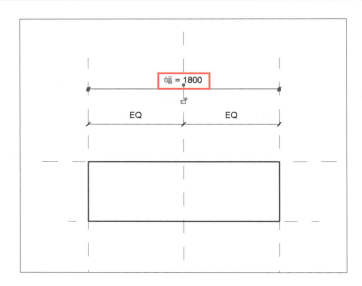

奥行きとなる寸法を入力します。

5 [注釈]タブ－[寸法]パネル－[傾斜寸法]をクリックする。

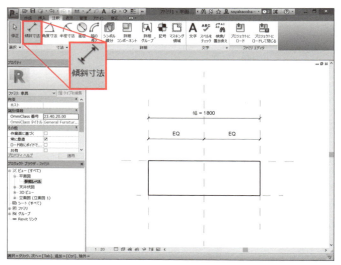

6 [参照面：中心（正面/背面）]と下に作成した参照面を順にクリックして、それらの間に寸法を入力する。任意の位置をクリックして、寸法の表示位置を確定する。

7 [選択]パネル－[修正]をクリックし、[傾斜寸法]コマンドを終了する。

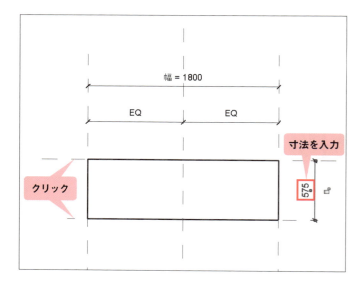

Chapter 6 ファミリの作成

奥行きのパラメータを設定します。

8 手順5〜6で作成した寸法をクリックして選択する。

9 [**修正|寸法**]タブ—[**寸法にラベルを付ける**]パネル—[**パラメータを作成**]をクリックする。

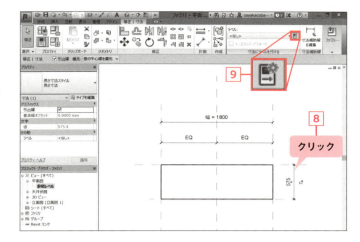

10 [**パラメータプロパティ**]ダイアログが表示される。次の設定をする。

❶ [**パラメータデータ**]の[**名前**]に「**奥行き**」と入力。

❷ [**タイプ**]が選択されていることを確認。

❸ [**パラメータグループ**]が[**寸法**]であることを確認。

❹ [**OK**]をクリック。

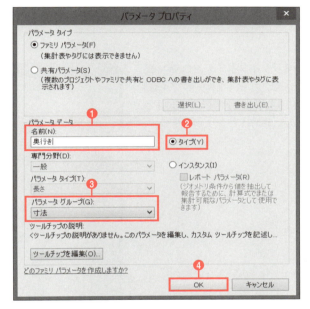

11 選択した寸法値に、「**奥行き＝**」と追加されていることを確認する。

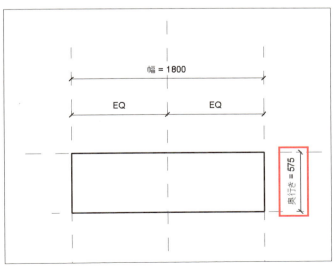

283

6-3-3 パラメータの動作確認

パラメータを設定したら、指定したサイズでファミリの形状が変更されるか必ず動作確認をしましょう。

1. [作成]タブー[プロパティ]パネルー[ファミリタイプ]をクリックする。

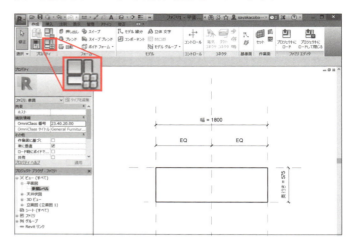

2. [ファミリタイプ]ダイアログが表示される。[寸法]グループの[幅]に「400」、[奥行き]に「300」と入力し、[適用]をクリックする。

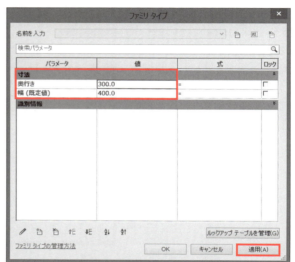

3. 幅が中心を基準に400、奥行きが300になっていることを確認する。確認できたら、[ファミリタイプ]ダイアログで[OK]をクリックする。

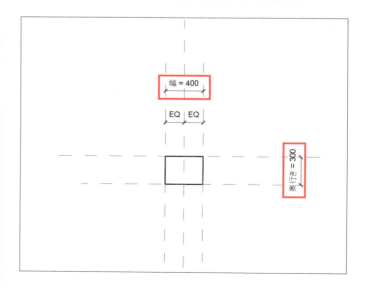

> ▶ヒント
> [ファミリタイプ]ダイアログでは、左下にあるアイコンを使ってパラメータを昇順、降順や任意の順番に並べ替えることができます。
>
>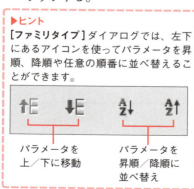
>
> パラメータを上／下に移動　　パラメータを昇順／降順に並べ替え

6-3-4 パラメータの設定（高さ）

幅や奥行きと同様に、高さにもパラメータを設定します。

1. プロジェクトブラウザで[**立面図**]を展開し、[**正面**]をダブルクリックする。
2. [**作成**]タブ－[**基準面**]パネル－[**参照面**]をクリックする。

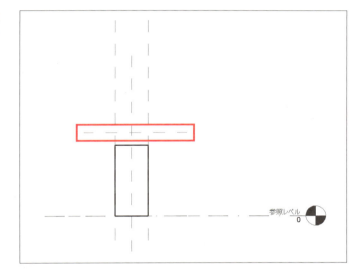

3. 本体の上部の任意の位置で始点と終点をクリックして、水平の参照面を作成する。

本体オブジェクトの上端と参照面の位置を揃えます。

4. [**修正|配置　参照面**]タブ－[**修正**]パネル－[**位置合わせ**]をクリックする。
5. 揃える位置として参照面（❶）をクリックし、揃える図形としてオブジェクトの上端（❷）をクリックする。参照面とオブジェクトの上辺の位置が揃う。
6. ロックマークをクリックする。

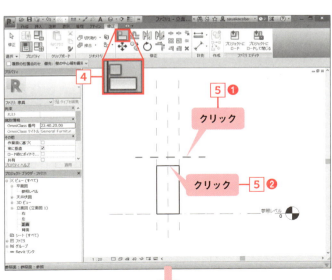

285

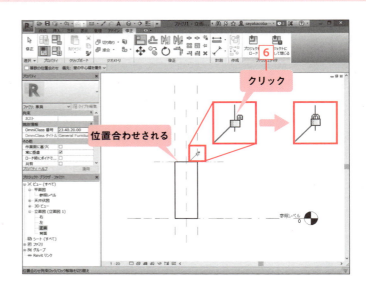

7 [注釈]タブー[寸法]パネルー[傾斜寸法]をクリックする。

8 上の参照面(❶)と参照レベル(❷)を順にクリックする。

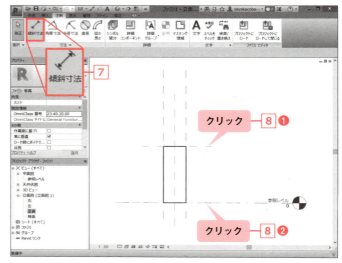

9 上の参照面と参照レベルの間に寸法が入力される。任意の位置をクリックして表示位置を確定する。

10 [選択]パネルー[修正]をクリックし、[傾斜寸法]コマンドを終了する。

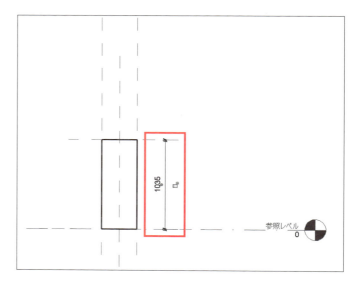

高さにパラメータを設定します。

11 作成した寸法をクリックして選択する。

12 [**修正|寸法**]タブ－[**寸法にラベルを付ける**]パネル－[**パラメータを作成**]をクリックする。

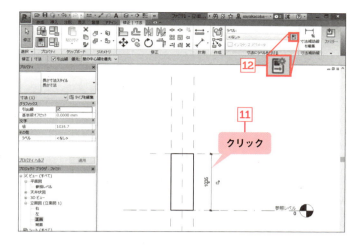

13 [**パラメータプロパティ**]ダイアログで次の設定をする。
❶ [**パラメータデータ**]の[**名前**]に「**高さ**」と入力。
❷ [**タイプ**]が選択されていることを確認。
❸ [**パラメータグループ**]が[**寸法**]であることを確認。
❹ [**OK**]をクリック。

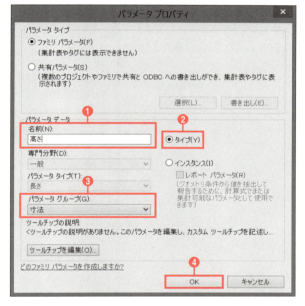

14 選択した寸法に、「**高さ＝**」と追加されていることを確認する。

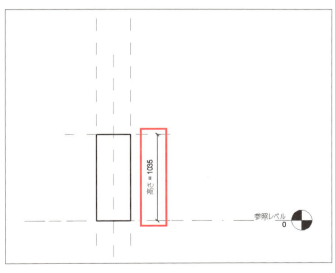

15 [**作成**] タブ－[**プロパティ**] パネル－[**ファミリタイプ**] をクリックする。

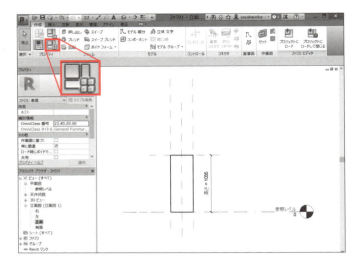

16 [**ファミリタイプ**] ダイアログで [**高さ**] に「**800**」と入力し、[**適用**] をクリックする。

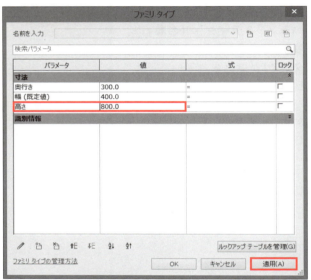

17 全体の高さが800になっていることを確認し、[**ファミリタイプ**] ダイアログで [**OK**] をクリックする。

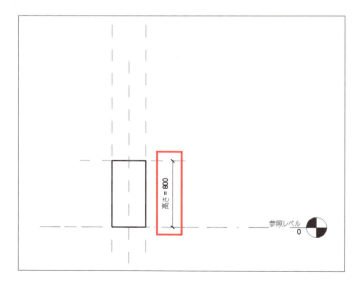

Chapter 6 ファミリの作成

6-4 参照面の設定

📄 6-4.rfa

参照面に名前を付けたり、基準を設定したり、強・弱・なしの優先順位を付けることで、ファミリ作成時やプロジェクト挿入時に便利になります。

6-4-1 名前を付ける

参照面に名前を付けることで、作業面を設定する際、名前で選択することができます。また、参照面が多いときに識別しやすくなります。

1. プロジェクトブラウザで[**平面図**]の[**参照レベル**]に切り替える。
2. 一番下の参照面をクリックして選択する。
3. 参照面に[**クリックして名前を指定**]と表示されるので、クリックして「**前面**」と入力する。

> ▶ヒント
> プロパティパレットで[**識別情報**]の[**名前**]に「**前面**」と入力しても同様です。
>
>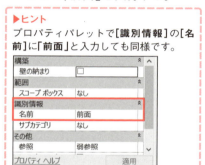

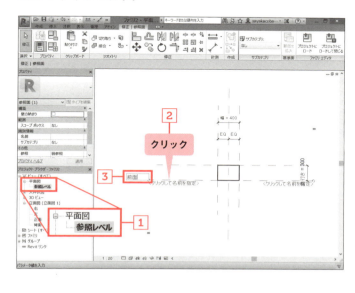

6-4-2 基準点の定義

基準点を定義すると、プロジェクト挿入時の挿入基準点(面)が設定できます。ここでは、棚背面の中心を基準点にします。

水平の基準点として、一番上の参照面：中心(正面/背面)を選択します。

1. [**中心(正面/背面)**]の参照面をクリックして選択し、プロパティパレットで[**その他**]の[**基準点を設定**]にチェックが入っていることを確認する。

> ▶ヒント
> ファミリのプロジェクトへの挿入基準点は、初期設定では[**中心(左/右)**]の参照面と[**中心(正面/背面)**]の参照面の交点となっています。基準位置を変更したい場合は別の参照面を選択し、[**基準点を設定**]のチェックを入れ直します。

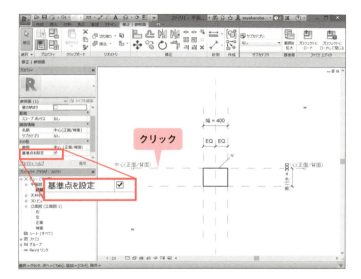

垂直の基準点は、中心の参照面：中心(左/右)を選択します。

2 [**中心(左/右)**]の参照面をクリックして選択し、同様にチェックが入っていることを確認する。
3 参照面の選択を解除する。

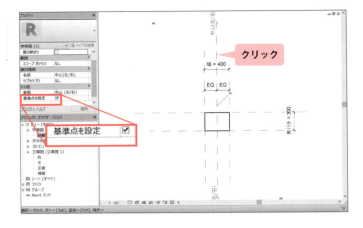

6-4-3 参照の定義

[**参照**]を設定することで挿入時のスナップ操作補助や仮寸法、寸法入力の基準とすることができます。

1 Ctrl キーを押しながら左と右の参照面をクリックして選択する。
2 プロパティパレットで[**その他**]の[**参照**]から[**強参照**]を選択する。

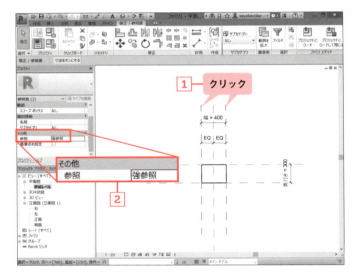

3 参照面：前面をクリックする。[**参照**]が[**弱参照**]であることを確認しておく。

▶ヒント
「**強参照**」に設定すると、ファミリ挿入時に壁や基準線などにスナップします。また、仮寸法や寸法入力の基準となります。
「**弱参照**」に設定すると、スナップはしませんが、仮寸法や寸法入力の基準となります。
「**参照なし**」にするとスナップせず、仮寸法や寸法入力の基準にもなりません。

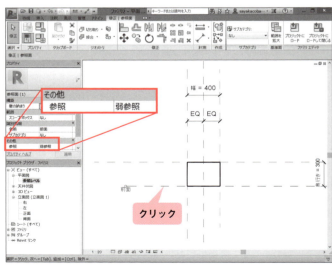

Chapter 6 ファミリの作成

6-5 ボイドの作成

📄 6-5.rfa

棚部分の板の厚みを10mmにするため、棚部分の10mm内側に「ボイド」と呼ばれる空間を作成します。ソリッドな（Solid＝中身の詰まった）図形に穴を開けたい場合などに、ボイド（void＝中身がない、真空空間の、などの意味）を作成します。

棚部分のための穴を開ける

1. プロジェクトブラウザで[**立面図**]の[**正面**]をダブルクリックする。
2. [**作成**]タブ－[**作業面**]パネル－[**セット**]をクリックする。

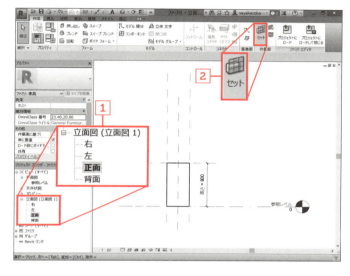

3. [**作業面**]ダイアログが表示される。[**新しい作業面を指定**]の[**名前**]で[**参照面：前面**]を選択し、[**OK**]をクリックする。

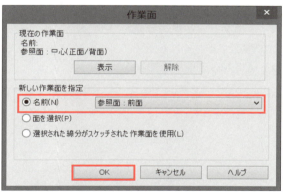

4. [**作成**]タブ－[**フォーム**]パネル－[**ボイドフォーム**]－[**押し出し**]をクリックする。

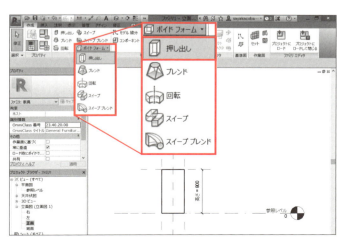

5 [修正|作成 押し出し(ボイド)]
タブー[描画]パネルー[長方形]
をクリックする。

6 図のように、本体の内側に任意のサイズの長方形(ボイド)を作成する。[選択]パネルー[修正]をクリックして、[長方形]コマンドを終了する。

▶ヒント
近接した太い線が重なり合って見にくくなるのを防ぐため、以降の掲載画面は細線表示にしています。ズームにかかわらず、すべての線分を細線で表示するには、[表示]タブー[グラフィックス]パネルー[細線]をクリックします。

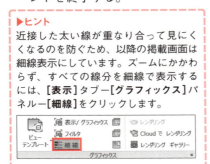

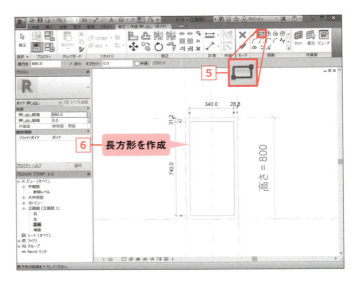

本体とボイドのスケッチ間に寸法を入力します。上下左右すべて10mmとし、ロックします。

7 ボイドのいずれか1辺をクリックし、仮寸法が表示されたら本体とボイドのスケッチ間の寸法を「10」に修正する。それを上下左右の各辺に対して繰り返す。

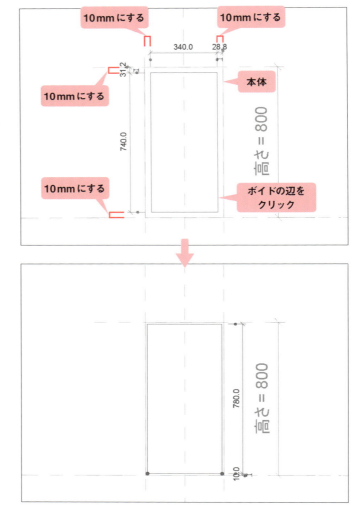

8 [**注釈**]タブー[**寸法**]パネルー[**傾斜寸法**]をクリックする。

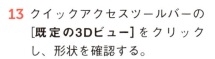

9 本体のいずれか1辺(❶)とボイドの1辺(❷)を順にクリックし、任意の位置をクリックして寸法位置を確定する。そして、ロックマークをクリックしてロックする。それを上下左右の各辺に対して繰り返す。

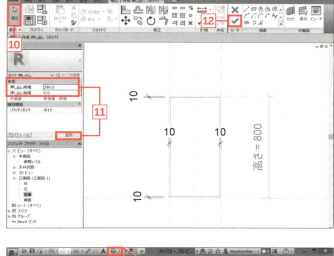

10 [**選択**]パネルー[**修正**]をクリックして、[**傾斜寸法**]コマンドを終了する。
11 プロパティパレットで[**押し出し終端**]に「**290**」、[**押し出し始端**]に「**0**」と入力し、[**適用**]をクリックする。
12 [**モード**]パネルー[**編集モードを終了**]をクリックする。

13 クイックアクセスツールバーの[**既定の3Dビュー**]をクリックし、形状を確認する。

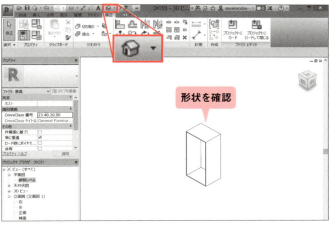

14 プロジェクトブラウザで[**平面図**]の[**参照レベル**]をダブルクリックする。

15 ボイドで削られた背面部分と本体の背面部分に[**傾斜寸法**]で10mmを入力し、ロックする（操作は手順 **8〜10** を参照）。

16 クイックアクセスツールバーの[**既定の3Dビュー**]をクリックし、3Dビューを表示する。

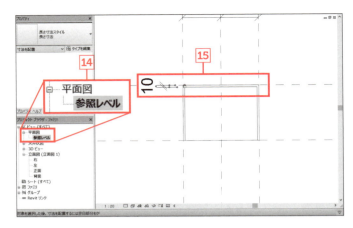

17 [**作成**]タブー[**プロパティ**]パネルー[**ファミリタイプ**]をクリックする。

18 [**ファミリタイプ**]ダイアログでパラメータ値を変更（例えば奥行きを「**300**」から「**800**」に、高さを「**800**」から「**300**」に変更）し、形状を確認する。数値を変更した場合は元に戻しておく。

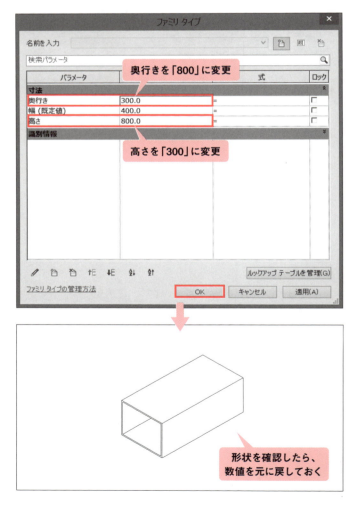

Chapter 6 ファミリの作成

6-6 棚板の作成

📄 6-6.rfa

本体の棚部分に穴を開けたので、次にその空間を均等に3分割するための厚さ10mmの棚板を作成します。

棚板を作成する

1. プロジェクトブラウザで[立面図]の[正面]をダブルクリックする。
2. [作成]タブ−[基準面]パネル−[参照面]をクリックする。

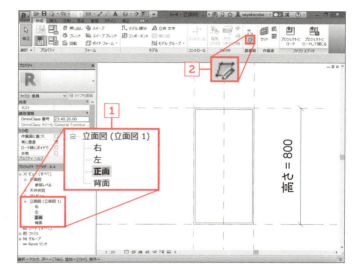

棚の空間を3分割します。

3. 図で示したように2つの参照面を作成し、上から「1」、「2」と名前を付ける。

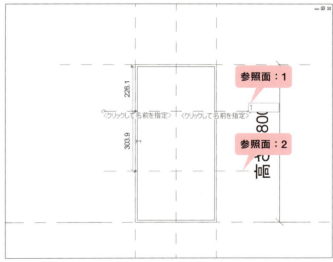

4. [注釈]タブ−[寸法]パネル−[傾斜寸法]をクリックする。

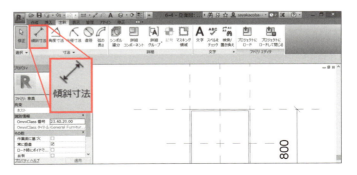

295

5 図の❶❷❸❹の順に参照面をクリックする。

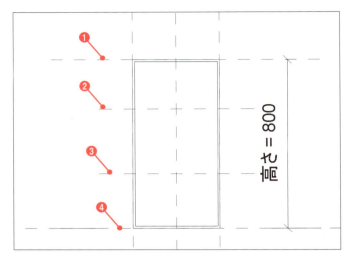

6 現在の寸法が入力されるので、任意の位置でクリックして表示位置を確定する。[EQ]マークをクリックし、各参照面の間の寸法値を等間隔にする。

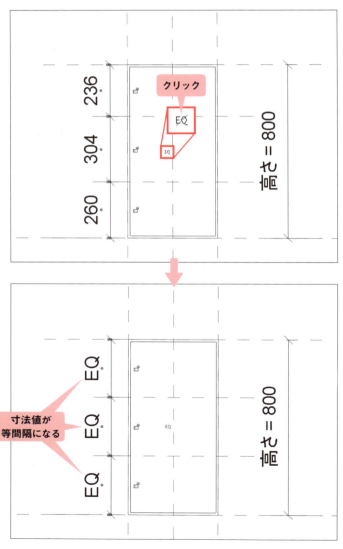

7 プロジェクトブラウザで[**平面図**]の[**参照レベル**]をダブルクリックする。
8 [**作成**]タブ－[**作業面**]パネル－[**セット**]をクリックする。

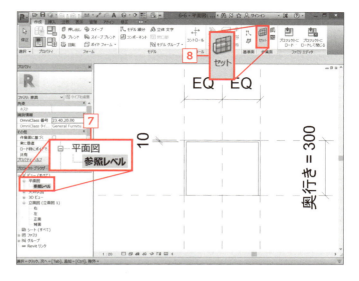

9 [**作業面**]ダイアログが表示される。[**新しい作業面を指定**]の[**名前**]で[**参照面：1**]を選択し、[**OK**]をクリックする。

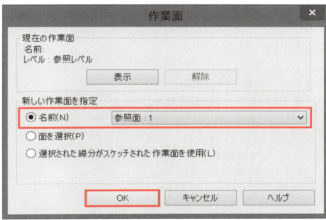

10 [**作成**]タブ－[**フォーム**]パネル－[**押し出し**]をクリックする。

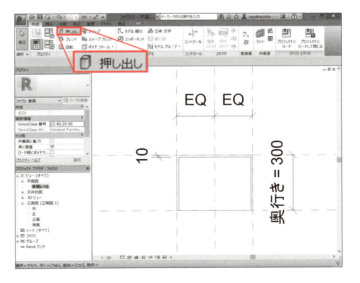

11 [**修正|作成　押し出し**]タブ－[**描画**]パネル－[**長方形**]をクリックする。

12 本体の内側に図に示したような、棚板の元形状となる長方形を作成する。

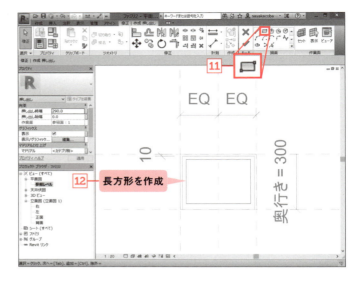

上、左、右は棚の内側面に位置合わせしてロック、下は[**前面**]の参照面に位置合わせしてロックします。

13 [**修正|作成　押し出し**]タブ－[**修正**]パネル－[**位置合わせ**]をクリックする。図の❶❷の順にクリックし、位置合わせできたらロックマークをクリックする。同様に❸と❹、❺と❻、❼と❽も位置合わせしてロックする。

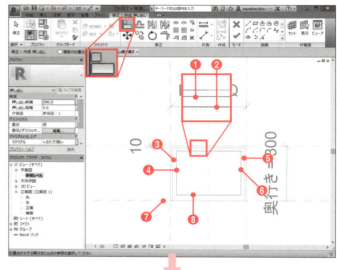

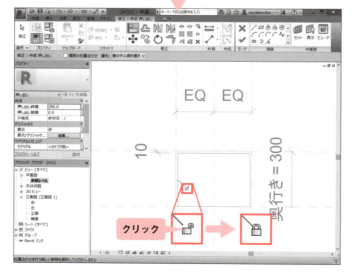

棚板に10mmの厚さを与えます。

14 プロパティパレットで[**押し出し終端**]に「**10**」、[**押し出し始端**]に「**0**」と入力し、[**適用**]をクリックする。

15 [**モード**]パネル—[**編集モードを終了**]をクリックする。

16 [**選択**]パネル—[**修正**]をクリックし、[**押し出し**]コマンドを終了する。

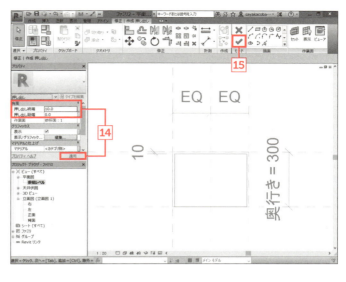

17 手順**8**〜**16**と同様の方法で、作業面を[**参照面：2**]に変更して、2段目の棚を作成する。

18 クイックアクセスツールバーの[**既定の3Dビュー**]をクリックし、3Dビューで形状を確認する。

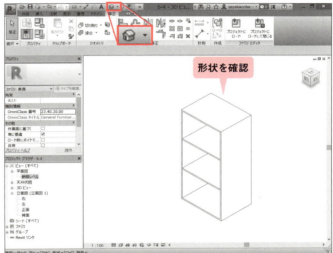

19 P.294の手順**17**〜**18**と同様の方法で、[**ファミリタイプ**]でパラメータ値を変更し、形状を確認する（図は奥行きを「**800**」、高さを「**300**」に変更した場合）。数値を変更した場合は元に戻しておく。

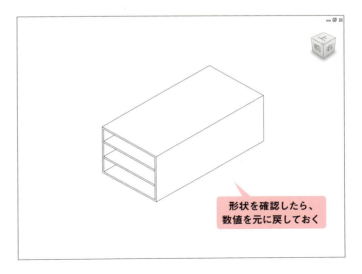

6-7 ファイルの保存

6-7.rfa

作成したデータに「棚」という名前を付けてファミリデータとして保存します。

ファイルを保存する

1 アプリケーションメニューから
[名前を付けて保存]ー[ファミリ]
をクリックする。

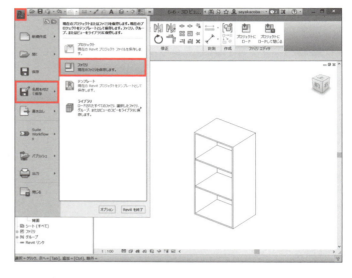

2 [名前を付けて保存]ダイアログ
が表示される。[保存先]を任意
の名前のフォルダ(この例では
[講習]フォルダ)、[ファイル名]
を「棚」とし、[ファイルの種類]
が[ファミリファイル(*.rfa)]であ
ることを確認し、[保存]をク
リックする。

6-8 プロジェクトへのロード

📄 棚.rfa

作成した棚をプロジェクトにロードし、動作を確認します。

6-8-1 プロジェクトファイルの新規作成

プロジェクトファイルを新規作成します。

1 アプリケーションメニューから[新規作成]−[プロジェクト]をクリックする。

▶ヒント
手順**1**の代わりに、Revitの起動後に表示される[最近使用したファイル]画面で[プロジェクト]の[新規作成]をクリックしてもかまいません。

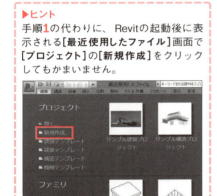

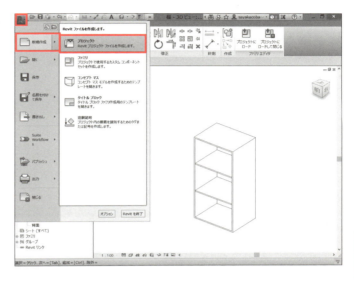

2 [プロジェクトの新規作成]ダイアログが表示される。[テンプレートファイル]で[建築テンプレート]を選択し、[OK]をクリックする。

▶ヒント
手順**1**〜**2**の代わりに、[最近使用したファイル]画面の[プロジェクト]にリストされたテンプレート名をクリックすることもできます。

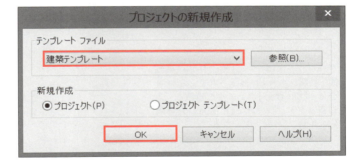

建築テンプレートに基づいて新しいプロジェクトが作成されます。

6-8-2 壁の作成

動作確認のために、任意の種類、サイズの壁を作成します。

1. [建築]タブ－[ビルド]パネル－[壁]をクリックする。
2. 図のように壁を作成する(壁の種類、サイズの指定は特になし)。
3. [選択]パネル－[修正]をクリックし、[壁]コマンドを終了する。

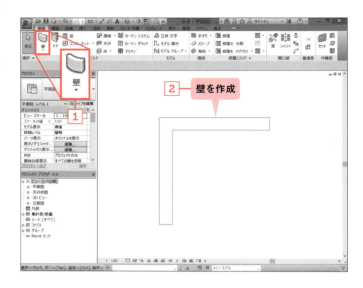

6-8-3 ファミリのロード

作成した棚のファミリをプロジェクトにロードします。

1. [表示]タブ－[ウィンドウ]パネル－[ウィンドウを切り替え]をクリックする。プルダウンメニューから[棚(.rfa) - 平面図：参照レベル]をクリックし、画面を切り替える。

   ▶ヒント
   プルダウンメニューに[棚(.rfa) - 平面図：参照レベル]が表示されていない場合は、「棚(.rfa)」ファイルを開いて、プロジェクトブラウザで[平面図]の[参照レベル]に切り替えてください。

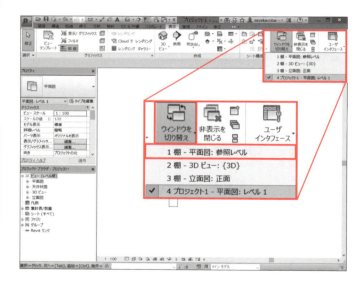

2. [ファミリエディタ]パネル－[プロジェクトにロード]をクリックする。

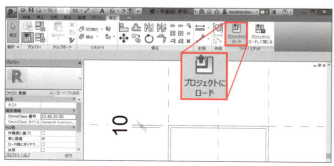

Chapter 6 ファミリの作成

3 画面がプロジェクトに切り替わり、棚がカーソルに追随して表示される。

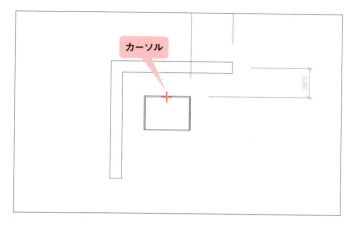

4 強参照に設定された背面、右面、左面が壁にスナップすることと、基準点に定義した背面が挿入基準点になっていることを確認する。

5 任意の位置でクリックし、壁にスナップさせて棚を配置し、[選択]パネル−[修正]をクリックする。

6-8-4 パラメータの確認

ファミリ作成で設定した「幅」や「奥行き」のパラメータが動作するかを確認します。

1 挿入された棚をクリックして選択する。
2 プロパティパレットの[タイプを編集]をクリックする。

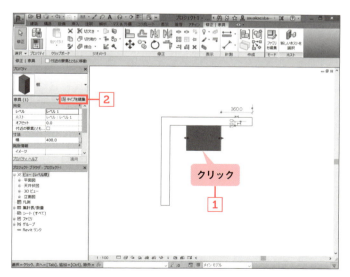

303

3 [**タイププロパティ**]ダイアログが表示される。[**奥行き**]の値を任意の値（図では「600」）に変更し、[**適用**]をクリックする。

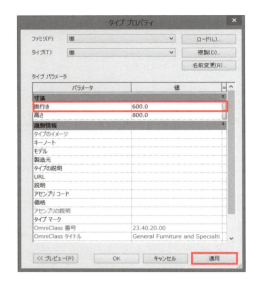

4 壁側が固定されたまま寸法が変更されることを確認する。[**タイププロパティ**]ダイアログで[**奥行き**]の値を「300」に戻し、[**OK**]をクリックする。

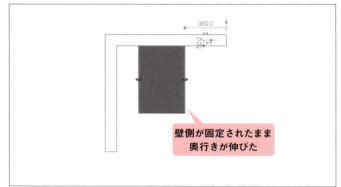

壁側が固定されたまま奥行きが伸びた

5 幅方向に青い三角形の形状ハンドルが表示される。それを適当にドラッグすると、幅方向のみサイズが変更されることを確認する。

6 プロパティパレットで[**幅**]の値を確認する。形状ハンドルで変更をしたため、「400」以外の値になっている。幅を「400」に戻し、[**適用**]をクリックする。

▶ヒント
プロパティパレットで幅を「400」に戻すと、棚の幅は元に戻りますが、位置はずれます。これは、プロパティパレットで幅を変更した場合、棚の左右中央を基準に伸び縮みするためです。

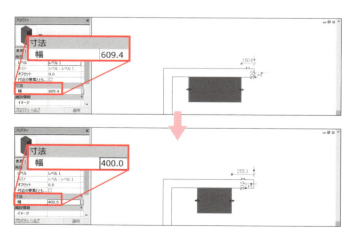

Chapter 6 ファミリの作成

6-8-5 インスタンスパラメータとタイプパラメータの違い

インスタンスパラメータとタイプパラメータの違いを確認します。

1 [**建築**]タブー[**ビルド**]パネルー[**コンポーネント**]をクリックする。

2 プロパティパレットのタイプセレクタで[**棚**]が選択されていることを確認する。
3 もう1個の棚を任意の位置に配置する。
4 [**選択**]パネルー[**修正**]をクリックし、[**コンポーネント**]コマンドを終了する。

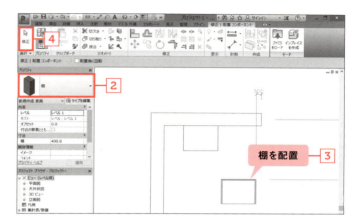

まず、タイプパラメータを変更してみます。

5 どちらかの棚をクリックして選択する。
6 プロパティパレットの[**タイプを編集**]をクリックする。

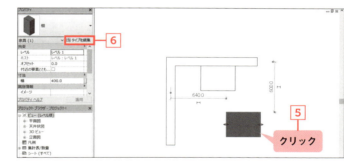

7 [**タイププロパティ**]ダイアログが表示される。[**奥行き**]の値を任意の値(図では「600」)に変更し、[**OK**]をクリックする。

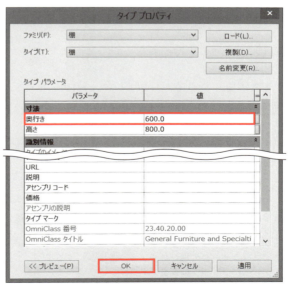

6-8 プロジェクトへのロード

5 インスタンスパラメータとタイプパラメータの違い

305

8 両方の棚の大きさが変更されることを確認する。

> ▶ヒント
> タイプパラメータは、[**タイププロパティ**]ダイアログで変更が可能です。値を変更することにより、プロジェクト内で使用されているすべての同じタイプのファミリに反映されます。

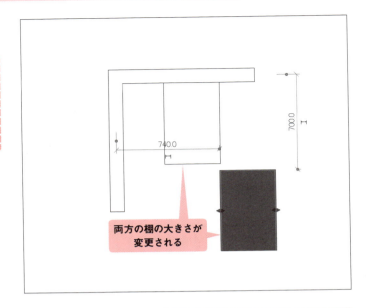

両方の棚の大きさが変更される

次に、インスタンスパラメータを変更してみます。

9 どちらかの棚をクリックして選択する。プロパティパレットで[**幅**]の値を任意の値(図では「**600**」)に変更し、[**適用**]をクリックする。選択したほうの大きさのみが変更されることを確認する。

> ▶ヒント
> インスタンスパラメータは、プロパティパレットの「**インスタンスプロパティ**」で変更が可能です。値を変更すると、選択したオブジェクトにのみ反映されます。また、クリックすると青い形状ハンドルが表示されます。

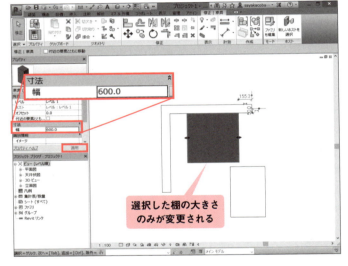

選択した棚の大きさのみが変更される

操作後、幅400、奥行き300、高さ800に戻しましょう。
(※元のサイズに戻さなくても、以降の操作をすることはできます。)

ポイント：インスタンスパラメータからタイプパラメータへの変更

インスタンスパラメータからタイプパラメータへの変更は、ファミリ側で行います。インスタンスパラメータを設定した寸法を選択すると、[**寸法にラベルを付ける**]パネルで[**インスタンスパラメータ**]にチェックが付いています。そのチェックをオフにすると、タイプパラメータに変更されます。タイプパラメータの場合はチェックをオンにすると、インスタンスパラメータに変更されます。

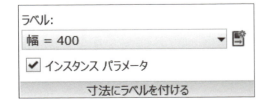

Chapter 6 ファミリの作成

6-9 マテリアルの設定

📄 棚.rfa

プロジェクト内で棚の色や質感を任意に変更できるよう、棚にマテリアル（質感）パラメータを設定します。

6-9-1 マテリアルの作成

ファミリファイルのマテリアルは必要最小限しか用意されていません。そこで、確認用マテリアルを作成します。マテリアルはファミリ側で作成します。

1 どちらかの棚をダブルクリックし、棚ファミリのビューに戻る。
2 [**管理**]タブー[**設定**]パネルー[**マテリアル**]をクリックする。

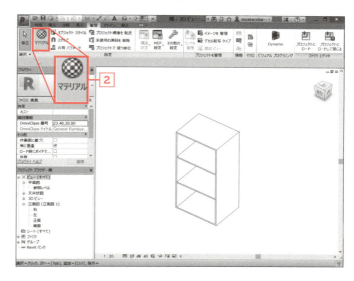

3 [**マテリアルブラウザ**]ダイアログが表示される。ライブラリパネルの左のツリーリストから[**AECマテリアル**]ー[**その他**]を選択する。

> ▶ヒント
> ライブラリパネルが表示されていない場合は、[**プロジェクトマテリアル**]の右にある▣をクリックしてください。

4 ライブラリパネルの右のリストで[**ペイント**]を選択し、⬆をクリックする（❶）。[**プロジェクトマテリアル**]に[**ペイント**]が追加される（❷）。

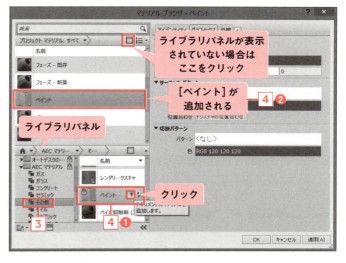

307

5 [マテリアルブラウザ]ダイアログの右側で[グラフィックス]タブをクリックする。[シェーディング]の[レンダリングの外観を使用]にチェックを入れ、[OK]をクリックする。

▶ヒント
[レンダリングの外観を使用]にチェックを入れると、外観で設定した色情報がシェーディング時に表現されます。チェックを入れずに任意の色を設定することも可能です。

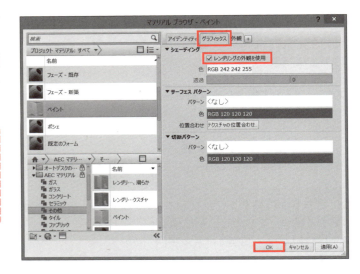

6-9-2 マテリアルの設定

作成したマテリアルを棚に設定し、色が変更されることを確認します。

1 既定の3Dビューでビューコントロールバーの[表示スタイル]から[シェーディング]を選択し、シェーディング表示にする。

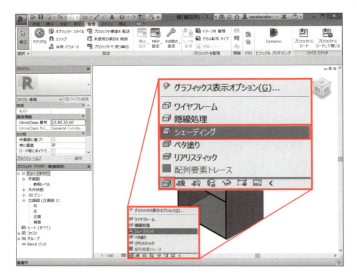

2 既定の3Dビューで棚(❶)と棚板(❷❸)を選択する。

▶ヒント
棚全体を窓選択すると、棚の内側面(ボイド)を含めた4つの要素が選択されるので、[Ctrl]キー+クリックで棚と棚板2枚を選択します。

3 プロパティパレットで[マテリアルと仕上げ]から[マテリアル]の[<カテゴリ別>]をクリックする。表示された[…]をクリックする。

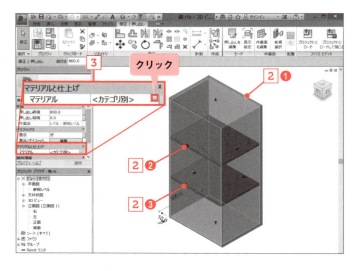

308

Chapter 6 ファミリの作成

4 ［マテリアルブラウザ］ダイアログが表示される。［プロジェクトマテリアル］のリストから［ペイント］を選択し、［OK］をクリックする。

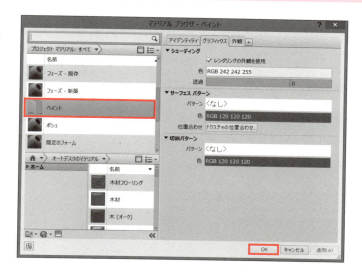

5 棚を選択解除し、マテリアルが設定されていることを確認する。

▶ヒント
この状態で棚ファミリをプロジェクトに再ロードすると、ペイントのマテリアルが適用された状態になりますが、パラメータ化されていないため色を変更することはできません。
パラメータ化については **6-9-3** で、再ロードについては **6-9-4** で説明します。

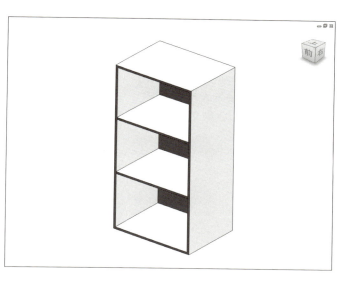

6-9-3 マテリアルパラメータの設定

マテリアルパラメータを作成し、プロジェクトで任意のマテリアルを設定できるようにします。

1. P.308の手順 **2** のように3Dビューで棚、棚板を選択する。
2. プロパティパレットで[**マテリアル**]右側のボタンをクリックする。

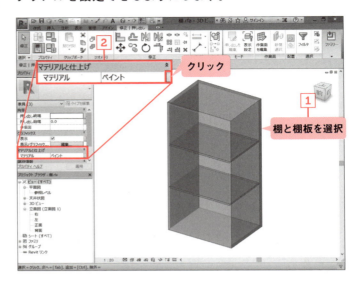

3. [**ファミリパラメータの関連付け**]ダイアログが表示される。左下にある [**新しいパラメータ**] をクリックする。

4. [**パラメータプロパティ**]ダイアログが表示される。次の設定をする。
❶ [**パラメータデータ**]の[**名前**]に「**マテリアル**」と入力。
❷ [**インスタンス**]をクリック。
❸ [**パラメータタイプ**]に[**マテリアル**]、[**パラメータグループ**]に[**マテリアルと仕上げ**]が設定されていることを確認。
❹ [**OK**]をクリック。

ここでは、挿入した個々の棚ごとに色を設定したいので、[**インスタンス**]にチェックを入れています。

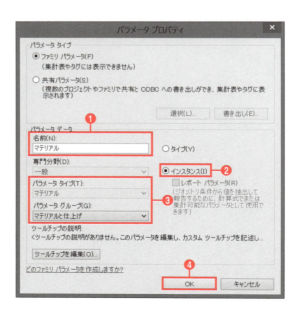

5 [ファミリパラメータの関連付け]ダイアログに戻る。[マテリアル]が選択されていることを確認して[OK]をクリックする。

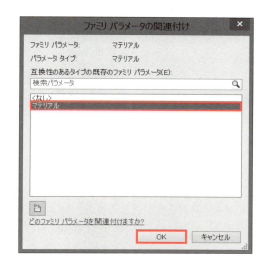

6 [作成]タブ-[プロパティ]パネル-[ファミリタイプ]をクリックする。

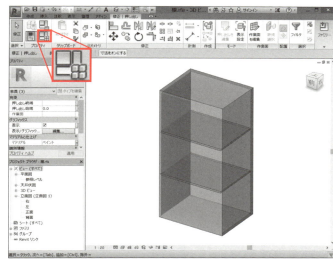

7 [ファミリタイプ]ダイアログが表示される。[マテリアルと仕上げ]グループが追加され、[マテリアル]パラメータが作成されていることを確認し、[OK]をクリックする。

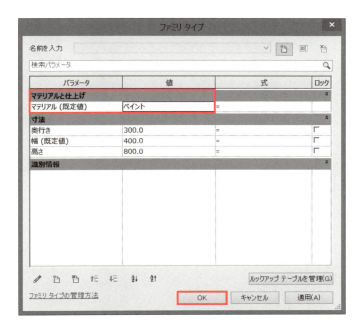

6-9-4 プロジェクトへの再ロード

修正したファミリを、確認のためにプロジェクトに再ロードします。

1 [ファミリエディタ]パネル―[プロジェクトにロード]をクリックする。

▶ヒント
6-9から操作を始めた方は、6-8-1～6-8-2（P.301～302）のようにプロジェクトファイルを作成してからロードしましょう。その際、再ロードにはなりませんので、手順2のダイアログは表示されません。

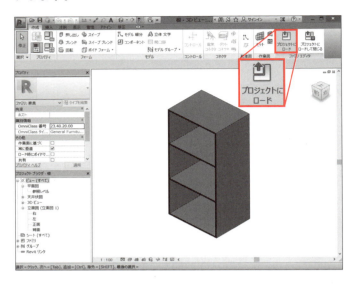

2 プロジェクトビューに切り替わり、[ファミリは既に存在します]ダイアログが表示される。[既存のバージョンを上書きする]をクリックする。

▶ヒント
一度ロードしたファミリに修正を加えたときは再ロードしますが、[既存のバージョンを上書きする]をクリックすると、修正内容が更新されます。修正時に設定しているパラメータ値ごと上書き更新したい場合は、[既存のバージョンとそのパラメータ値を上書きする]をクリックします。

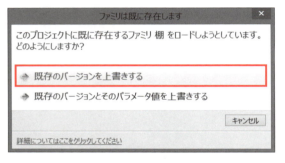

3 6-8-3でロードした棚をクリックし、[マテリアル]というパラメータが表示されることを確認する。

▶ヒント
棚が配置されていない場合は、棚を配置してからクリックします。

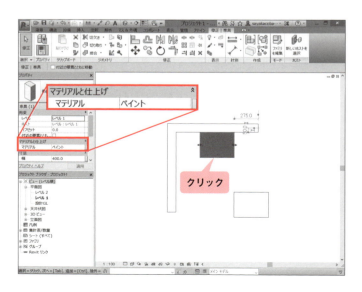

4 既定の3Dビューに切り替える。ビューコントロールバーの[**表示スタイル**]から[**シェーディング**]を選択し、シェーディング表示にする。

5 どちらかの棚をクリックして選択する。

6 プロパティパレットで[**マテリアルと仕上げ**]から[**マテリアル**]の[**ペイント**]をクリックし、表示された[…]をクリックする。

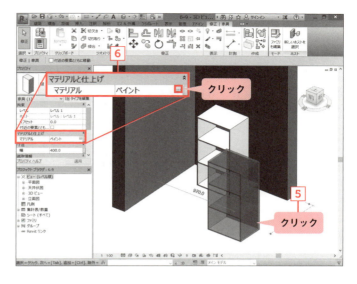

7 [**マテリアルブラウザ**]ダイアログで任意のマテリアル(ここでは「チェリー」)を選択し、[**OK**]をクリックする。

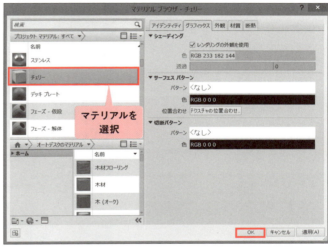

8 マテリアルが適用されていることを確認する。

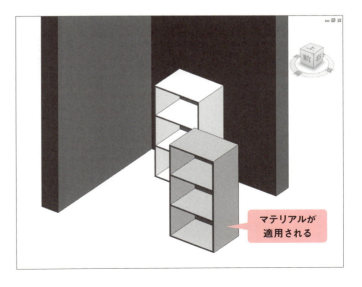

6-10 完成

📄 教材データなし

最後にファミリを保存すれば完成です。

1. 確認したプロジェクトは保存せず終了する。
2. ファミリは上書き保存し、完成となる（ファミリの保存についてはP.300を参照）。

> ▶ヒント
> **Chapter 6**を完了した時点のファミリが、教材データに次のファイル名で収録されています。参考としてご利用ください。
> 📄 棚（完成）.rfa

図は、作成した棚をRevitサンプルデータにロードした際の使用例です。

索引

記号・数字
1階平面図 ... 198
2D シンボル ... 245, 250
2D 図形 ... 244
2D データ (.DXF) の挿入 ... 39
2点間を計測 ... 237
3D ビュー
    3D ビューを利用した外観パース ... 194
    既定の 3D ビュー ... 49
    作業用 3D ビューの作成 ... 50
    切断ボックス ... 51

A
AutoCAD LT での準備 ... 24
Autodesk 360 Rendering ... 185
Autodesk アカウントの作成 ... 185

B
BIM ワークフロー ... 8

C
[CAD 形式を読み込み] ダイアログ ... 40, 41
[CAD 形式をリンク] ダイアログ ... 272

D
DWG 形式への書き出し ... 270

E
EQ ... 280

R
Revit 2017 / Revit LT 2017 の動作環境 ... 14
Revit 2017 製品体験版 ... 14
Revit 2017 のユーザーインターフェース ... 16
Revit でのモデリング ... 31

T
Tab キーを使った選択 ... 65, 92, 113

あ
[アセンブリを編集] ダイアログ ... 227
アプリケーションメニュー ... 16, 17

い
位置合わせ ... 67, 90
位置の指定／修正 ... 70, 113
[イメージを書き出し] ダイアログ ... 184
印刷 ... 218
印刷用のビュー ... 198
インスタンスパラメータ ... 281, 305
隠線処理 ... 76

お
押し出し ... 278
押し出し（ボイド） ... 291
オプションバー ... 16, 17
オフセット ... 151, 152

か
カーテンウォールの作成 ... 112
[外観] タブのプロパティ ... 167, 168
外観パース ... 194
階高の修正 ... 35

階段の作成 ... 139
回転 ... 19, 242
書き出し
    DWG 形式 ... 270
    集計表 ... 251
    静止画 ... 184, 195
拡大／縮小 ... 19
下部の拘束 ... 47
壁 ... 46
    [アセンブリを編集] ダイアログ ... 227
    位置合わせ ... 67, 90
    下部の拘束 ... 47
    基準レベルからのオフセット ... 47
    グリップで調整 ... 66, 90
    構成の設定 ... 227
    作成 ... 46
    仕上げ ... 228
    仕上げの修正 ... 259
    詳細の書き込み ... 227
    上部の拘束 ... 49
    タイプの変更 ... 233
    端部の納まり ... 236
    塗りつぶし ... 207
    配置基準線 ... 46, 47
    フリップ ... 47
    プロファイルを編集 ... 151
    見上げ ... 65
カメラ
    アングル調整 ... 178
    設定 ... 191
    配置 ... 177
画面移動 ... 19
画面操作 ... 19
    ナビゲーションホイール ... 21
    ビューキューブ ... 20
    マウスのホイールボタン ... 19
カラースキーム
    図面の色分け ... 106, 256
    設定 ... 105
    なし ... 108
仮寸法の使用 ... 35, 70, 115

き
基準点 ... 289
基準レベルからのオフセット ... 47
既定の 3D ビュー ... 49
基本設計 ... 23
教材データ ... 7
強参照 ... 290
鏡像化 ... 83, 94
均等テキストラベル (EQ) ... 280

く
クイックアクセスツールバー ... 16, 17
クラウドクレジット ... 186, 187
クラウドレンダリング ... 185
    実行 ... 186
    パノラマレンダリング ... 192
    レンダリング結果の確認 ... 188
[グラフィックス] タブのプロパティ ... 167, 168
グラフィックス表示オプション ... 180, 182
グリップによる調整 ... 66, 90
クリップボードの利用 ... 118, 206

315

グループ 81
 2D図形 244
 解除 88
 グループ化 81
 グループから削除 85
 編集 85, 200

け
傾斜寸法の記入 38, 44
計測 237

こ
交差選択 33
コーナーへトリム / 延長 59, 89
コピー 77
 クリップボードにコピー 118, 206
 反転コピー 83, 94
 連続コピー 114
コマンド 16, 18
コンテキストタブ 18
コンポーネントの挿入 138

さ
細線表示 292
作業面 291, 297
作業用3Dビューの作成 50
作図領域 16, 18
作成
 押し出し 278
 押し出し（ボイド） 291
 カーテンウォール 112
 階段 139
 壁 46
 グループ 81
 参照面 278
 シート 214
 詳細線分 238
 タイプ 55, 72
 断面 265
 天井 79
 パラペット 156
 凡例 271
 ファミリ 275
 部屋 98
 ボイド 291
 方位記号 209
 マテリアル 169, 307
 文字 211
 屋根 136, 156
 床 54
 ライブラリ 170
参照 290
参照なし 290
参照面 277
 作成 278
 設定 289
 名前を付ける 289
 ロック 279

し
シート 214, 216
 作成 214
 名前変更 226
 ビューの配置 216
 複数シートの書き出し／印刷 274
シェーディング 165
下書きの作成 24
下敷参照図 54

室名の記入 213
弱参照 290
集計表 105, 107
 2Dシンボル 245, 250
 書き出し 251
 面積 105, 107
住戸平面図 220
修正
 位置合わせ 67, 90
 回転 242
 鏡像化 83, 94
 コーナーへトリム / 延長 59, 89
 コピー 77, 114
 接合 132
 単一要素をトリム / 延長 128
 複数要素をトリム / 延長 127
 要素を分割 59
縮尺の変更 200
循環選択 65, 113
詳細線分 238
詳細の書き込み 227
詳細レベル 236
上部の拘束 49
情報センター 16, 17
ショットパース 190

す
スケールの変更 200
スケッチ 58
ステータスバー 16, 18
すべてにタグを付ける 223, 249, 255
図面作成 197
図面の色分け 106, 256
図面枠 216, 217
寸法
 位置の修正 113
 仮寸法 35
 傾斜寸法の記入 38, 44
 並列寸法の間隔 45
 ロック 113

せ
接合 132
切断ボックス 51
全体表示 19
選択
 [Tab]キーを使った選択 65, 92, 113
 解除 35
 循環選択 65, 113
 ドラッグして選択 33
 ［フィルタ］ダイアログ 102
 複数選択 34
選択したレベルに位置合わせ 118
専有／共有の設定 102
専有・共有面積図 253

そ
挿入
 2Dデータ (.DXF) 39
 位置の指定 70
 コンポーネント 138
 建具 69, 78
 部品 200

た
体験版 14
タイプセレクタ 16, 17, 46
タイプの作成 55, 72

タイプの変更	233
タイプパラメータ	281, 305
太陽の設定	175, 176, 183, 195
高さの確認	137

タグ
すべてにタグを付ける	223, 249, 255
変更	100
面積	101, 223

建具	69, 78
タブ	16, 18
単一要素をトリム/延長	128
端部の納まり	236
断面	265
断面図	265
断面線	265, 268

ち
直接距離入力	77

て
天井
作成	79
編集	96
レベルからの高さオフセット	79

テンプレートからファミリを作成	276
テンプレートからプロジェクトを作成	31, 301

と
ドアの配置	69
ドアの反転	71
透過表示	144, 145
通芯の作成	42
閉じる	22
トリミング領域	221

な
ナビゲーションホイール	21
名前変更	220, 226

ぬ
塗りつぶし	207

は
パースビュー	177
配置基準線	46, 47
場所の設定	175
パネル	16, 18
パノラマレンダリング	192
パラペットの作成	156

パラメータ
インスタンスパラメータ	281, 305
設定	280, 285
タイプパラメータ	281, 305
動作確認	284, 303
マテリアルパラメータ	310

貼り付け	118, 206
反転	71
反転コピー	83, 94
凡例	271
凡例ビュー	271

ひ
引出線	240

非表示
トリミング領域	221
非表示要素の一時表示	209
要素を再表示	150
要素を非表示	149, 199

ビュー
アクティブ化	225
アクティブ解除	226
印刷用のビュー	198
回転	19
書き出し	270
拡大／縮小	19
画像として書き出し	184, 195
切り替え	33
シートに配置	216
詳細レベル	236
名前変更	220
複数ビューの書き出し	274
複製	220
保存	52
モデリング用のビュー	198
ロック	263

ビューキューブ	20
ビューコントロールバー	16, 18
ビューポート	216

表示
透過表示	144, 145
トリミング領域	221
非表示要素の一時表示	209
要素を再表示	150
要素を非表示	149, 199

表示スタイル
隠線処理	76
シェーディング	165
リアリスティック	165
ワイヤフレーム	76

ふ
ファイルの保存	22, 300
ファイルを閉じる	22
ファミリ	69, 275
新規作成	32, 275
ロード	70, 74, 302
ファミリタイプ	284

ファミリの作成
	32, 275
完成	314
参照面の作成	278
参照面の設定	289
棚板の作成	295
テンプレート	276
パラメータの設定	280
ファイルの保存	300
プロジェクトへの再ロード	312
プロジェクトへのロード	301
ボイドの作成	291
本体の作成	278
マテリアルの設定	307

ファミリパラメータの関連付け	310
［フィルタ］ダイアログ	102
複数シートの書き出し／印刷	274
複数選択	34
複数ビューの書き出し	274
複数要素をトリム/延長	127
複製	220
部品	200
フリップ記号	47, 71
プレゼンテーション	161
プロジェクトの新規作成	31, 301
プロジェクトブラウザ	16, 17
プロジェクトマテリアル	163
プロパティパレット	16, 17, 87
プロファイルを編集	151

分割
　　スケッチ 59
　　部屋 101
　　面 260

へ
並列寸法の間隔 45
ペイント 164, 259
部屋
　　作成 98
　　室名の記入 213
　　専有／共有 102
　　タグ 98
　　タグの修正 100
　　分割 101
　　面積 98
　　面積計算の変更 99

ほ
ボイド 291
方位記号 172, 209
方角の設定 172
ホームビュー 20
保存 22, 52, 300

ま
マウスのホイールボタン 19
マテリアル 162, 169
　　壁の仕上げ 228
　　削除 166
　　作成 169, 307
　　追加 164
　　適用 164
　　登録 170
　　ペイント 164, 259
マテリアルパラメータ 310
［マテリアルブラウザ］ダイアログ 162, 163, 166
　　設定できるプロパティ 168
窓選択 33
窓の配置 71

み
見上げ 65

め
面積
　　集計表 105, 107
　　タグ 98, 101, 223
　　面積計算の変更 99
面の分割 260

も
文字
　　記入 211
　　背景を白く塗りつぶす 211
　　引出線 240
　　編集 212
モデリング
　　AutoCAD LT での準備 24
　　Revit でのモデリング 31
　　下書きの作成 24
モデリング用のビュー 198

や
屋根
　　作成 136, 156
　　高さの確認 137

ゆ
ユーザーインターフェース 16
床 54
　　作成 54
　　編集 91
　　レベルからの高さオフセット 58

よ
要素を再表示 150
要素を非表示 149, 199
要素を分割 59

ら
ライブラリ 163, 170
　　作成 170
　　利用 171

り
リアリスティック 165
リボン 16, 18
リンクの管理 273
リンク読み込み 270, 271

れ
レベルからの高さオフセット 58, 79
レベルの削除 33
レベルの作成 33
［レベルを選択］ダイアログ 118
連続コピー 114

ろ
ロック 113, 263, 279

わ
ワークフロー 8
ワイヤフレーム 76

送付先FAX番号▶03-3403-0582　メールアドレス▶info@xknowledge.co.jp
インターネットからのお問合せ▶http://xknowledge-books.jp/support/toiawase

FAX質問シート

はじめてのAutodesk Revit & Revit LT

以下を必ずお読みになり、ご了承いただいた場合のみご質問をお送りください。

- 「本書の手順通り操作したが記載されているような結果にならない」といった本書記事に直接関係のある質問にのみご回答いたします。「このようなことがしたい」「このようなときはどうすればよいか」など特定のユーザー向けの操作方法や問題解決方法については受け付けておりません。
- 本質問シートでFAXまたはメールにてお送りいただいた質問のみ受け付けております。お電話による質問はお受けできません。
- 本質問シートはコピーしてお使いください。また、必要事項に記入漏れがある場合はご回答できない場合がございます。
- メールの場合は、書名と本シートの項目を必ずご記入のうえ、送信してください。
- ご質問の内容によってはご回答できない場合や日数を要する場合がございます。
- パソコンやOSそのもの、ご使用の機器や環境についての操作方法・トラブルなどの質問は受け付けておりません。

ふりがな

氏名　　　　　　　　　　　　　　年齢　　　歳　　　性別　男　・　女

回答送付先（FAXまたはメールのいずれかに○印を付け、FAX番号またはメールアドレスをご記入ください）

FAX　・　メール

※送付先ははっきりとわかりやすくご記入ください。判読できない場合はご回答いたしかねます。※電話による回答はいたしておりません

ご質問の内容（本書記事のページおよび具体的なご質問の内容）
※例）2-1-3の手順4までは操作できるが、手順5の結果が別紙画面のようになって解決しない。

【本書　　　　　　ページ　～　　　　　ページ】

ご使用のWindowsのバージョン　※該当するものに○印を付けてください

　　　　10　　　8.1　　　8　　　7　　　その他（　　　　　　　　）

<著者紹介>

小林　美砂子（こばやし　みさこ）
BIMプランニング株式会社　代表取締役

建築設計事務所に所属し、社内および社外にてCADインストラクター、施工図作成、図面トレースなどを行っていたなか、2005年にRevitを導入。2013年にBIMプランニング株式会社を設立。現在はBIMプランナーとしてBIMソフトの導入支援、インストラクター、モデル作成補助などを行っている。

中川　まゆ（なかがわ　まゆ）
有限会社アミューズワークス　代表取締役

2000年に有限会社アミューズワークスを設立。企業へのCAD導入支援や外構設計を行う傍ら、CADインストラクターとして活動。2005年にRevitを導入。現在はBIM導入支援やBIMデータからの図面作成、ハウスメーカーでの業務請負、その他3D関連のデータ作成を行っている。

内田　公平（うちだ　こうへい）
株式会社鴻池組

1991年鴻池組入社。2004年にAutodesk Revitを導入し、社内BIM推進を担当。また、社会人や学生にBIMを広く伝えるために、セミナーやBIM勉強会等も行っている。

はじめてのAutodesk Revit & Revit LT ［2017対応］
実践！BIM入門ガイド

2016年12月 2日　初版第1刷発行
2019年 1月24日　　　　第3刷発行

著　者────── 小林美砂子・中川まゆ・内田公平

発行者────── 澤井聖一
発行所────── 株式会社エクスナレッジ
　　　　　　　〒106-0032　東京都港区六本木7-2-26
　　　　　　　http://www.xknowledge.co.jp/

問合せ先
編集　前ページのFAX質問シートを参照してください
販売　TEL 03-3403-1321／FAX 03-3403-1829／info@xknowledge.co.jp

無断転載の禁止
本誌掲載記事（本文、図表、イラスト等）を当社および著作権者の承諾なしに無断で転載（翻訳、複写、データベースへの入力、インターネットでの掲載等）することを禁じます。

©2016 Misako Kobayashi, Mayu Nakagawa, Kohei Uchida